공무원 시험의 시작이자 끝,

KB037166

알파(α) 모의고사로
합격하자!

알파(α)

모의고사

소방공무원 20회
전문과목

소방학개론 · 소방관계법규

Always with you

사람이 길에서 우연하게 만나거나 함께 살아가는 것만이 인연은 아니라고 생각합니다.
책을 펴내는 출판사와 그 책을 읽는 독자의 만남도 소중한 인연입니다.
(주)시대고시기획은 항상 독자의 마음을 헤아리기 위해 노력하고 있습니다.
늘 독자와 함께하겠습니다.

머리말

모의고사를 풀며 마무리를 하고 있을 여러분에게,

본서는 소방공무원 전문과목인 **소방학개론·소방관계법규** 2과목의 집중적인 실력테스트를 위해 기획되었습니다. 시험을 얼마 앞둔 시점에서 해당과목에 대한 이해를 측정하고 부족한 부분을 점검하여 실제시험에서 고득점을 얻기 위해 실제시험과 최대한 비슷한 환경하에서 실전에 임하는 마음 자세로 문제를 풀어보시기를 권합니다.

본서에 수록된 문제는 기존에 다양한 공무원 시험에서 출제된 문제와 빈출된 테마를 바탕으로 새롭게 구성한 실제 예상문제를 가미하여 최근 출제되는 테마와 난이도에 맞게 수록하였습니다.

해마다 출제되는 실제 공무원 기출문제들 중 다수는 이미 과거에도 수 회 반복적으로 출제되는 영역들이었습니다. 시험의 마지막을 정리하는 시점에서 그간 중요하게 다루어진 기출문제와 예상문제들을 통해 마지막 실력점검에 도움이 되시기를 기원합니다.

본서의 20회분 모의고사와 문제풀이를 통해 강점은 확인하고 약점은 보완할 수 있는 기회가 되시기를 기원합니다.

수험생 여러분의 합격을 기원하며 응원합니다.

SD 소방공무원시험연구소 편저자 일동

알파(α) 모의고사만의 특징

1. 직렬별 전과목 모의고사 수록

공무원 시험 과목은 이제 선택과목 없이 모두 필수과목입니다. 자신이 수험하는 직렬의 개별 과목 도서를 구입하는 것보다 직렬별 도서를 선택하면 한 권으로 전과목을 모두 효율적으로 공부할 수 있습니다.

공통과목, 일반행정직, 사회복지직, 교육행정직, 소방공무원, 경찰공무원의 전과목 모의고사를 통해 한 권으로 해당 직렬의 모든 과목의 모의고사를 풀어볼 수 있습니다.

수록 과목

공통과목	국어·영어·한국사
일반행정직	국어·영어·한국사·행정학개론·행정법총론
사회복지직	국어·영어·한국사·사회복지학개론·행정법총론
교육행정직	국어·영어·한국사·교육학개론·행정법총론
소방공무원	소방학개론·소방관계법규
경찰공무원(순경)	헌법·형사법·경찰학

※ 소방공무원은 2023년부터 시행될 과목제 개편으로 인해 전문과목인 '소방학개론', '소방관계법규'만 수록하였습니다.

2. 실전동형 모의고사 5회차 수록

직렬별로 구성된 전과목 모의고사를 5회차 수록하였습니다. 최대한 출제된 기출문제와 유사하게 구성된 5회차의 모의고사를 풀어보며 시험 전 마지막 실력 점검을 하길 바랍니다.

9급 공무원 **공통과목**

9급 공무원 **일반행정직**

9급 공무원 **사회복지직**

9급 공무원 **교육행정직**

소방공무원 **전문과목**

경찰공무원(순경) **필수과목**

공무원 시험 공부의 시작이자 끝

알파(α)의 효율적인 학습방법

기본서 ▶ 기출 문제집 ▶ 모의고사

공무원 수험 공부는 기본서로 시작해, 기출문제집으로 다지고, 모의고사로 마무리한다고 할 수 있습니다. 다음 도서들을 연계해 수험생활을 함께해 보세요!

연계학습 알파(α)

기본서 핵심플러스 시리즈

기본서의 방대한 이론 중 꼭 필요한 핵심 이론만 간략하게 모은 핵심플러스 시리즈로 9급 공무원 시험 과목의 이론을 최종 점검해 보세요.

기출문제집 기출이 답이다 시리즈

기본서로 이론을 다졌다면, 기출문제집을 통해 문제 풀이 연습을 거쳐야 합니다. 공무원 수험의 최다 직렬, 최다 과목 기출문제집을 보유하고 있는 '기출이 답이다' 시리즈로 기출문제를 풀이해 보세요.

구성과 특징

문제편

소방공무원 전문과목 20회 모의고사 수록

2023년부터 적용되는 소방공무원 시험 과목 개편에 맞춰 소방공무원 전문과목인 소방학개론·소방관계법규 2과목의 모의고사를 20회 실었습니다. 소방공무원 시험과목 중 가장 중심이라 할 수 있는 전문과목의 20회차 모의고사를 풀이해보세요.

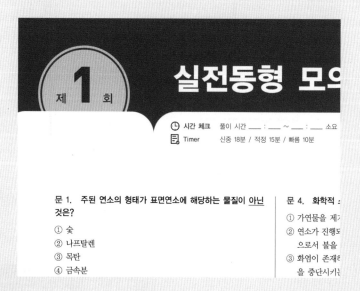

실제 시험처럼 시간 체크

풀이시간과 소요시간을 체크하며 실제 시험처럼 공부해 보세요. 과목당 풀이에 들었던 소요시간을 타이머를 통해 신중, 적정, 빠름으로 시험 스타일도 파악할 수 있습니다.

실전동형 모의고사

🕐 **시간 체크** 풀이 시간 ___ : ___ ~ ___ : ___ 소요 시간 ___ : ___
📋 **Timer** 신중 18분 / 적정 15분 / 빠름 10분

.면연소에 해당하는 물질이 **아닌**

문 4. 화학적 소화에 대한 설명으로 옳

① 가연물을 제거하여 연소현상을 제어하
② 연소가 진행되고 있는 가연물의 열을 ㄴ
  으로서 불을 끄는 방법이다.
③ 화염이 존재하는 연소반응에서 라디칼
  을 중단시키는 방법이다.

해설편

상세한 해설

혼자서도 학습하는 데 무리가 없도록 자세하고 상세한 해설을 수록하였습니다. 정답과 오답 설명을 분리해, 문제의 정답 설명은 물론 오답선지까지 익혀두세요.

출제자의 Point

해설 외 더 알아두면 좋을 내용들을 '출제자의 Point'로 추가 수록해 관련 이론 내용을 보충하고 주요 개념 및 핵심 이론을 함께 공부할 수 있도록 하였습니다.

---

07 답 ④

정답해설
'폭연은 에너지 방출속도가 물질 전달속도에 영향을 받고, 폭굉은 에너지 방출속도가 물질전달속도에 기인하지 않고 공간의 압축으로 인하여 아주 짧다.'로 ④는 옳은 내용이다.

오답해설
① 화염의 전파속도가 음속보다 빠른 것은 폭굉, 음속보다 느린 것은 폭연이다.
② 에너지 전달이 충격파에 의한 것은 폭굉, 일반적인 열전달과정에 의해 이루어지는 것은 폭연이다.
③ 온도, 압력, 밀도가 화염면에서 불연속적이면 폭굉, 연속적이면 폭연이다.

출제자의 Point!

폭연과 폭굉의 비교

폭연(Deflagration)	폭굉(Detonation)
• 화염의 전파속도가 음속보다	• 화염의 전파속도가 음속보다

20%를 CO_2 소
래와 같다.

• CO_2 소화농도
• CO_2 설계농도

09

정답해설
② 마그네슘은 물과
수를 해서는 점
$Mg + 2H_2O →$

10

정답해설
④ 구리방재여구위

이 있다. 니트로글리세린은 제5류 위험물인 자기 반응성 물질로 분해열을 일으키는 물질이다.

출제자의 Point!

자연발화에 의한 열

구분	내용
분해열	물질에 열이 축적되어 서서히 분해할 때 생기는 열 예 셀룰로이드, 니트로셀룰로오스, 니트로글리세린, 아세틸렌, 산화에틸렌, 에틸렌 등
산화열	가연물이 산화반응으로 발열 축적된 것으로 발화하는 현상 예 석탄, 기름종류(기름걸레, 건성유), 원면, 고무분말 등
미생물열	미생물 발효현상으로 발생되는 열(= 발효열) 예 퇴비(두엄), 먼지, 곡물분 등
흡착열	가연물이 고온의 물질에서 방출하는 (복사)열을 흡수되는 것 예 다공성 물질의 활성탄, 목탄(숯) 분말 등
중합열	작은 다량의 분자가 큰 분자량의 화합물로 결합할 때 발생하는 열(= 중합반응에 의한 열) 예 시안화수소, 산화에틸렌 등

09

정답해설
「재난 및 안전관리기
① 소방청장은 항공
를 위하여 항공기
른 법령에 항공기의
그 법령에 따른다.

10

정답해설
① 식용유화재시에
제(탄산수소나트
위험성을 낮추는

목차

PART 1

실전동형 모의고사
소방학개론

🕐 **시간 체크**   풀이 시간 ___ : ___ ~ ___ : ___ 소요 시간 ___ : ___

📋 **Timer**   신중 18분 / 적정 15분 / 빠름 10분

문 1. 주된 연소의 형태가 표면연소에 해당하는 물질이 <u>아닌</u> 것은?

① 숯
② 나프탈렌
③ 목탄
④ 금속분

문 2. 다음 〈보기〉의 내용에 해당하는 것을 바르게 배열한 것은?

┌─ 보 기 ─┐
㉮ 가압송수장치인 소방펌프의 체절운전으로 인한 수온상승과 과압으로 배관이 파손되는 경우를 방지하기 위하여 펌프 토출측 개폐밸브 이전에 분기하여 설치한다.
㉯ 평상 시 정기적으로 펌프의 성능을 시험하여 펌프 성능곡선의 양부 및 방사압과 토출량이 정상적인지 검사하기 위한 것으로 펌프 토출측 개폐밸브 이전에 분기하여 설치한 배관을 말한다.
└──────────┘

	㉮	㉯
①	기동용수압개폐장치	물올림장치
②	순환배관 및 릴리프 밸브	펌프성능시험배관
③	펌프성능시험배관	순환배관 및 릴리프 밸브
④	물올림장치	기동용수압개폐장치

문 3. 피난계획의 일반원칙 중 fool proof 원칙에 해당하는 것은?

① 저지능인 상태에서도 쉽게 식별이 가능하도록 그림이나 색채를 이용하는 원칙
② 피난설비를 반드시 이동식으로 하는 원칙
③ 한 가지 피난기구가 고장이 나도 다른 수단을 이용할 수 있도록 고려하는 원칙
④ 피난설비를 첨단화된 전자식으로 하는 원칙

문 4. 화학적 소화에 대한 설명으로 옳은 것은?

① 가연물을 제거하여 연소현상을 제어하는 방법이다.
② 연소가 진행되고 있는 가연물의 열을 빼앗아 온도를 떨어뜨림으로서 불을 끄는 방법이다.
③ 화염이 존재하는 연소반응에서 라디칼을 제거하여 연소반응을 중단시키는 방법이다.
④ 연소의 조건 중 하나인 산소의 공급을 차단하여 소화효과를 달성하는 방법이다.

문 5. 화재하중에 대한 설명 중 <u>틀린</u> 것은?

① 화재하중이 크면 단위면적당의 발열량이 크다.
② 화재하중이 크다는 것은 화재구획의 공간이 넓다는 것이다.
③ 화재하중이 같더라도 물질의 상태에 따라 화재가혹도는 달라진다.
④ 화재하중은 화재구획실 내의 가연물 총량을 목재 중량비로 환산하여 면적으로 나눈 수치이다.

문 6. 자연발화를 일으키는 종류와 물질이 <u>잘못</u> 연결된 것은?

① 산화열 – 니트로글리세린
② 흡착열 – 활성탄
③ 분해열 – 셀룰로이드
④ 중합열 – 시안화수소

안심Touch

문 7. 다음 소방시설에 대한 내용으로 옳지 <u>않은</u> 것은?

① 소화기는 바닥면에서 높이가 1.5m 이하가 되는 지점에 설치할 것

② 옥내소화전의 수원의 양은 옥내소화전 설치개수가 가장 많은 층의 설치개수(설치개수가 2개 이상 설치된 경우는 2)에 2.6m³을 곱한 양 이상이 되도록 하여야 한다.

③ 비상콘센트설비에서 하나의 전용회로에 설치하는 비상콘센트는 8개 이하로 할 것

④ 무선통신보조설비에서 "분파기"란 서로 다른 주파수의 합성된 신호를 분리하기 위해서 사용하는 장치를 말한다.

문 8. 다음은 연소범위에 대한 설명으로 <u>틀린</u> 것은?

① 압력을 높이면 상한계는 올라가고, 하한계는 거의 변화가 없다.

② 연소범위가 넓을수록 위험하다.

③ 아세틸렌의 연소범위는 2.5~81%로써 이 범위 내에서 연소 및 폭발이 잘 일어난다.

④ 일산화탄소를 봉입 후 압력을 상승시키면 연소범위가 넓어진다.

문 9. 「재난 및 안전관리기본법」상 항공기 조난사고가 발생한 경우 항공기 수색과 인명구조를 위하여 항공기 수색ㆍ구조계획을 수립ㆍ시행하여야 할 사람은?

① 소방청장

② 행정안전부장관

③ 국방부장관

④ 국토교통부장관

문 10. 다음의 화재 소화방법 중 <u>틀린</u> 것은?

① 식용유화재시에는 제2종분말소화약제에 의한 비누화반응으로 재발화의 위험성을 낮추는 질식소화한다.

② 알코올류화재시에는 다량의 물에 의한 희석소화나 내알코올포소화약제로 질식소화한다.

③ 전기화재시에는 이산화탄소소화약제 등 가스계소화약제로 질식소화한다.

④ 금속화재는 마른모래 등 건조사를 사용하고 특히 알킬알루미늄 화재 시는 팽창질석, 팽창진주암을 사용하여 질식소화한다.

문 11. 다음 중 화학적 폭발에 해당되지 <u>않은</u> 것은?

① 가연성 고체의 미분이 점화원에 의해 폭발하는 것

② 모노머(단량체)의 중축합반응을 통해 폴리머(다량체)를 생성할 때 발생된 열에 의해 폭발하는 것

③ 분해할 때에 생성되는 발열 가스가 압력상승에 의해 폭발하는 것

④ 저온 액화가스(LNG, LPG 등)가 사고로 인해 물 위에 분출되었을 때 급격한 기화를 동반하는 비등현상으로 액상에서 기상으로의 급격한 상변화에 의해 폭발하는 것

문 12. 다음 중 응급환자의 중증도 분류 중 표시색상이 올바르게 연결된 것은?

① 긴급환자 – 흑색

② 비응급환자 – 적색

③ 응급환자 – 황색

④ 지연환자 – 녹색

문 13. 다음 〈보기〉에서 (   ) 안에 들어갈 내용으로 바르게 배열된 것을 고르면?

┌ 보 기 ┐
가. (   )는/은 물질을 매개체로 하여 열에너지가 전달되는 것이 아니라 서로 떨어져 있는 두 물체 사이에 열에너지가 전자파 형태로 물체에 복사되며 이것이 다른 물체에 전파되어 흡수되면 열로 변하는 현상을 말한다.
나. 스테판-볼츠만 법칙에 의해 복사에너지는 열전달면적에 비례하고, (   )에 비례한다.
└─────┘

	가	나
①	전도	절대온도 4제곱
②	전도	절대온도 4제곱근
③	복사	절대온도 4제곱
④	복사	절대온도 4제곱근

문 14. 위험물탱크에 압력이 0.3MPa이고 온도가 0℃인 가스가 들어 있을 때 화재로 인하여 100℃까지 가열되었다면 압력은 약 몇 MPa인가?(단, 이상기체로 가정한다)

① 0.41
② 0.52
③ 0.63
④ 0.74

문 15. 다음 중 제3류 위험물에 대한 설명으로 옳지 않은 것은?

① 칼륨, 나트륨, 알킬알루미늄, 알킬리튬은 물보다 가볍고, 나머지는 물보다 무겁다.
② 탄화칼슘은 물과 접촉을 통해 아세틸렌(C_2H_2)가스를 발생시킨다.
③ 황린은 자연발화성 물질로 물속에 저장한다.
④ 화재초기에 이산화탄소 소화약제 등으로 질식소화한다.

문 16. 다음 중 가스폭발과 분진폭발에 대한 설명 중 옳지 않은 것은?

① 가스폭발보다 분진폭발은 최소발화에너지가 크다.
② 가스폭발보다 분진폭발의 최초폭발과 폭발압력이 더 크다.
③ 가스폭발보다 분진폭발은 연소속도, 폭발압력은 작으나 연소시간이 길고 발생에너지가 크기 때문에 연소 시 그 물질의 파괴력과 그을음이 크다.
④ 가스폭발에 비해 분진폭발은 불완전연소가 심하므로 일산화탄소(CO)가 발생한다.

문 17. 다음 중 〈보기〉에 해당되는 감지기는?

┌ 보 기 ┐
주위의 공기가 일정한 농도의 연기를 포함하게 되는 경우에 작동하는 것으로서 일국소의 연기에 의하여 이온전류가 변화하여 작동하는 감지기이다.
└─────┘

① 이온화식 감지기
② 보상식 감지기
③ 광전식 감지기
④ 정온식 감지기

문 18. 가스계소화설비의 방출방식에 해당하지 않는 것은?

① 전역방출방식
② 국소방출방식
③ 호스릴방출방식
④ 집중방출방식

문 19. 우리나라 소방의 역사에 대한 내용 중 옳지 않은 것은?

① '소방본부' 최초 설치 - 1972년 서울과 부산에 설치
② '소방서' 최초 설치 - 일제 강점기(1915년)
③ '소방'이라는 용어 사용 - 갑오개혁 이후(1895년)
④ '금화 또는 멸화'라는 용어 사용 - 조선 시대

문 20. 다음 〈보기〉의 내용에 해당되는 것을 바르게 배열한 것은?

┤ 보 기 ├

(㉮) - 탱크의 저부에 물 또는 물-기름 에멀전이 존재하면 뜨거운 열에 의해 급격한 부피팽창에 의하여 유류가 탱크 외부로 분출되면서 화재가 확대되는 현상이다.

(㉯) - 대개 뜨거운 아스팔트를 물이 들어 있는 탱크 속에 넣을 때 저장탱크 속의 물이 점성을 가진 뜨거운 기름의 표면 아래에서 끓을 때 화재를 수반하지 않고 기름이 거품을 일으키면서 넘쳐흐르는 현상이다.

(㉰) - 탱크 내 유류가 50% 이하로 저장된 경우, 외부의 뜨거운 열로 인한 내부 압력상승의 탱크 파열현상이다.

(㉱) - 유류의 액표면 온도가 물의 비점 이상으로 올라가게 되어 소화용수가 뜨거운 액표면에 유입되게 되면 물이 수증기로 변하면서 급작스러운 부피팽창에 의해 유류가 탱크 외부로 분출되면서 화재가 확대되는 현상이다.

	㉮	㉯	㉰	㉱
①	오일오버	슬롭오버	보일오버	프로스오버
②	프로스오버	보일오버	슬롭오버	오일오버
③	슬롭오버	오일오버	프로스오버	보일오버
④	보일오버	프로스오버	오일오버	슬롭오버

🕐 **시간 체크** 풀이 시간 ___ : ___ ~ ___ : ___ 소요 시간 ___ : ___

📑 **Timer** 신중 18분 / 적정 15분 / 빠름 10분

문 1. 다음 〈보기〉 중에서 화재진압장비를 모두 고르면?

┌─ 보 기 ─────────────────────────┐
ㄱ. 소방자동차   ㄴ. 소방호스
ㄷ. 열화상카메라   ㄹ. 유압전개기
ㅁ. 결합금속구   ㅂ. 휴대용 원치
└──────────────────────────────┘

① ㄱ, ㄷ, ㅁ
② ㄱ, ㄹ, ㅂ
③ ㄴ, ㄷ, ㄹ
④ ㄴ, ㄷ, ㅁ

문 2. 다음 중 분말소화약제에 대한 설명으로 옳지 <u>않은</u> 것은?

① 제1종 분말소화약제의 성분은 탄산수소나트륨이며 색상은 백색이다.
② 제2종 분말소화약제는 식용유화재에 사용되며 비누화효과가 있다.
③ 제3종 분말소화약제는 열분해 시 방진효과에 의한 소화효과가 있다.
④ 제4종 분말소화약제는 탄산수소칼륨과 요소이며 소화성능이 가장 우수하다.

문 3. 「화재조사 및 보고규정」상 소방서장이 소방본부장에게 화재조사결과를 보고해야 할 기간에 대한 내용이다. 빈칸에 들어갈 내용으로 바르게 묶인 것은?

┌──────────────────────────────────────┐
• 긴급상황보고에 해당하는 화재는 화재 인지로부터 (㉠)일 이내, 다만, 화재의 정확한 조사를 위하여 조사 기간이 필요한 때는 총 (㉡)일 이내에 보고해야 한다.
• 긴급상황보고에 해당하지 않는 일반화재는 화재 인지로부터 (㉢)일 이내에 보고해야 한다.
• 감정기관에 감정의뢰 시 감정결과서를 받은 날로부터 (㉣)일 이내에 조사결과를 보고하고 기록·유지하여야 한다.
└──────────────────────────────────────┘

	㉠	㉡	㉢	㉣
①	15	30	15	10
②	15	30	10	15
③	30	50	10	15
④	30	50	15	10

문 4. 옥내소화전설비의 방수구 설치기준에 관한 설명이다. <u>틀린</u> 것은?

① 방수구는 소방대상물의 각 부분으로부터 수평거리 25m 이하가 되도록 설치하여야 한다.
② 바닥으로부터의 높이가 0.5m 이상 1m 이하가 되도록 설치하여야 한다.
③ 호스는 구경 40mm 이상의 것으로 물이 유효하게 뿌려질 수 있는 길이로 설치할 것.
④ 방수구는 소방대상물의 각 층마다 설치한다.

문 5. 다음 중 생성되는 결과에 따라 분류되는 열원이 <u>다른</u> 하나는?

① 압축열   ② 용해열

③ 연소열   ④ 분해열

문 6. 목조건축물과 내화건축물의 화재성상에 대한 설명 중 <u>틀린</u> 것은?

① 목조건축물은 최성기를 지나면 급속히 타버리고 그 온도는 공기의 유통이 좋으므로 장시간 고온을 유지한다.

② 목조건축물은 공기의 유통이 좋아 순식간에 플래시오버에 도달하고 최성기 때 최고온도는 약 1,100~1,300℃ 정도에 이른다.

③ 내화구조건축물은 견고하여 공기의 유통조건이 거의 일정하고 최고 온도는 목조건축물의 경우 보다 낮다.

④ 내화구조건축물의 화재 진행상황은 초기-성장기-최성기-종기의 순으로 진행된다.

문 7. 화재로 인해 생성되는 연소생성물로 독성이 강하고 무색·무취로서 헤모글로빈과 결합하여 인체 산소결핍으로 질식 사망케 하는 물질은 무엇인가?

① 일산화탄소

② 이산화탄소

③ 황화수소

④ 암모니아

문 8. 유류저장 탱크 화재로 불꽃이 치솟는 유류표면에 포소화약제를 방출하면 탱크 윗면의 중앙부분은 질식소화로 불이 꺼져도 탱크 벽면은 포가 뜨거운 열에 의해 깨지는데, 그 벽면이 귀걸이의 링처럼 환상으로 불길이 남아서 지속되는 현상을 무엇이라 하는가?

① UVCE 현상

② Ring Fire 현상

③ BLEVE 현상

④ Oil over 현상

문 9. 다음 내용 중 화재조사 성격이 <u>다른</u> 것은?

① 열에 의한 파손, 탄화, 용융 등의 피해

② 화재로 인한 사망자 및 부상자 피해

③ 소화활동 중 사용된 물로 인한 피해

④ 연기, 물품반출, 화재로 인한 폭발 등에 의한 피해

문 10. 자연재난과 인적재난의 비교이다. 옳지 <u>않은</u> 것은?

① 자연재난은 단기적이며 급격하게 발생하지만 인적재난은 장기적이며 완만하게 진행한다.

② 자연재난은 광범위한 지역으로 발생하지만 인적재난은 국소지역을 집중적으로 발생한다.

③ 자연재난은 예방이 어렵지만 인적재난은 예방이 가능하다.

④ 자연재난은 통제가 불가능한 편이나 인적재난은 통제가 가능한 편이다.

문 11. 다음 중 환자의 중증도에 관한 설명 중 <u>잘못된</u> 것은?

① 중증도 분류란 다수의 사상자가 발생한 경우 부상의 정도에 따라 응급처치나 치료의 우선순위를 결정하는 것이다.

② 긴급환자는 치료가능한 치명적인 부상자가 속하며 분류색상은 적색이다.

③ 지연환자는 사망 또는 치료불가능한 치명적 부상자가 속하며 분류색상은 녹색이다.

④ 팀장은 중증환자의 처치에는 관여하지 말고 계속 중증도 분류를 시행한다.

문 12. 포소화설비 혼합방식 중 펌프와 발포기 중간에 설치된 벤투리관의 벤투리작용과 펌프가압수의 소화약제 저장탱크의 압력에 의해서 포소화약제를 흡입·혼합하는 방식은?

① 펌프 프로포셔너 방식
② 라인 프로포셔너 방식
③ 프레저 프로포셔너 방식
④ 프레저 사이드 프로포셔너 방식

문 13. 다음 중 위험물을 유별로 분류하는 기준에 해당하지 <u>않는</u> 것은?

① 물질별 물리적·화학적 성질
② 지정수량에 의한 공통성
③ 소화방법의 공통성
④ 화재예방 대책의 공통성

문 14. 다음 중 〈보기〉의 소방 발전 과정을 순서대로 나열한 것으로 옳은 것은?

┌─┤ 보 기 ├──────────────────
│ ㄱ. 소방위원회 설치
│ ㄴ. 「소방공무원법」 제정
│ ㄷ. 「지방소방공무원법」 제정
│ ㄹ. 「소방법」 제정
│ ㅁ. 내무부 민방위본부 창설
│ ㅂ. 소방공동시설세 도입
└──────────────────────

① ㄱ - ㄹ - ㅂ - ㄷ - ㅁ - ㄴ
② ㄱ - ㅂ - ㄹ - ㅁ - ㄴ - ㄷ
③ ㄹ - ㄱ - ㅂ - ㄷ - ㅁ - ㄴ
④ ㄹ - ㅂ - ㄴ - ㄱ - ㅁ - ㄷ

문 15. 다음 중 위험물을 운반 용기에 수납할 때 주의사항이 옳지 <u>않은</u> 것은?

① 알칼리금속의 과산화물은 화기·충격주의, 가연물접촉주의 및 물기엄금

② 철분·금속분·마그네슘은 화기주의 및 물기엄금

③ 자기반응성 물질은 화기엄금 및 충격주의

④ 자연발화성 물질은 화기주의 및 공기접촉엄금

문 16. 다음 중 맥동현상(써징현상) 방지대책으로 옳지 <u>않은</u> 것은?

① 배관중 불필요한 수조를 없앤다.
② 배관내의 기체(공기)를 제거한다.
③ 유량조절밸브를 배관중 수조의 후방에 설치한다.
④ 운전점을 고려하여 적합한 펌프를 선정한다.

문 17. 「재난 및 안전관리 기본법」에서 규정한 긴급구조기관에 해당하지 <u>않는</u> 것은?

① 해양경찰청
② 소방청
③ 소방본부
④ 해양수산부

문 18. 다음 중 소방공무원 임용에 관한 설명으로 옳지 <u>않은</u> 것은?

① 사망한 소방공무원에 대한 면직은 사망한 다음 날 면직된 걸로 본다.
② 시보임용기간에는 소방공무원으로 신분을 보장받지 못한다.
③ 채용후보자명부의 유효기간은 1년으로 하되, 임용권자는 필요에 따라 2년의 범위 안에서 그 기간을 연장할 수 있다.
④ 시보임용예정자가 소방공무원의 직무수행과 관련한 실무수습 중 사망한 경우에 사망일의 전날에 임용된 걸로 본다.

문 19. 다음 중 적린의 위험성에 대한 설명으로 옳은 것은?

① 공기 중에서 습기에 대한 흡습성이 높아 스스로 녹는 조해성이 있다.
② 물과 격렬하게 반응하여 열을 발생한다.
③ 공기 중에 방치하면 자연발화한다.
④ 산화제와 혼합할 경우 마찰, 충격에 의해서 발화한다.

문 20. 소화약제로서 물 1g이 1기압, 100℃에서 모두 수증기로 변할 때 열의 흡수량은 몇 cal인가?

① 429
② 499
③ 539
④ 639

문 1. 프랭크 버드(Frank Bird)의 이론인 최신의 도미노이론에서 불안전한 행동 또는 불안전한 상태로 일컬어지는 것으로 하인리히의 연쇄성이론에서도 가장 중요한 대책 사항으로 취급되어 온 요인은 무엇인가?

① 제어의 부족 – 관리
② 기본원인 – 기원
③ 직접원인 – 징후
④ 사고 – 접촉

문 2. 실내화재 시 연기발생과 관련된 설명 중 옳은 것은?

① 감광계수가 클수록 가시거리가 길어진다.
② 화재초기의 발연량은 화재 성숙기의 발연량보다 적다.
③ 연기는 화재초기에 백색, 화재중기에 흑색, 화재후기에 백색을 띤다.
④ 연기가 인체에 미치는 영향으로 가장 큰 것은 시각적 영향이다.

문 3. 다음 중 산불화재의 형태의 관한 설명으로 옳지 <u>않은</u> 것은?

① 지중화는 산림 지중에 있는 유기질층이 타는 것이다.
② 지표화는 산림 지면에 떨어져 있는 낙엽, 마른풀 등의 타는 것이다.
③ 비화는 강풍 등에 의해 불꽃이 날아가 타는 것이다.
④ 수관화는 나무의 줄기가 타는 것이다.

문 4. 다음 〈보기〉와 관련한 폭발은?

┤ 보 기 ├

물 속에서 사고로 인해 액화천연가스가 분출되었을 때, 이 물질이 급격한 비등현상으로 체적팽창 및 상변화로 인하여 고압이 형성되어 일어나는 폭발현상이다.

① 분해폭발
② 증기폭발
③ 중합폭발
④ 산화폭발

문 5. 다음 피난원칙 중 Fail safe에 관한 설명으로 옳은 것은?

① 피난경로는 간단명료하게 하여야 한다.
② 피난수단은 원시적 방법에 의한 것을 원칙으로 한다.
③ 비상시 판단능력 저하를 대비하여 누구나 알 수 있도록 피난수단 등을 문자나 그림 등으로 표시한다.
④ 피난 시 하나의 수단이 고장으로 실패하여도 다른 수단에 의해 피난할 수 있도록 하는 것을 말한다.

문 6. 다음 〈보기〉에서 설명하는 화재 현상은?

┤ 보 기 ├

중질유 탱크 화재 시 유류표면 온도가 물의 비점 이상일 때 소화용수를 유류표면에 방수시키면 물이 수증기로 변하면서 급격한 부피팽창으로 인해 유류가 탱크의 외부로 분출되는 현상이다.

① 보일오버(Boil over)

② 슬롭오버(Slop over)

③ 프로스오버(Froth over)

④ 플래시오버(Flash over)

문 7. 내화건축물의 구획실내에서 가연물의 연소 시, 성장기의 지배적 열전달로 옳은 것은?

① 복사

② 대류

③ 전도

④ 확산

문 8. 환기구로 에너지가 유출되는 것을 의미하는 환기계수로 옳은 것은?(단, A는 면적, H는 높이이다.)

① $\sqrt{\dfrac{A}{H}}$

② $H\sqrt{A}$

③ $A\sqrt[2]{H}$

④ $A\sqrt{H}$

문 9. 다음 중 분말소화약제에 관한 설명으로 옳지 <u>않은</u> 것은?

① 분말의 안식각이 작을수록 유동성이 커진다.

② 제1종 분말소화약제를 저장하는 경우 분말소화약제 1kg당 저장용기의 내용적은 0.8L이다.

③ 제2종 분말소화약제의 주성분은 탄산수소나트륨($NaHCO_3$)이다.

④ 제3종 분말소화약제의 주성분은 제1인산암모늄($NH_4H_2PO_4$)이다.

문 10. 다음 〈보기〉 중 1기압, 20℃에서 기체상태로 존재하는 것을 모두 고른 것은?

┤ 보 기 ├

ㄱ. Halon 1211

ㄴ. Halon 1301

ㄷ. Halon 2402

ㄹ. Halon 1011

① ㄱ, ㄴ

② ㄱ, ㄷ, ㄹ

③ ㄴ, ㄷ, ㄹ

④ ㄱ, ㄴ, ㄷ, ㄹ

문 11. 다음 중 물에 관한 설명으로 옳지 <u>않은</u> 것은?

① 압력이 감소함에 따라 비등점은 낮아진다.

② 물의 기화열은 융해열보다 크다.

③ 물의 표면장력을 낮추는 경우 침투성이 강화된다.

④ 온도가 상승할수록 물의 점도는 증가한다.

문 12. 다음 중 연소에 관한 설명으로 옳지 <u>않은</u> 것은?

① 자기반응성 물질은 외부에서 공급되는 산소가 없는 경우 연소하지 않는다.

② 연소는 산화반응의 일종이다.

③ 메탄이 완전연소를 하는 경우 이산화탄소가 발생한다.

④ 일산화탄소는 연소가 가능한 가연성물질이다.

문 13. 벤추리관의 벤추리작용을 이용하는 기계포 소화약제의 혼합방식을 모두 고른 것은?

┌─ 보기 ─────────────────────────────
│ ㄱ. 프레저 사이드 프로포셔너 방식
│ ㄴ. 라인 프로포셔너 방식
│ ㄷ. 프레저 프로포셔너 방식
│ ㄹ. 펌프 프로포셔너 방식
└──────────────────────────────────

① ㄱ, ㄴ

② ㄱ, ㄷ

③ ㄱ, ㄴ, ㄷ

④ ㄴ, ㄷ

문 14. 다음 중 디에틸에테르($C_2H_5OC_2H_5$)에 관한 설명으로 옳지 <u>않은</u> 것은?

① 물과 접촉 시 격렬하게 반응한다.

② 비점, 인화점, 발화점이 매우 낮고 연소범위가 넓다.

③ 연소범위의 하한치가 낮아 약간의 증기가 누출되어도 폭발을 일으킨다.

④ 증기압이 높아 저장용기가 가열되면 변형이나 파손되기 쉽다.

문 15. 다음 중 연결송수관설비의 송수구에 관한 내용으로 옳지 <u>않은</u> 것은?

① 습식의 경우에는 송수구 · 체크밸브 · 자동배수밸브의 순으로 설치한다.

② 지면으로부터 높이가 0.5m 이상 1.0 이하의 위치에 설치한다.

③ 구경 65mm의 쌍구형으로 한다.

④ 가까운 곳의 보기 쉬운 곳에 송수압력범위를 표시한 표지를 한다.

문 16. 이산화탄소소화설비의 소화약제의 저장용기 설치기준으로 옳지 <u>않은</u> 것은?

① 직사광선 및 빗물이 침투할 우려가 없는 곳에 설치할 것

② 방화문으로 구획된 실에 설치할 것

③ 온도가 45℃ 이하이고, 온도변화가 작은 곳에 설치할 것

④ 방호구역외의 장소에 설치할 것

문 17. 자동화재탐지설비 및 시각경보장치의 부착높이가 8m 이상 15m 미만일 경우 적응성 있는 감지기의 종류로 옳지 <u>않은</u> 것은?

① 차동식 스포트형

② 차동식 분포형

③ 이온화식 감지기

④ 불꽃감지기

문 18. 다음에 제시된 가연성기체의 폭발한계범위에서 위험도가 낮은 것부터 높은 순으로 바르게 나열한 것은?

┤ 보 기 ├
ㄱ. 수소(4.0 ~ 75.0 vol%)
ㄴ. 아세틸렌(2.5 ~ 81.0 vol%)
ㄷ. 에테르(1.9 ~ 48.0 vol%)
ㄹ. 프로판(2.1 ~ 9.5 vol%)

① ㄷ < ㄱ < ㄹ < ㄴ
② ㄹ < ㄱ < ㄷ < ㄴ
③ ㄷ < ㄹ < ㄴ < ㄱ
④ ㄹ < ㄷ < ㄴ < ㄱ

문 20. 다음 중 피부 손상의 정도에 따른 화상 분류가 바르게 짝지은 것을 고르면?

┤ 보 기 ├
㉠ 피부 또는 피하조직까지 손상된 경우
㉡ 일광욕 후 피부가 붉게 되면서 통증을 느끼는 경우
㉢ 신경조직의 파괴로 화상부위에서 감각기능이 손상된 경우
㉣ 뜨거운 물에 의한 화상으로서 피부의 진피층까지 손상된 경우

	㉠	㉡	㉢	㉣
①	1도 화상	2도 화상	3도 화상	4도 화상
②	1도 화상	1도 화상	2도 화상	3도 화상
③	3도 화상	1도 화상	3도 화상	2도 화상
④	4도 화상	2도 화상	2도 화상	1도 화상

문 19. 우리나라 소방의 역사에 대한 설명이 잘못된 것은?

① 1426년 조선 시대 병조에 금화조직이 설치되었다.
② 1925년 종로에 경성소방서가 설치되었다.
③ 2004년 소방방재청이 설립되었다.
④ 1958년 3월 11일 「소방기본법」이 제정되었다.

실전동형 모의고사

시간 체크 풀이 시간 ___ : ___ ~ ___ : ___ 소요 시간 ___ : ___

Timer 신중 18분 / 적정 15분 / 빠름 10분

문 1. 다음 중 「소방공무원 승진임용 규정」에서 승진동점자 우선순위를 바르게 나열한 것은?

┤ 보기 ├
- ㄱ. 해당 계급의 바로 하위계급에서 장기근무한 자
- ㄴ. 해당 계급에서 장기근무한 자
- ㄷ. 소방공무원으로 장기근무한 사람
- ㄹ. 근무성적평정점이 높은 사람

① ㄱ - ㄴ - ㄷ - ㄹ
② ㄹ - ㄴ - ㄱ - ㄷ
③ ㄱ - ㄷ - ㄹ - ㄴ
④ ㄹ - ㄷ - ㄴ - ㄱ

문 2. 다음 중 가압송수장치인 소방펌프의 체절운전으로 인한 수온상승과 과압으로 배관이 파손되는 경우를 방지하기 위하여 설치하는 것은?

① 수압개폐장치(압력챔퍼)
② 물올림장치(호수조)
③ 순환배관 및 릴리프 밸브
④ 수격방지기

문 3. 다음 행정행위 중 혼합허가에 해당하는 것을 고르시오.

① 전문소방시설설계업 등록
② 소방시설공사업 등록
③ 방염처리업 등록
④ 소방공사감리업 등록

문 4. 시간당 100mol의 프로판(C3H8)을 3,000mol의 공기와 함께 급송시켜 연소시킬 경우에 이론공기량은?(단, 소수점은 반올림해서 계산하시오)

① 2400mol
② 2600mol
③ 2400mol
④ 2600mol

문 5. 다음 중 급수관의 배관 도중에 포소화약제 흡입기를 설치하여 그 흡입관에서 소화약제를 흡입하여 혼합하는 방식은?

① 펌프 프로포셔너 방식
② 라인 프로포셔너 방식
③ 프레저 프로포셔너 방식
④ 프레저 사이드 프로포셔너 방식

문 6. 다음 중 두 로프가 서로 다른 로프를 묶어 매듭부분이 맞물리도록 하는 방법이다. 신속하고 간편하게 묶을 수 있으며 매듭의 크기도 작다. 장시간 고정시켜 두는 경우에 주로 사용하며 힘을 받으면 받을수록 단단해지는 매듭은?

① 피셔맨매듭
② 8자매듭
③ 엄지매듭
④ 고정매듭

문 7. 다음 〈보기〉의 특성에 해당되는 감지기는?

┌─ 보 기 ├─
주위 온도가 일정온도 이상이 되었을 때 작동하는 것으로서 일
국소의 열효과에 의하여 작동된다.
└──────────────

① 차동식 스포트형 감지기
② 이온화식 감지기
③ 정온식 스포트형 감지기
④ 보상식 스포트형 감지기

문 8. 다음 중 위험물의 소화로서 옳지 <u>않은</u> 것은?

① 제3류 위험물인 나트륨, 칼륨, 황린은 물에 의한 주수소화를 하면 안 된다.
② 제1류 위험물인 무기과산화물은 주수소화를 금(禁)하고 마른 모래 등을 활용한 질식소화가 효과적이다.
③ 모든 제5류 위험물은 화재초기에 다량의 물에 의한 주수소화 가 효과적이다.
④ 수용성 유류화재는 내알코올포에 의한 질식소화 및 다량의 물 로 희석소화 한다.

문 9. 「재난 및 안전관리 기본법」상 자연재난에 해당되지 <u>않는</u> 것은?

① 미세먼지
② 화산활동
③ 황사
④ 소행성의 추락

문 10. 다음 중 소방대원이 실시하는 화재의 진압전술 중 맞지 <u>않는</u> 것은?

① 포위전술은 노즐을 화점을 기준으로 포위 배치하여 진압하는 전술이다.
② 블록전술은 블록의 4방면 중 바람이 불어나가는 쪽(풍하)이나 비화되는 쪽의 경우 화재확대가 가능한 면을 동시에 방어하는 전술이다.
③ 수비진압전술은 위험물탱크 화재 시 인접탱크의 비화경계 등 간접적 전술을 말한다.
④ 집중전술은 주요시설이나 대폭발 우려가 있는 곳을 중점적으 로 활동하는 전술이다.

문 11. 다음 중 화재진압에 따른 전략개념의 대응 우선순위를 바르게 배열한 것을 고르시오.

① 외부확대 방지 → 생명보호 → 내부확대 방지 → 화점진압 → 재발방지를 위한 점검·조사
② 생명보호 → 내부확대 방지 → 재발방지를 위한 점검·조사 → 외부확대 방지 → 화점진압
③ 생명보호 → 외부확대 방지 → 내부확대 방지 → 화점진압 → 재발방지를 위한 점검·조사
④ 외부확대 방지 → 내부확대 방지 → 생명보호 → 화점진압 → 재발방지를 위한 점검·조사

문 12. 1기압에서 100L를 차지하고 있는 용기를 내용적 5L의 용 기에 넣으면 압력은 몇 기압이 되는가?(단, 온도는 일정하다)

① 5
② 10
③ 15
④ 20

문 13. 화재조사의 특징에 해당하지 <u>않는</u> 것은?

① 현장성을 갖는다.

② 정밀과학성을 요구한다.

③ 안전성이 반드시 보호되어야 한다.

④ 조사를 위한 관계인의 임의적 협력이 있어야 가능하다.

문 14. 다음 중 오존층 파괴지수(O.D.P)가 가장 낮은 소화약제는?

① 할론 1301

② 할론 2402

③ 이산화탄소소화약제

④ IG-541

문 15. 다음 중 분말소화약제의 효과로 가장 옳지 <u>않은</u> 것은?

① 질식효과

② 냉각효과

③ 방사열 차단효과

④ 유화효과

문 16. 가연성 물질과 연소형태의 분류 중 옳지 <u>않은</u> 것은?

① 분해연소 - 석탄, 종이

② 표면연소 - 금속분, 질산에스테르류

③ 증발연소 - 나프탈렌, 유황

④ 예혼합연소 - 가솔린엔진, 분젠버너

문 17. 다음 중 복도와 같은 통로공간에서 벽, 바닥 표면의 가연물에 화염이 급속히 확산되는 현상은?

① 슬롭오버(Slop over) 현상

② 오일오버(Oil over) 현상

③ 블레비(BLEVE) 현상

④ 플레임오버(Flame over) 현상

문 18. 다음 중 가연물 구비조건으로 옳은 것은?

① 열전도율이 작을 것

② 활성화 에너지가 클 것

③ 흡열반응일 것

④ 비표면적이 작을 것

문 19. 다음 〈보기〉와 관련 있는 재난관리 단계는?

┤ 보 기 ├

재난발생 확률이 높아진 경우로 재난 후 대응할 수 있도록 운영적인 장치를 갖추는 단계로 비상방송 시스템 구축, 자원관리시스템 구축 등이 있다.

① 완화단계
② 준비단계
③ 대응단계
④ 복구단계

문 20. 다음 중 위험물 분류와 지정수량이 **틀린** 것은?

① 제1류 위험물 - 염소산염류, 아염소산염류 - 50kg
② 제2류 위험물 - 황린, 적린 - 100kg
③ 제3류 위험물 - 나트륨, 칼륨 - 10kg
④ 제6류 위험물 - 과산화수소, 과염소산 - 300kg

⏱ **시간 체크**   풀이 시간 ___ : ___ ~ ___ : ___ 소요 시간 ___ : ___

📋 **Timer**   신중 18분 / 적정 15분 / 빠름 10분

문 1. 화재강도에 영향을 미치는 요인 중 가장 관계가 <u>적은</u> 것은?

① 가연물의 비표면적
② 발화원의 온도
③ 화재실의 구조
④ 가연물의 발열량

문 2. 독성이 매우 높은 가스로서 석유제품 및 유지(油脂) 등이 연소할 때 생성되는 알데히드 계통의 연소 가스는?

① 시안화수소(HCN)
② 암모니아(NH_3)
③ 포스겐($COCl_2$)
④ 아크롤레인(CH_2CHCHO)

문 3. 다음 중 프로스오버(Froth over) 현상을 설명한 것으로 옳은 것은?

① 물이 뜨거운 기름표면 아래에서 끓을 때 화재를 수반하지 않고 거품이 넘쳐흐르는 현상
② 물이 연소유의 뜨거운 표면에 들어갈 때 발생되는 over flow 되는 현상
③ 탱크 바닥에 물과 기름의 에멀전이 섞여 있을 때 물의 비등으로 인하여 급격하게 넘쳐흐르는 현상
④ 탱크 주위 화재로 탱크 내 인화성 액체가 비등하고 가스 부분의 압력이 상승하여 탱크가 파괴되고 폭발을 일으키는 현상

문 4. 에테르, 케톤, 에스테르, 알데히드, 카르복실산, 아민 등과 같은 가연성인 수용성 용매에 유효한 포소화약제는?

① 단백포
② 수성막포
③ 불화단백포
④ 내알코올포

문 5. 불포화 섬유지나 석탄에 자연발화를 일으키는 원인은?

① 흡착열
② 산화열
③ 연소열
④ 중합열

문 6. 할로겐화합물소화약제는 일반적으로 열을 받으면 할로겐족이 분해되어 가연물질의 연소 과정에서 발생하는 활성종과 화합하여 연소의 연쇄반응을 차단한다. 연쇄반응의 차단과 가장 거리가 먼 소화약제는?

① FC - 3 - 1 - 10
② HFC - 125
③ IG - 541
④ FIC - 1311

안심Touch

문 7. 폭연(Deflagration)과 폭굉(Detonation)의 설명으로 옳은 것은?

① 폭연은 화염의 전파속도가 음속보다 빠르고 폭굉은 화염의 전파속도가 음속보다 느린 현상을 말한다.
② 폭연은 에너지 전달이 충격파에 의해 나타나고, 폭굉은 일반적인 열전달과정을 통해 나타난다.
③ 폭연은 온도, 압력, 밀도가 화염면에서 불연속적이고, 폭굉은 온도, 압력, 밀도가 화염면에서 연속적이다.
④ 폭연은 에너지 방출속도가 물질 전달속도에 영향을 받고, 폭굉은 에너지 방출속도가 물질전달속도에 기인하지 않고 공간의 압축으로 인하여 아주 짧다.

문 8. 화재 시 이산화탄소 소화설비에서 이산화탄소를 방출하여 산소농도를 13V%로 낮추어 소화하기 위한 공기 중 이산화탄소의 소화농도와 설계농도가 바르게 연결된 것은?

	소화농도	설계농도
①	9.5V%	11.4V%
②	25.8V%	30.96V%
③	38.1V%	45.72V%
④	61.5V%	73.8V%

문 9. 위험물에 대한 설명으로 옳지 않은 것은?

① 제1류 위험물 – 불연성 물질로서 가열, 충격에 의해 산소를 방출하는 강산화성 고체이다.
② 제2류 위험물 – 마그네슘, 유황, 적린은 주수에 의한 냉각소화가 가능하다.
③ 제3류 위험물 – 자연발화의 위험성이 있는 것을 말한다.
④ 제5류 위험물 – 자기 자신이 산소를 함유하고 있는 자기반응성 물질이다.

문 10. 다음 중 소방청 산하에 두는 직접적 소방조직에 해당하지 않는 것은?

① 중앙소방학교
② 중앙119구조본부
③ 국립소방연구원
④ 국립방재연구원

문 11. 다음 〈보기〉의 ㉠, ㉡에 들어갈 내용이 알맞게 배열된 것을 고르시오.

┤보 기├
(㉠)은 대통령령으로 정하는 재난이 발생하거나 발생할 우려가 있는 경우 사람의 생명·신체 및 재산에 미치는 중대한 영향이나 피해를 줄이기 위하여 긴급한 조치가 필요하다고 인정하면 (㉡)의 심의를 거쳐 재난사태를 선포할 수 있다.

	㉠	㉡
①	대통령	중앙위원회
②	행정안전부장관	중앙위원회
③	소방청장	지역위원회
④	시·도지사	지역위원회

문 12. 화재 원인조사에 해당되지 않은 것은?

① 화재의 연소경로 및 확대원인 등의 상황
② 소화활동 중에 사용된 물에 의한 피해
③ 화재가 발생한 과정, 화재가 발생한 지점 및 불이 붙기 시작한 물질
④ 피난경로, 피난상의 장애요인 등의 상항

문 13. 화재의 지속시간 및 온도에 따라 목조건축물과 내화구조 건축물을 비교했을 때, 목조건축물의 화재성상으로 가장 적합한 것은?

① 저온·장기형이다.
② 저온·단기형이다.
③ 고온·장기형이다.
④ 고온·단기형이다.

문 14. 방화벽의 구조 기준 중 다음 (   ) 안에 들어갈 내용으로 바르게 묶은 것은?

> • 방화벽의 양쪽 끝과 위쪽 끝을 건축물의 외벽면 및 지붕면으로부터 (㉠)m 이상 튀어나오게 할 것
> • 방화벽에 설치하는 출입문의 너비 및 높이는 각각 (㉡)m 이하로 하고, 해당 출입문에는 갑종방화문을 설치할 것

	㉠	㉡
①	0.3	2.5
②	0.3	3.0
③	0.5	2.5
④	0.5	3.0

문 15. 다음 중 2급 응급구조사의 업무 범위에 해당하는 것은?

① 자동제세동기를 이용한 규칙적 심박동의 유도
② 심폐소생술 시행을 위한 기도유지
③ 정맥로의 확보
④ 인공호흡기를 이용한 호흡유지

문 16. 다음 중 자동화재탐지설비의 P형 2급 발신기의 구성요소가 아닌 것은?

① 보호판
② 외함
③ 전화잭
④ 누름스위치

문 17. 다음 중 화재의 종류와 표시 색상으로 옳게 나열한 것은?

① 일반화재 – B급 – 황색
② 유류화재 – A급 – 백색
③ 전기화재 – C급 – 청색
④ 금속화재 – E급 – 황색

문 18. 다음 중 옥내소화전설비에 대하여 옳지 않은 것은?

① 펌프의 토출측에는 연성계 또는 진공계를, 흡입측에는 압력계를 설치한다.
② 유량측정장치는 성능시험배관의 직관부에 설치하되 펌프 정격토출량의 175% 이상 측정할 수 있는 성능이 되어야 한다.
③ 가압송수장치는 고가수조방식, 압력수조방식, 지하수조, 가압수조방식이 있다.
④ 펌프성능은 체절운전 시 정격토출압력의 140%를 초과하지 아니하고, 정격토출량의 150%로 운전 시 정격토출압력의 65% 이상이 되어야 한다.

문 19. 다음 〈보기〉의 내용과 관련된 건축물 방화계획의 공간적 대응은?

┌─| 보 기 |──────────────────────────────┐
│ 안전한 지역으로 피난할 수 있는 피난 존, 대피공간, 베란다 │
│ 등 공간을 확보하는 것 │
└──┘

① 도피성
② 회피성
③ 대항성
④ 설비성

문 20. 「위험물안전관리법」상 지정수량이 가장 <u>작은</u> 것은?

① 알킬리튬
② 중크롬산염류
③ 니트로화합물
④ 질산

🕐 **시간 체크** 풀이 시간 ___ : ___ ~ ___ : ___ 소요 시간 ___ : ___

📋 **Timer** 신중 18분 / 적정 15분 / 빠름 10분

문 1. 다음 중 연기에 대한 설명으로 옳은 것은?

① 화재 시 실내·외의 압력이 같아지는 경계면을 중성대라 하고 중성대 아래쪽에서는 신선한 공기가 유입되는 급기가 일어나고, 중성대 위쪽에서는 뜨거운 연가층이 빠져나가는 배기가 일어난다.

② 연기에는 수증기, 연소가스 등과 같은 기체, 액체성분은 있지만 고체와 같은 성분은 포함하지 않는다.

③ 연기는 수평이동 속도가 수직이동 속도보다 빠르다.

④ 연기의 농도가 진할수록 감광계수가 작아지고, 가시거리는 증가한다.

문 2. 다음 중 방화문에 대한 설명으로 옳지 않은 것은?

① 방화문은 30분 방화문, 60분 방화문, 60+ 방화문으로 구분한다.

② 30분 방화문은 연기 및 불꽃을 차단할 수 있는 시간이 30분 이상 60분 미만인 방화문을 말한다.

③ 60분 방화문은 연기 및 불꽃을 차단할 수 있는 시간이 60분 이상인 방화문을 말한다.

④ 60분+ 방화문은 연기 및 불꽃을 차단할 수 있는 시간이 60분 이상이고, 열을 차단할 수 있는 시간이 60분 이상인 방화문을 말한다.

문 3. 다음 중 간접적인 소방조직이 아닌 것은?

① 한국소방산업기술원

② 소방산업공제조합

③ 국립소방연구원

④ 한국소방안전원

문 4. 다음 중 하인리히의 재해이론에 해당하는 것은?

① 연쇄성이론은 제어의 부족 – 기본원인 – 직접원인 – 사고 – 재해 손실이다.

② 1(중상) : 10(경상) : 30(무상해 사고 중 물적 손실) : 600(무상해 사고 중 위험순간)의 법칙을 주장하였다.

③ 연쇄성 단계 중 불안전한 행동 및 상태를 제거하면 사고 및 재해를 예방할 수 있다고 주장하였다.

④ 사고·재해의 기본원인으로 Man(인간), Machine(기계), Media(매체), Management(관리)인 4M을 주장하였다.

문 5. 다음 〈보기〉는 「재난 및 안전관리 기본법령」상 관련된 내용으로 빈칸에 들어갈 ㉠~㉡을 바르게 연결된 것은?

┌─ 보 기 ─┐

• 재난관리기금의 매년도 최저적립액은 최근 3년 동안의 「지방세법」에 의한 보통세의 수입결산액의 평균연액의 (㉠)에 해당하는 금액으로 한다.

• 매년도 최저적립액 중 (㉡) 이상을 응급복구 또는 긴급한 조치에 우선적으로 사용하여야 한다.

	㉠	㉡
①	100분의 1	100분의 15
②	100분의 1	100분의 21
③	100분의 3	100분의 15
④	100분의 3	100분의 21

문 6. 다음 중 자연발화의 열원이 아닌 것은?

① 연소열

② 산화열

③ 흡착열

④ 중합열

문 7. 다음 중 이산화탄소 소화설비의 작동 순서로 옳은 것은?

① 화재 감지기 작동 – 수신제어반 – 선택밸브 및 저장용기 – 기동용기 – CO_2 방사

② 화재 감지기 작동 – 수신제어반 – 기동용기 – 선택밸브 및 저장용기 – CO_2 방사

③ 화재 감지기 작동 – 선택밸브 및 저장용기 – 수신제어반 – 기동용기 – CO_2 방사

④ 화재 감지기 작동 – 기동용기 – 수신제어반 – 선택밸브 및 저장용기 – CO_2 방사

문 8. 다음 〈보기〉에서 밑줄 친 이것에 해당하는 연소가스는?

> **보기**
>
> 이것의 공기 중 허용농도는 5ppm 이하이다. 고무, 동물의 털과 가죽 및 고기 등과 같은 물질에 유황성분이 포함되어 있어, 화재 시 이들의 완전연소로 인해 발생한다. 또한, 대기오염과 산성비의 원인물질이다.

① 암모니아(NH_3)

② 시안화수소(HCN)

③ 일산화탄소(CO)

④ 아황산가스(SO_2)

문 9. 우리나라 소방기관의 역사 중 틀린 것은?

① 「소방법」이 1958년에 제정되었다.

② 1973년에 「지방소방공무원법」이 제정되었다.

③ 1975년에 민방위본부가 발족되어 소방국이 설치되었다.

④ 2004년에 「소방기본법」이 제정되었다.

문 10. 다음 중 연소 속도에 대한 설명 중 옳지 <u>않은</u> 것은?

① 연소 시 화염이 미연소 혼합가스에 대하여 수평으로 이동하는 속도이다.

② 가연성 가스와 산화제의 당량비에 따라 연소 속도에 영향을 미친다.

③ 연소 속도는 압력이 높을수록 증가한다.

④ 온도가 10℃ 오를 때 연소 속도는 2~3배 증가한다.

문 11. 다음 중 「화재조사 및 보고규정」상 옳지 <u>않은</u> 것은?

① "화재조사관"이란 소방청, 소방본부, 소방서에서 화재조사업무를 수행하는 소방공무원(내근)을 말한다.

② "광역 화재조사단"이란 화재조사의 중요성을 감안하여 시·도 소방본부장이 권역별로 설치한 화재조사 전담부서를 말한다.

③ "완진"이란 소방대의 소화활동으로 화재확대의 위험이 현저하게 줄어들거나 없어진 상태를 말한다.

④ 본부장 및 서장은 화재발생과 관련된 통계를 소방청장이 지정하는 서식에 따라 국가화재정보센터 전산시스템에 입력 관리하여야 하며 화재통계 관리를 위하여 매월 5일까지 마감하여야 한다.

문 12. 다음 〈보기〉 중 기상폭발에 해당하는 것을 모두 고르면?

> **보기**
>
> ㉠ 분무폭발   ㉡ 분진폭발
> ㉢ 분해폭발   ㉣ 증기폭발
> ㉤ 수증기 폭발   ㉥ 중합폭발

① ㉠, ㉡, ㉢, ㉤

② ㉡, ㉢, ㉣, ㉤

③ ㉠, ㉡, ㉢, ㉥

④ ㉠, ㉢, ㉣, ㉥

문 13. 정상상태에서 전기설비의 착화될 부분에 대한 안전도를 증가시켜 위험을 방지하는 방폭구조로 옳은 것은?

① 압력 방폭구조
② 내압 방폭구조
③ 유입 방폭구조
④ 안전증 방폭구조

문 14. 다음 중 플래시오버에 대한 설명 중 가장 **틀린** 것은?

① 실내 산소가 부족한 훈소연소 상태에서 주로 일어난다.
② 플래시오버는 화염이 실내 전체에 확대되는 현상이다.
③ 성장기에서 최성기로 넘어가는 과정에서 발생하는 현상이다.
④ 플래시오버는 벽재료 보다 천장재가 발생시각에 큰 영향을 미친다.

문 15. 다음 〈보기〉에 해당하는 소방조직의 기본원리가 바르게 연결된 것은?

┤ 보 기 ├
㉠ 한 사람이나 한 부서가 한 가지의 주된 업무를 맡는다는 원리
㉡ 조직을 통합하고 행동을 통일시키는 것

	㉠	㉡
①	계선의 원리	명령통일의 원리
②	분업의 원리	업무조정의 원리
③	계층제의 원리	명령통일의 원리
④	통솔범위의 원리	업무조정의 원리

문 16. 다음 중 피난구조설비의 내용으로 옳지 **않은** 것은?

① 인명구조기구는 인공소생기, 방열복 또는 방화복(안전모, 보호장갑, 안전화를 포함함), 공기호흡기가 있다.
② 공기호흡기는 호흡 부전상태인 사람에 대하여 인공호흡을 시켜 환자를 보호하거나 구급하는 기구이다.
③ 승강식 피난기는 사용자의 몸무게에 의하여 승강판이 하강하고, 스스로 상승되는 무동력 구조이어야 한다.
④ 방열복은 내열성이 강한 섬유 표면에 알루미늄으로 특수코팅 처리한 겉감과 내열섬유의 중간층과 안감이 여러 겹으로 되어 있어 열을 반사・차단하여 준다. 유류화재 등 복사열이 강하나 소방활동 시에 유효하다.

문 17. 위험물의 소화방법 중 옳지 **않은** 것은?

① 알코올화재는 내알코올포로 질식소화하거나 다량의 물로 희석소화를 한다.
② 중유 등 물보다 비중이 큰 비수용성 석유류 화재는 에멀전 효과를 이용한 유화소화를 한다.
③ 칼륨, 나트륨은 초기에 마른 모래, 건조 석회 등의 석분으로 질식 및 피복소화를 한다.
④ 과염소산염류, 적린, 황화린, 질산에스테르류는 주수소화가 가능하다.

문 18. 할론1301 소화약제에 대해 가장 옳지 **않은** 것은?

① 독성이 거의 없으며 B・C급 화재에 사용이 가능하다.
② 공기보다 6배 이상 무겁고, 비점 −4℃이다.
③ 전기전도성이 없고 상온 대기압에서 기체로만 존재한다.
④ 무색, 무취이며 액체로 저장되고 방사 시 운무현상이 일어난다.

안심Touch

문 19. 마그네슘 12(g)이 완전연소 하기 위해 필요한 이론 산소량(g)은?(마그네슘의 원자량은 24, 산소의 원자량은 16이다.)

① 8
② 16
③ 24
④ 32

문 20. 다음 중 「재난 및 안전관리 기본법 시행령」에 규정된 기능별 긴급구조 대응계획의 연결이 <u>잘못된</u> 것은?

① 지휘통제 : 긴급구조체제 및 중앙통제단과 지역통제단의 운영체계 등에 관한 사항
② 비상경고 : 주민보호를 위한 비상방송시스템 가동 등 긴급 공공정보 제공에 관한 사항 및 재난상황 등에 관한 정보 통제에 관한 사항
③ 긴급오염통제 : 오염 노출 통제, 긴급 감염병 방제 등 재난현장 공중보건에 관한 사항
④ 긴급구호 : 긴급구조요원 및 긴급대피 수용주민에 대한 위기 상담, 임시 의식주 제공 등에 관한 사항

🕐 **시간 체크**   풀이 시간 ___ : ___ ~ ___ : ___ 소요 시간 ___ : ___

📋 **Timer**   신중 18분 / 적정 15분 / 빠름 10분

문 1. 화염을 동반하고 물질의 화학적 분자구조의 변화에 의해, 에너지 방출이 짧은 시간동안 이루어지는 폭발에 해당하지 <u>않는</u> 것은?

① 분해폭발
② 분진폭발
③ 증기폭발
④ 중합폭발

문 2. 다음 〈보기〉에서 제시한 우리나라 소방행정체제의 발달 순서가 바르게 배열된 것은?

┌─┤ 보 기 ├─────────────────────────┐
  ㄱ. 이원적 소방행정체제
  ㄴ. 국가 소방행정체제
  ㄷ. 자치 소방행정체제
  ㄹ. 광역자치 소방행정체제
└──────────────────────────────┘

① ㄷ - ㄴ - ㄷ - ㄱ
② ㄴ - ㄷ - ㄱ - ㄹ
③ ㄴ - ㄱ - ㄹ - ㄷ
④ ㄷ - ㄴ - ㄱ - ㄹ

문 3. 「재난 및 안전관리 기본법」상 용어의 정의로 옳지 <u>않은</u> 것은?

① "긴급구조기관"이란 긴급구조에 필요한 인력·시설 및 장비, 운영체계 등 긴급구조능력을 보유한 기관이나 단체로서 대통령령으로 정하는 기관과 단체를 말한다.
② "안전기준"이란 각종 시설 및 물질 등의 제작, 유지관리 과정에서 안전을 확보할 수 있도록 적용하여야 할 기술적 기준을 체계화한 것을 말하며, 안전기준의 분야, 범위 등에 관하여는 대통령령으로 정한다.
③ "재난관리주관기관"이란 재난이나 그 밖의 각종 사고에 대하여 그 유형별로 예방·대비·대응 및 복구 등의 업무를 주관하여 수행하도록 대통령령으로 정하는 관계 중앙행정기관을 말한다.
④ "국가재난관리기준"이란 모든 유형의 재난에 공통적으로 활용할 수 있도록 재난관리의 전 과정을 통일적으로 단순화·체계화한 것으로서 행정안전부장관이 고시한 것을 말한다.

문 4. 최소발화에너지(MIE)에 영향을 주는 요소에 관한 내용으로 옳지 <u>않은</u> 것은?

① MIE는 온도가 상승하면 작아진다.
② MIE는 압력이 상승하면 작아진다.
③ MIE는 화학양론적 조성 부근에서 가장 크다.
④ MIE는 연소속도가 빠를수록 작아진다.

안심Touch

문 5. 건축물 구획실 화재 시 화재실의 중성대에 관한 설명으로 옳지 않은 것은?

① 중성대는 화재실 내부의 실온이 높아질수록 낮아지고, 실온이 낮아질수록 높아진다.
② 화재실의 중성대 상부 압력은 실외압력보다 높고, 하부의 압력은 실외압력보다 낮다.
③ 화재실 상부에 큰 개구부가 있다면 중성대는 올라간다.
④ 건축물의 높이와 건축물 내·외부의 온도차는 중성대 위치 결정의 주요 요인이다.

문 6. 다음 (   ) 안에 들어갈 내용으로 옳은 것은?

내화구조 건축물의 구획실에서 화재가 발생할 경우, 성장기 단계에서는 (㉠)가, 최성기 단계에서는 (㉡)가 지배적인 열전달 요인이다.

	㉠	㉡
①	대류	복사
②	대류	전도
③	복사	복사
④	전도	대류

문 7. 화재발생 시 피난기구로 직접 활용할 수 없는 것은?

① 완강기
② 무선통신보조설비
③ 피난사다리
④ 구조대

문 8. 다음 연소가스의 허용농도(TLV-TWA)를 낮은 것에서 높은 순서로 옳게 나열한 것은?

ㄱ. 일산화탄소	ㄴ. 이산화탄소
ㄷ. 포스겐	ㄹ. 염화수소

① ㄱ - ㄹ - ㄴ - ㄷ
② ㄷ - ㄱ - ㄹ - ㄴ
③ ㄷ - ㄹ - ㄱ - ㄴ
④ ㄹ - ㄷ - ㄴ - ㄱ

문 9. 「재난 및 안전관리 기본법」상 사회재난에 해당하지 않는 것은?

① 철도 사고로 인한 수도권 철도망 마비
② 댐 붕괴 사고로 인한 도시 침수
③ 유성체의 추락·충돌로 인한 재난
④ 2 이상 시·도에 걸친 구제역 발생

문 10. 분자 내부에 니트로기를 갖고 있는 TNT, 니트로셀룰로오스 등과 같은 제5류 위험물의 연소 형태는?

① 분해연소
② 자기연소
③ 증발연소
④ 표면연소

문 11. 다음 〈보기〉의 내용에 해당하는 소방행정작용의 특성은?

┌─ 보 기 ┐

화재의 예방조치, 강제처분 등 소방행정기관이 당사자의 허락을 받지 않고 일방적인 결정에 행정조치를 취하는 것

① 획일성
② 기술성
③ 평등성
④ 우월성

문 12. 「위험물안전관리법령」상 위험물에 대한 설명으로 옳은 것은?

① 과염소산은 위험물이 아니다.
② 황린은 제2류 위험물이다.
③ 황화린의 지정수량은 100kg이다.
④ 산화성 고체는 제6류 위험물의 성질이다.

문 13. 분말소화약제의 종별에 따른 주성분 및 화재적응성을 나열한 것으로 옳지 않은 것은?

① 제1종 - 중탄산나트륨 - B, C급
② 제2종 - 중탄산칼륨 - B, C급
③ 제3종 - 제1인산암모늄 - A, B, C급
④ 제4종 - 인산 + 요소 - A, B, C급

문 14. 정전기에 의한 발화과정으로 옳은 것은?

① 방전 → 전하의 축적 → 전하의 발생 → 발화
② 전하의 발생 → 전하의 축적 → 방전 → 발화
③ 전하의 발생 → 방전 → 전하의 축적 → 발화
④ 전하의 축적 → 방전 → 전하의 발생 → 발화

문 15. 화재의 소화방법과 소화효과의 연결로 옳지 않은 것은?

① 물리적 소화 - 질식소화 - 산소차단
② 화학적 소화 - 질식소화 - 점화에너지 차단
③ 물리적 소화 - 제거소화 - 가연물 차단
④ 화학적 소화 - 억제소화 - 연쇄반응 차단

문 16. 고층 건축물에서 연돌효과(stack effect)에 관한 설명으로 옳지 않은 것은?

① 건축물 내부의 온도가 외부의 온도보다 높은 경우 연돌효과가 발생한다.
② 건축물 외부 공기의 온도보다 내부의 공기 온도가 높아질수록 연돌효과가 커진다.
③ 건축물 내부의 온도와 외부의 온도가 같을 경우 연돌효과가 발생하지 않는다.
④ 건축물의 높이가 낮아질수록 연돌효과는 증가한다.

문 17. 이산화탄소 소화기의 일반적인 성질에서 단점이 <u>아닌</u> 것은?

① 밀폐된 공간에서 사용 시 질식의 위험성이 있다.
② 전기가 잘 통하기 때문에 전기설비에 사용할 수 없다.
③ 소화약제의 방사 시 소음이 크다.
④ 인체에 직접 방출 시 동상의 위험성이 있다.

문 18. 「위험물안전관리법령」상 제6류 위험물을 수납하는 운반 용기의 외부에 주의사항을 표시하여야 할 경우, 표기 내용으로 옳은 것은?

① 가연물 접촉주의
② 화기엄금
③ 화기주의, 충격주의
④ 물기엄금

문 19. 「재난 및 안전관리 기본법 시행령」상 재난 및 사고 유형에 따른 재난관리주관기관으로 옳지 <u>않은</u> 것은?

① 가축 질병 – 보건복지부
② 항공기 사고 – 국토교통부
③ 정부중요시설 사고 – 행정안전부
④ 법무시설에서 발생한 사고 – 법무부

문 20. 다음 중 소방공무원의 임용 및 임용시기에 대한 설명 중 옳지 <u>않은</u> 것은?

① 실무수습생이 실무수습 교육 중 사망한 경우에는 사망한 날에 임용된 것으로 본다.
② 소방공무원의 임용시기는 임용장에 기재된 일자로 한다.
③ 근무 중 사망한 공무원의 면직일은 사망한 그 다음 날 사직한 것으로 한다.
④ 근무 중 순직한 공무원은 사망 전 일자로 추서한다.

실전동형 모의고사

문 1. 개방형 헤드를 사용하는 연결살수설비의 구경이 45mm인 배관에는 살수헤드를 최대 몇 개까지 부착할 수 있는가?

① 2개

② 3개

③ 4~5개

④ 6~10개

문 2. 성인에게 심폐소생술을 실시할 때 적절한 가슴압박과 이완의 힘의 비율은?

① 30 : 2

② 15 : 2

③ 50 : 50

④ 10 : 2

문 3. 다음 〈보기〉의 ㉠, ㉡을 바르게 배열한 것은?

┤ 보 기 ├
연소란 열과 빛을 발하는 급속한 (㉠)을 말한다. 일반적으로 연소는 연소의 4요소가 적용되지만 (㉡)는 연소의 3요소만으로 연소가 진행된다.

	㉠	㉡
①	연소현상	유염연소
②	산화반응현상	자기연소
③	분해연소현상	표면연소
④	산화반응현상	무염연소

문 4. 소방시설 중 소화활동설비에 대한 설명으로 옳은 것은?

① 옥내소화전, 스프링클러설비 등을 말하며 직접 소화활동에 이용하는 설비이다.

② 소방대원이 사용하는 설비로 연결송수관설비, 무선통신보조설비 등이 있다.

③ 화재를 진압하는 데 필요한 물을 공급하거나 저장하는 설비로서 연소방지설비, 상수도소화용수설비 등이 있다.

④ 화재를 진압하거나 인명 구조 활동을 위하여 사용하는 설비로 방열복, 구조대 등이 있다.

문 5. 다음 행정행위 중 작위하명과 급부하명이 같이 있는 명령은?

① 화기취급의 금지

② 소화활동종사

③ 타고남은 재의 처리

④ 소방시설공사업 등록

문 6. 건축구조물 화재의 소실 정도를 구분하는 기준(㉠)과 소실면적을 나타내는 기준(㉡)이 바르게 연결된 것을 고르면?

	㉠	㉡
①	입체면적의 비율	소실바닥면적
②	입체면적의 비율	소실연면적
③	연면적의 비율	소실바닥면적
④	연면적의 비율	소실연면적

문 7. 다음 중 연소범위에 대한 설명으로 옳은 것은?

① 압력이 높아지면 연소범위의 하한계 값은 낮아지고 상한계 값은 높아진다.

② 이황화탄소의 연소범위는 12.5~75%이다.

③ 탄화수소 계열의 가연성 가스의 연소범위는 메탄(5~15%), 프로판(2.1~9.5%), 부탄(1.8~8.4%)이다.

④ 위험성은 가연성 기체는 인화점을 기준으로, 가연성 액체는 연소범위를 기준으로 한다.

문 8. 매슬로우(A. H. Maslow)의 욕구단계설에서 가장 상위수준의 욕구는?

① 안전에 대한 욕구

② 애정의 욕구

③ 자아실현의 욕구

④ 존경과 긍지에 대한 욕구

문 9. 환자의 1차 평가 의식상태평가에서 분류에 포함된 내용이 아닌 것은?

① A(Alert) : 의식명료(정상)

② V(Verbal stimuli) : 언어지시반응(신음소리 포함)

③ P(Pain stimuli) : 통증자극에만 반응

④ M(Medications) : (투약 중인) 약물복용

문 10. 다음 내용과 관련된 용어의 개념이 바르게 연결된 것은?

> ㉠ 외부 점화원에 의해 점화된 후 그 점화원을 제거하여도 지속적으로 연소반응을 일으킬 수 있는 최저온도
>
> ㉡ 연소 시 화염이 미연소 혼합가스에 대하여 수직으로 이동하는 속도

	㉠	㉡
①	인화점	화염속도
②	발화점	화염속도
③	착화점	연소속도
④	연소점	연소속도

문 11. 인체 내의 헤모글로빈과 결합하여 산소결핍으로 질식 사망케 하는 것은?

① 이산화탄소

② 일산화탄소

③ 황화수소

④ 시안화수소

문 12. 화재조사 시 건물의 동수 산정과 관련하여 그 내용이 옳지 않은 것은?

① 주요 구조부가 하나로 연결되어 있는 것은 1동으로 한다. 다만, 건널 복도 등으로 2 이상의 동에 연결되어 있는 것은 그 부분을 절반으로 분리하여 각 동으로 본다.

② 건물의 외벽을 이용하여 실을 만들어 헛간, 목욕탕, 작업실, 사무실 및 기타 건물용도로 사용하고 있는 것은 주 건물과 동일동으로 본다.

③ 목조 또는 내화조 건물의 경우 격벽으로 방화구획이 되어 있는 경우는 별동으로 본다.

④ 독립된 건물과 건물 사이에 차광막, 비막이 등의 덮개를 설치하고 그 밑을 통로 등으로 사용하는 경우는 별동으로 한다.

문 13. 소방공무원의 징계 유형 중 공무원의 신분을 배제하는 징계로서, 처분일로부터 5년간 공무원으로 임용자격이 제한되는 징계는?

① 파면
② 해임
③ 정직
④ 감봉

문 14. 최소발화에너지에 영향을 주는 인자로서 옳지 않은 것은?

① 열전도율이 낮아질 때 최소발화에너지는 작아진다.
② 화학적 조성이 일치할 때 최소발화에너지는 높아진다.
③ 압력이 낮아질 때 분자 간의 거리가 멀어져서 최소발화에너지는 높아지게 된다.
④ 농도가 짙고 발열량이 크며 산소분압이 높아질 때 최소발화에너지는 작아진다.

문 15. 유류저장탱크의 연소 시 다음과 같은 특성 및 현상이 나타나는 것은?

중질유와 같이 점성이 큰 유류에 화재가 발생하면 유류의 액표면 온도가 물의 비점 이상으로 올라가게 되는데 이때 소화용수가 뜨거운 액표면에 유입되게 되면 물이 수증기로 변하면서 급작스러운 부피 팽창에 의하여 유류가 탱크 외부로 분출되는 현상이다.

① 보일오버현상
② 슬롭오버현상
③ 블레비현상
④ 프로스오버현상

문 16. 폭발에 대한 설명으로 옳지 않은 것은?

① 분진폭발은 불완전연소를 일으키기 쉬우므로 일산화탄소가 발생하여 가스 중독 위험성이 있다.
② 산소 농도가 감소할수록 폭발농도 범위가 좁아진다.
③ 분진폭발은 폭발압력이 선행하고 1/10~2/10초 늦게 화염이 온다.
④ 분진폭발은 가스폭발보다 발생에너지가 작기 때문에 폭발에 의한 피해가 작다.

문 17. 다음에서 설명하는 감지기의 종류는?

주위 온도가 일정상승률 이상이 되는 경우에 작동하는 것으로서 일국소에서의 열효과에 의해 작동되는 감지기이다.

① 차동식스포트형 감지기
② 차동식분포형 감지기
③ 정온식스포트형 감지기
④ 광전식스포트형 감지기

문 18. 다음 내용과 관련된 할로겐 소화약제는?

• 백화점 등 상품전시매장에서 일반화재의 이동식 소화기, 자동차용 소화기로 사용되었다.
• 안정성이 가장 높으며 소화력이 좋고 독성도 약하다.
• 상온에서는 기체이고 공기보다 약 5.7배 무겁다.

① 할론 1301
② 할론 1211
③ 할론 2402
④ 할론 1011

문 19. 연소를 증대시키는 가연물의 특성 중 옳지 않은 것은?

① 증발열, 활성화에너지가 작을수록 위험하다.
② 열전도율, 증기압이 작을수록 위험하다.
③ 온도, 압력, 열량, 연소속도, 폭발범위가 클수록 위험하다.
④ 인화점, 착화점, 점성, 비점, 비중, 융점은 작을수록 위험하다.

문 20. 프로판 75V%, 부탄 16V%, 에탄 9V%로 구성된 가스의 폭발하한계는?(단, 프로판, 부탄, 에탄의 폭발하한계는 각각 2.5V%, 1.6V%, 3.0V%이고, 르샤틀리에의 법칙을 이용하여 계산한 후 소수점 셋째 자리에서 반올림한다)

① 1.43
② 1.98
③ 2.33
④ 3.43

🕐 시간 체크   풀이 시간 ___ : ___ ~ ___ : ___ 소요 시간 ___ : ___

📋 Timer   신중 18분 / 적정 15분 / 빠름 10분

문 1. 우리나라 소방의 역사 중 '소방'이라는 용어가 최초로 사용되고 만들어졌던 시기는?

① 고려 시대
② 조선 시대
③ 갑오경장 이후
④ 정부수립 이후

문 2. 다음 중 공무원 임용유예에 대한 설명으로 옳지 <u>않은</u> 것은?

① 임신하거나 출산한 경우
② 해외연수를 하고자 하는 경우
③ 6개월 이상의 장기요양을 요하는 질병이 있는 경우
④ 군에 입대하거나 군 복무 중인 경우

문 3. 알킬알루미늄 소화에 적합한 소화제는?

① 팽창질석·팽창진주암
② 분무상의 물
③ 포소화약제
④ 이산화탄소

문 4. 급수별에 따른 화재의 분류에 대한 설명으로 옳지 <u>않은</u> 것은?

① 급수별에 따른 화재는 소화적응성 혹은 가연물의 종류와 성상에 따라 분류한다.
② 전기화재는 D급화재로 색상은 무색으로 표시한다.
③ 유류화재는 B급화재로 색상은 황색으로 표시한다.
④ 일반화재는 A급화재로 색상은 백색으로 표시한다.

문 5. 다음 중 소방서 단위에 설치하는 특수구조대에 해당되지 <u>않는</u> 것은?

① 항공구조구급대
② 수난구조대
③ 화학구조대
④ 지하철구조대

문 6. 하인리히(H. W. Heinrich)가 주장한 도미노단계 중 사전에 제거함으로써 사고재해를 예방할 수 있다고 말한 단계에 해당되는 것은?

① 불안전한 행동·상태
② 인간의 결함
③ 사회적 환경
④ 유전적 요소

문 7. 물분무 소화설비의 주된 소화효과가 <u>아닌</u> 것은?

① 냉각소화
② 억제소화
③ 질식소화
④ 유화소화

문 8. 「소방공무원법」상의 의무에 관한 설명으로 적절하지 <u>않은</u> 것은?

① 종교중립의 의무
② 거짓보고 등의 금지
③ 지휘권 남용 등의 금지
④ 제복착용의 의무

문 9. 프랭크 버드(Frank Bird)의 재해 구성 비율을 바르게 나타낸 것은?

① 1 : 10 : 30 : 600
② 1 : 29 : 300
③ 1 : 10 : 30 : 300
④ 1 : 30 : 600

문 10. 다음 중 「화재조사 및 보고규정」에 관한 내용으로 옳지 <u>않은</u> 것은?

① 건축·구조물(자동차·철도차량, 선박, 항공기 포함)에서 화재의 소실정도를 구분하는 방법은 입체면적에 대한 비율로 한다.
② 각지시간은 소방관서에 최초로 신고된 시점을 말한다.
③ 관할구역이 2개소 이상 걸친 화재에 있어서 화재범위가 2 이상의 관할구역에 걸친 화재에 대해서는 화재를 진압한 소방서에서 1건의 화재로 한다.
④ 건물의 소실면적산정은 소실바닥 면적으로 산정한다. 단, 화재피해범위가 건물의 6면 중 2면 이하인 경우에는 6면 중의 피해면적의 합에 1/5을 곱한 값을 소실면적으로 한다.

문 11. 중앙119구조본부에 대한 설명 중 옳지 <u>않은</u> 것은?

① 중앙119구조본부는 「소방공무원 임용령」에서 소방기관에 해당한다.
② 중앙119구조본부의 업무는 재난현장에 출동하여 인명 구조활동 및 구조대원의 교육훈련 등을 담당한다.
③ 소방청장은 중앙119구조본부 소속 소방공무원 중 소방령에 대한 전보·휴직·직위해제·정직 및 복직에 관한 권한과 소방경 이하의 소방공무원에 대한 임용권(소방위의 소방경으로의 승진임용권은 제외한다)을 중앙 119구조본부장에게 위임한다.
④ 중앙119구조본부장의 직급은 소방준감이다.

문 12. 다음 중 불화단백포와 수성막포의 공통점은?

① 고발포형
② 내열성
③ 가스계 소화약제
④ 표면하주입방식

문 13. 소화펌프의 성능시험 방법 및 배관에 대한 설명으로 옳은 것은?

① 펌프의 성능은 체절운전 시 정격토출압력의 150%를 초과하지 아니하여야 할 것

② 정격토출량의 150%로 운전 시 정격토출압력의 65% 이상이어야 할 것

③ 성능시험배관은 펌프의 토출측에 설치된 개폐밸브 이후에서 분기할 것

④ 유량측정장치는 펌프의 정격토출량의 165%까지 측정할 수 있는 성능이 있을 것

문 14. 연결송수관설비의 송수구 부근 설비의 설치 순서로 건식의 경우는?

① 송수구 – 자동배수밸브 – 체크밸브 – 자동배수밸브

② 체크밸브 – 자동배수밸브 – 송수구 – 자동배수밸브

③ 송수구 – 자동배수밸브 – 체크밸브

④ 체크밸브 – 자동배수밸브 – 송수구

문 15. 다음의 우리나라 급수에 따른 화재 분류 중 '종류 – 색상 – 내용'이 맞는 것은?

① 일반화재 – 무색 – 목재, 섬유, 종이

② 유류화재 – 황색 – 유류, 가스

③ 전기화재 – 백색 – 통전 중인 전기시설물

④ 금속화재 – 청색 – 마그네슘, 나트륨

문 16. 화재하중의 단위와 연소 에너지의 단위가 바르게 나열된 것은?

① kg/m^2, mj

② pH, N

③ kcal/kg, mj

④ kg/h, N

문 17. 다음 중 구조 활동의 우선순위로 옳은 것은?

① 신체구출 – 구명 – 고통경감 – 재산보호

② 신체구출 – 고통경감 – 구명 – 재산보호

③ 구명 – 신체구출 – 고통경감 – 재산보호

④ 구명 – 고통경감 – 신체구출 – 재산보호

문 18. 자연발화 방지방법과 거리가 먼 것은?

① 저장실의 온도를 낮게 유지한다.

② 발열반응에 부촉매작용을 하는 물질을 피한다.

③ 습기 등은 물질에 따라 촉매(觸媒)작용을 하므로, 습도가 높은 곳을 피한다.

④ 열이 있는 실내의 공기유통이 잘되게 하여 열을 분산시킨다.

문 19. 다음 중 소방시설의 분류가 <u>다른</u> 하나는?

① 통합감시시설

② 연결살수설비

③ 무선통신보조설비

④ 연소방지설비

문 20. 현장응급의료소장은 누구의 지휘를 받아 의료소를 운영하여야 하는가?

① 관할보건소장

② 시·도지사

③ 통제단장

④ 시장·군수·구청장

문 1.　소화적응성에 따른 급수별 화재의 특성으로 옳지 않은 것은?

① A급화재 : 일반화재로서 연소 후 재를 남기는 화재이며, 다량의 물에 의한 냉각소화가 적당하다.
② B급화재 : 유류화재로서 연소 후 재를 남기지 않는 화재이고, 포에 의한 질식소화가 적당하다.
③ C급화재 : 전기화재로서 단락, 지락, 과전류, 누전, 절연불량, 전기스파크 등에서 의해 발생한다. 가스계 소화약제에 의한 질식소화가 적당하다.
④ K급화재 : 식용유화재로서 물을 뿌려 냉각소화 하는 방법이 가장 효과적이다.

문 2.　목재건축물의 화재원인과 거리가 먼 것은?

① 접염
② 복사
③ 비화
④ 전도

문 3.　건축물의 피난구조 및 소방시설에 대한 설명으로 옳지 않은 것은?

① 계단실에는 노대 또는 부속실에 접하는 부분 외에 건축물의 내부와 접하는 창문 등을 설치하여야 한다.
② 방화문은 피난을 위해 항상 닫혀 있어야 하며, 닫혀 있는 경우는 화재 시 자동으로 열리는 구조이어야 한다.
③ 완강기는 사용자의 몸무게에 따라 자동으로 내려올 수 있는 기구 중 사용자가 교대하여 연속적으로 사용할 수 있는 것이어야 한다.
④ 옥내소화전설비는 거주자가 사용하는 설비로, 20분 이상 유효하게 작동되는 것이어야 한다.

문 4.　다음 중 제연방식의 종류가 아닌 것은?

① 자연 제연방식
② 흡입 제연방식
③ 기계 제연방식
④ 스모그타워 제연방식

문 5.　위험물에 대한 소화방법으로 옳지 않은 것은?

① 제1류 위험물 중 무기과산화물은 물을 뿌리는 냉각소화가 부적당하다.
② 제3류 위험물 중 자연발화성 물질인 황린은 물을 뿌리는 냉각소화가 적당하다.
③ 제4류 위험물은 일반적으로 포소화약제에 의한 질식소화가 적당하다.
④ 제5류 위험물인 자기연소성 물질은 건조사, 팽창질석 및 팽창진주암 등을 사용한 질식소화가 효과적이다.

문 6.　환기가 잘되지 않는 후덥지근한 공간에서 기름걸레가 자연발화를 일으키는 가장 중요한 원인은?

① 분해열 축적
② 산화열 축적
③ 중합열 축적
④ 발효열 축적

문 7. 폭굉유도거리에 대한 설명으로 옳지 <u>않은</u> 것은?

① 압력이 높을수록 짧다.

② 관경이 굵을수록 짧다.

③ 점화원의 에너지가 강할수록 짧다.

④ 연소속도가 빠른 가스일수록 짧다.

문 8. 제5류 위험물인 자기반응물질의 성질 및 소화에 관한 사항으로 <u>틀린</u> 것은?

① 산소를 함유하고 있어 자기연소 또는 내부연소를 일으키기 쉽다.

② 연소속도가 빨라 폭발적이다.

③ 질식소화가 효과적이며, 냉각소화로는 불가능하다.

④ 유기질화물이므로 가열, 충격, 마찰 또는 다른 약품과의 접촉에 의해 폭발하는 것이 많다.

문 9. 산소와 반응은 하나 흡열반응을 하며, 함유량이 많을수록 발열량을 감소시키는 것은?

① 일산화탄소

② 아세틸렌

③ 탄소

④ 질소

문 10. 가연성기체의 연소범위에 관한 설명으로 옳지 <u>않은</u> 것은?

① 연소범위에는 상한계와 하한계가 있다.

② 연소범위의 값은 공기와 혼합된 가연성기체의 체적 농도로 표시된다.

③ 연소범위의 값은 압력과 무관하다.

④ 연소범위는 가연성기체의 종류에 따라 다른 값을 갖는다.

문 11. 「재난 및 안전관리 기본법」상 중앙재난안전대책본부 등에 대한 내용으로 옳지 <u>않은</u> 것은?

① 대통령령으로 정하는 대규모 재난의 대응·복구 등에 관한 사항을 총괄·조정하고 필요한 조치를 하기위하여 행정안전부에 중앙재난안전대책본부를 둔다.

② 중앙대책본부의 본부장은 행정안전부차관이 되며, 중앙대책본부장은 중앙대책본부의 업무를 총괄하고 필요하다고 인정하면 중앙재난안전대책본부회의를 소집할 수 있다.

③ 해외재난의 경우에는 외교부장관이, 방사능재난의 경우에는 중앙방사능방재대책본부의 장이 각각 중앙대책 본부장의 권한을 행사한다.

④ 재난의 효과적인 수습을 위하여 법 규정에 따라 국무총리가 중앙대책본부장의 권한을 행사할 수 있다.

문 12. 다음 중 무창층에 대한 정의로 옳은 것은?

① 지상층 중 피난 또는 소화활동상 필요한 개구부의 면적이 당해 층의 바닥면적의 1/30 이상이 되는 층을 말한다.

② 지상층 중 피난 또는 소화활동상 필요한 개구부의 면적이 당해 층의 바닥면적의 1/30 이하가 되는 층을 말한다.

③ 지상층 중 피난 또는 소화활동상 필요한 개구부의 면적이 당해 층의 바닥면적의 1/30 미만이 되는 층을 말한다.

④ 지상층 중 피난 또는 소화활동상 필요한 개구부의 면적이 당해 층의 바닥면적의 1/50 이상이 되는 층을 말한다.

문 13. 자동화재탐지설비 경계구역에 대하여 ㉠~㉢에 들어갈 내용으로 바르게 배열된 것은?

> • 하나의 경계구역의 면적은 (㉠)m² 이하로 하고 한 변의 길이는 (㉡)m 이하로 한다.
> • 지하구의 경우 하나의 경계구역의 길이는 (㉢)m 이하로 한다.

	㉠	㉡	㉢
①	600	50	700
②	1,000	50	500
③	600	60	500
④	1,000	60	700

문 14. 행정행위 중 준법률적 행정행위에 속하지 않는 것은?

① 확인
② 공증
③ 통지
④ 하명

문 15. 연소범위에 대한 설명으로 옳지 않은 것은?

① 가연성가스의 연소하한계가 작을수록, 연소상한계는 클수록 위험하다.
② 온도가 높을수록 연소범위는 넓어진다.
③ 일산화탄소는 압력이 커질수록 연소범위가 넓어진다.
④ 연소범위가 넓을수록 위험성이 커진다.

문 16. 재해예방을 위한 4원칙과 거리가 먼 것은?

① 예방 가능의 원칙
② 손실 우연의 원칙
③ 결과 분석의 원칙
④ 대책 선정의 원칙

문 17. 다음 내용 중 옳지 않은 것은?

① 소방청장과 소방청차장은 소방공무원 중에서 보한다.
② 국가직 소방령 이상은 소방청장의 제청으로 행정안전부장관을 거쳐 대통령이 임용한다.
③ 국가직 소방공무원은 소방청장을 피고로 하여 행정소송을 제기할 수 있다.
④ 소방사에서 소방교로의 근속승진기간은 4년이다.

문 18. 다음 중 화재조사의 목적이라고 할 수 없는 것은?

① 화재에 의한 피해를 알리고 유사화재의 방지와 피해의 경감에 이바지한다.
② 출화원인을 규명하고 예방행정의 자료로 활용한다.
③ 화재확대 및 연소원인을 규명하고 진압활동을 분석하여 대원의 인사고과에 반영한다.
④ 화재의 발생상황, 원인, 손해상황 등을 통계화함으로써 널리 소방정보를 수집하고 행정시책의 자료로 한다.

문 19. 「재난 및 안전관리기본법」상 특별재난지역 선포 건의권자는?

① 대통령
② 중앙대책본부장
③ 소방청장
④ 시·도지사

문 20. 건물화재의 초기소화를 위한 설비계획이 아닌 것은?

① 옥내소화전설비
② 스프링클러설비
③ 연결송수관설비
④ 소화기구

PART

2

실전동형 모의고사
소방관계법규

⏱ **시간 체크**   풀이 시간 ___ : ___ ~ ___ : ___   소요 시간 ___ : ___

📋 **Timer**   신중 18분 / 적정 15분 / 빠름 10분

문 1. 다음 〈보기〉와 관련하여 면제되는 소방시설은?

┤ 보 기 ├

소방대상물에 옥외에 연결송수구 및 옥내에 방수구가 부설된 옥내소화전설비, 스프링클러설비, 간이스프링클러설비 또는 연결살수설비를 화재안전기준에 적합하게 설치한 경우에는 그 설비의 유효범위에서 설치가 면제된다. 다만, 지표면에서 최상층 방수구의 높이가 70m 이상인 경우에는 설치하여야 한다.

① 자동화재탐지설비
② 자동화재속보설비
③ 옥외소화전
④ 연결송수관설비

문 2. 소방용수시설의 설치기준이 옳지 **않은** 것은?

① 급수탑의 개폐밸브는 지상에서 1.5m 이상 1.7m 이하의 위치에 설치하도록 할 것
② 저수조 설치기준은 흡수관 투입구가 원형의 경우 지름이 40cm 이상일 것
③ 소화전의 연결금속구의 구경은 65mm로 할 것
④ 저수조 설치기준은 지면으로부터의 낙차가 4.5m 이하가 되도록 설치할 것

문 3. 「위험물 안전관리법」상 위험물시설의 설치 및 변경신고에 관한 사항으로 옳지 **않은** 것은?

① 제조소등을 설치하고자 하는 자는 시·도지사의 허가를 받아야 한다.
② 위험물의 품명, 수량, 지정수량배수 변경의 경우 변경하고자 하는 날의 1일 전까지 시·도지사에게 신고하여야 한다.
③ 주택의 난방시설(공동주택의 중앙난방시설을 제외한다)을 위한 저장소 또는 취급소는 설치허가 및 변경신고 제외 대상이다.
④ 농예용, 축산용은 지정수량 30배 이하의 저장소는 설치허가 및 변경신고 제외 대상이다.

문 4. 다음 중 특정소방대상물의 종류가 옳은 것은?

① 묘지 관련 시설 : 장례식장, 봉안당
② 교육연구시설 : 도서관, 직업훈련소
③ 운수시설 : 자동차검사장, 여객자동차터미널
④ 의료시설 : 치과의원, 격리병원, 요양병원

문 5. 다음 〈보기〉에 해당되는 위험물은?

┤ 보 기 ├

고체 또는 액체로서 공기 중에서 발화의 위험성이 있거나 물과 접촉하여 발화하거나 가연성가스를 발생하는 위험성이 있는 것을 말한다.

① 산화성 고체
② 가연성 고체
③ 자연발화성물질 및 금수성물질
④ 자기반응성 물질

안심Touch

문 6. 건축허가 등의 동의를 요구하는 때에는 동의요구서에 각 서류를 첨부하여야 하는데, 이 중 설계도서와 관련이 <u>없는</u> 것은?

① 건축물의 단면도 및 주단면 상세도(내장재료를 명시한 것에 한한다)
② 소방시설(기계·전기분야의 시설을 말한다)의 층별 평면도 및 층별 계통도(시설별 계산서를 포함한다)
③ 소방시설 설치계획표
④ 창호도

문 7. 다음 중 소방시설관리업자가 지체없이 시·도지사에게 그 소방시설관리업 등록증 및 등록수첩을 반납하여야 하는 사항이 <u>아닌</u> 것은?

① 등록이 취소된 때
② 휴업한 때
③ 폐업한 때
④ 지위를 승계한 때

문 8. 다음 중 일반공사감리에 대한 내용으로서 옳지 <u>않은</u> 것은?

① 연면적 3만m² 미만의 특정소방대상물과 지하층을 포함한 16층 미만의 아파트 소방시설공사에 해당한다.
② 책임감리원은 행정안전부령이 정하는 기간 중에는 주 1회 이상 공사현장을 방문한다.
③ 특정소방대상물의 경우 한 사람이 5곳 이하로서 총 10만m² 이하를 감리할 수 있다.
④ 아파트는 지하층을 포함한 16층 미만의 경우 총 10만m² 이하의 공사현장 5개 이내를 감리할 수 있다.

문 9. 유별을 달리하는 위험물의 혼재기준에 의할 때 제4류 위험물과 혼재할 수 <u>없는</u> 것은?

① 제3류, 제5류
② 제2류, 제3류
③ 제1류, 제6류
④ 제2류, 제5류

문 10. 「소방시설공사업법」상 용어의 정의로 옳지 <u>않은</u> 것은?

① 소방시설업자란 소방시설업을 경영하기 위하여 소방시설업을 등록한 자를 말한다.
② 감리원이란 소방공사감리업자에 소속된 소방기술자로서 해당 소방시설공사를 감리하는 사람을 말한다.
③ 소방시설설계업이란 소방시설공사가 설계도서와 관계 법령에 따라 적법하게 시공되는지를 확인하고, 품질·시공 관리에 대한 기술지도를 하는 영업을 말한다.
④ 발주자란 소방시설의 설계, 시공, 감리 및 방염(이하 "소방시설공사등"이라 한다)을 소방시설업자에게 도급하는 자를 말한다.

문 11. 손실보상심의위원회의 설치 및 구성에 대한 내용으로 옳지 <u>않은</u> 것은?

① 소방청장등은 손실보상청구 사건을 심사·의결하기 위하여 각각 손실보상심의위원회(이하 "보상위원회"라 한다)를 둔다.
② 보상위원회는 위원장 1명을 포함하여 5명 이상 9명 이하의 위원으로 구성한다.
③ 위촉되는 위원의 임기는 2년으로 하며, 한 차례만 연임할 수 있다.
④ 보상위원회의 사무를 처리하기 위하여 보상위원회에 간사 1명을 두되, 간사는 소속 소방공무원 중에서 소방청장등이 지명한다.

문 12. 소방시설업자가 설계, 시공 또는 감리를 수행하게 한 특정소방대상물의 관계인에게 지체 없이 그 사실을 알려야 하는 사항이 아닌 것은?

① 소방시설업자의 지위를 승계한 경우
② 소방시설업의 등록취소처분 또는 영업정지처분을 받았을 경우
③ 휴업하거나 폐업을 하였을 경우
④ 소방기술인력을 변경하였을 경우

문 13. 위반행위의 횟수에 따른 과태료의 부과기준은 최근 몇 년간 같은 위반행위로 과태료를 부과받은 경우에 적용하는가?

① 1년
② 2년
③ 3년
④ 4년

문 14. 「화재예방, 소방시설 설치·유지 및 안전관리에 관한 법률」상 과태료를 대통령령으로 부과·징수할 수 있는 자를 〈보기〉에서 모두 고르면?

┤ 보 기 ├
┌─────────────────────────────────────┐
│ ㉠ 소방청장   ㉡ 시·도지사   │
│ ㉢ 소방본부장   ㉣ 소방서장   │
└─────────────────────────────────────┘

① ㉠
② ㉠, ㉡
③ ㉠, ㉡, ㉢
④ ㉠, ㉡, ㉢, ㉣

문 15. 다음 〈보기〉의 (   ) 안에 들어갈 내용으로 바르게 배열된 것을 고르시오.

┤ 보 기 ├
┌──┐
│ (㉠)은 해당 시·도의 소방력만으로는 소방활동을 효율적으 │
│ 로 수행하기 어려운 화재, 재난·재해, 그 밖의 구조·구급이 │
│ 필요한 상황이 발생하거나 특별히 국가적 차원에서 소방활동 │
│ 을 수행할 필요가 인정될 때에는 각 (㉡)에게 (㉢)으로 정 │
│ 하는 바에 따라 소방력을 동원할 것을 요청할 수 있다.   │
└──┘

	㉠	㉡	㉢
①	소방청장	시·도지사	행정안전부령
②	소방청장	소방본부장·소방서장	행정안전부령
③	시·도지사	소방본부장·소방서장	대통령령
④	시·도지사	시·도지사	대통령령

문 16. 다음 중 간이탱크저장소에 대한 설명으로 틀린 것은?

① 밸브 없는 통기관의 지름은 25mm 이상으로 하고, 통기관은 옥외에 설치하되, 그 선단의 높이는 지상 1.5m 이상으로 할 것
② 하나의 간이탱크저장소에 설치하는 간이저장탱크는 그 수를 2 이하로 하고, 동일한 품질의 위험물의 간이저장탱크를 3 이상 설치하지 아니하여야 한다.
③ 간이저장탱크의 용량은 600L 이하이어야 한다.
④ 간이저장탱크는 두께 3.2mm 이상의 강판으로 흠이 없도록 제작하여야 하며, 70kPa의 압력으로 10분간의 수압시험을 실시하여 새거나 변형되지 아니하여야 한다.

문 17. 동일구내에 있거나 상호 100m 이내의 거리에 있는 저장소로서 1인의 안전관리자를 중복하여 선임할 수 있는 저장소 기준으로 옳지 않은 것은?

① 5개 이하의 옥내저장소
② 10개 이하의 옥외저장소
③ 10개 이하의 암반탱크저장소
④ 30개 이하의 옥외탱크저장소

문 18. 소방안전관리자 및 소방안전관리보조자에 대한 실무교육 등에 대하여 옳지 <u>않은</u> 것은?

① 안전원장은 소방안전관리(조조)자에 대한 실무교육을 6개월 이내에, 그 후에는 2년마다 1회 이상 실시하되, 매년 소방청장의 승인을 얻어 교육실시 10일 전까지 교육대상자에게 통보하여야 한다.

② 소방안전관리 강습교육 또는 실무교육을 받은 후 1년 이내에 선임된 사람은 받은 것으로 본다.

③ 안전원장은 실무교육이 끝난 날부터 30일 이내에 소방본부장, 소방서장에게 알려야 한다.

④ 소방본부장, 소방서장은 소방안전관리(보조)자의 선임신고를 받은 경우에는 1개월 이내에 안전원장에게 통보하여야 한다.

문 19. 「소방시설공사업법령」상 내용 중 옳지 <u>않은</u> 것은?

① 소방시설업 등록신청을 받은 시·도지사는 등록신청을 받은 날부터 15일 이내에 소방시설업자협회를 경유하여 소방시설업등록증 및 소방시설등록수첩을 발급한다.

② 소방시설업자가 등록수첩을 잃어버리거나 소방시설업 등록증 또는 등록수첩이 헐어 못 쓰게된 경우에는 시·도지사는 재교부신청서를 제출받은 때에는 3일 이내에 재발급하여야 한다.

③ 시·도지사는 소방시설업의 지위승계 신고의 확인 사실을 보고받은 날부터 5일 이내에 협회를 경유하여 지위승계인에게 등록증 및 등록수첩을 발급하여야 한다.

④ 협회는 등록사항 중 중요사항 변경신고를 받은 경우에는 5일 이내에 소방시설업 등록증 및 등록수첩을 새로이 발급하거나 제출된 소방시설업등록증·등록수첩·기술인력의 기술자격증 및 자격수첩에 그 변경된 사항을 기재하여 발급하여야 한다.

문 20. 특정소방대상물의 관계인이 특정소방대상물의 규모·용도 및 수용인원 등을 고려하여 갖추어야 하는 소방시설등의 종류에서 지하가 중 터널에 설치해야 하는 소방시설이 <u>아닌</u> 것은?

① 소화기구
② 옥외소화전설비
③ 비상콘센트설비
④ 연결송수관설비

🕐 **시간 체크** 풀이 시간 ___ : ___ ~ ___ : ___ 소요 시간 ___ : ___

📋 **Timer** 신중 18분 / 적정 15분 / 빠름 10분

문 1. 다음은 「소방기본법」 제1조 목적에 대한 내용이다. 빈칸에 들어갈 내용으로 옳은 것은?

> 이 법은 화재를 예방·(㉠)하거나 진압하고 화재, 재난·(㉡), 그 밖의 위급한 상황에서의 구조·구급 활동 등을 통하여 국민의 생명·신체 및 재산을 보호함으로써 공공의 (㉢) 및 질서유지와 (㉣)에 이바지함을 목적으로 한다.

	㉠	㉡	㉢	㉣
①	조사	위기	안전	소방기술
②	경계	재해	안녕	복리증진
③	조사	재해	안녕	복리증진
④	경계	위기	안전	소방기술

문 2. 소방용품을 제조하거나 수입하고자 할 때 소방청장의 형식승인을 받아야 하는 대통령령으로 정하는 대상에 해당하지 <u>않는</u> 것은?

① 가스관선택밸브
② 방염제(방염액·방염도료 및 방염성물질을 말한다)
③ 방수구
④ 가스누설경보기

문 3. 다음 중 건축허가 등의 동의대상물의 범위로 옳지 <u>않은</u> 것은?

① 「정신보건법」 제3조 제3호에 따른 정신의료기관 : 150m² 이상
② 노유자시설(老幼者施設) 및 수련시설 : 200m² 이상
③ 「학교시설사업 촉진법」에 따라 건축등을 하려는 학교시설 : 100m² 이상
④ 승강기 등 기계장치에 의한 주차시설로서 자동차 20대 이상을 주차할 수 있는 시설

문 4. 소방기본법의 불의 사용에 있어서 지켜야할 사항으로 적합하지 <u>않은</u> 것은?

① 연료탱크는 보일러본체로부터 수평거리 0.5m 이상의 간격을 두어 설치할 것
② 건조설비와 벽·천장 사이의 거리는 0.5m 이상이 되도록 하여야 한다.
③ 열을 발생하는 조리기구는 반자 또는 선반으로부터 0.6m 이상 떨어지게 할 것
④ 시간당 열량이 30만kcal 이상인 노를 설치하는 경우에는 노 주위에는 1m 이상 공간을 확보할 것

문 5. 다음 중 특정소방대상물의 수용인원 산정방법으로 <u>틀린</u> 것은?

① 침대가 없는 숙박시설은 종사자 수에 바닥면적의 합계를 3m²로 나누어 얻은 수를 합한 수
② 강당, 문화 및 집회시설, 운동시설, 종교시설은 해당 용도로 사용하는 바닥면적의 합계를 4.6m²로 나누어 얻은 수
③ 강의실·교무실·상담실·실습실·휴게실 용도로 쓰이는 특정소방대상물은 종사자 수에 바닥면적의 합계를 1.9m²로 나누어 얻은 수를 합한 수
④ 바닥면적을 산정하는 때에는 복도, 계단 및 화장실의 바닥면적을 포함하지 않고 계산결과 소수점 이하의 수도 반올림한다.

문 6. 다음 중 과태료 부과대상에 해당하지 <u>않는</u> 것은?

① 소방대장의 허가 없이 소방활동구역을 출입한 사람
② 화재 또는 구조·구급이 필요한 상황을 거짓으로 알린 사람
③ 불을 사용할 때 지켜야 할 사항 및 특수가연물의 저장 및 취급 기준을 위반한 자
④ 정당한 사유 없이 소방대의 생활안전활동을 방해한 자

문 7. 다음 중 소방본부장 또는 소방서장의 권한과 임무가 <u>아닌</u> 것은?

① 각 시·도지사에게 소방력 동원요청
② 화재의 예방조치 등
③ 화재경계지구내의 소방특별조사
④ 화재에 관한 위험경보

문 8. 다음 중 「소방기본법」에 관한 설명으로 적합하지 <u>않은</u> 것은?

① 소방업무를 수행하는 소방기관의 설치에 필요한 사항은 대통령령으로 정한다.
② 「수도법」에 따라 소화전을 설치하는 일반수도사업자는 관할 소방서장과 사전협의를 거친 후 소화전을 설치하여야 하며, 설치 사실을 관할 소방서장에게 통지하고, 그 소화전을 유지·관리하여야 한다.
③ 소방청장은 소방박물관을, 시·도지사는 소방체험관을 설립하여 운영할 수 있다.
④ 소방업무를 수행하는 데 필요한 소방력에 관한 기준과 소방장비의 분류, 표준화, 관리 등에 관한 사항은 행정안전부령으로 정한다.

문 9. 다음은 「소방기본법」에 관한 내용이다. 필요한 사항을 정하는 것으로 <u>다른</u> 것은?

① 국고보조 대상 사업의 범위와 기준보조율에 관한 기준
② 신속한 소방활동(소방업무를 위한 모든 활동)을 위한 정보를 수집·전파하기 위하여 종합상황실을 설치·운영에 관한 기준
③ 소방박물관의 설립과 운영에 필요한 사항
④ 소방기관이 소방업무를 수행하는 데에 필요한 인력과 장비 등에 관한 기준

문 10. 소방시설을 설치하지 아니할 수 있는 특정소방대상물 및 소방시설의 범위로 적절하지 <u>않는</u> 것은?

① 화재안전기준을 달리 적용하여야 하는 특수한 용도 또는 구조를 가진 특정소방대상물 – 원자력발전소, 핵폐기물처리시설
② 화재안전기준을 적용하기 어려운 특정소방대상물 – 농예·축산·어류양식용 시설
③ 화재안전기준을 적용하기 어려운 특정소방대상물 – 펄프공장의 작업장, 음료수 공장의 세정 또는 충전을 하는 작업장, 그 밖에 이와 비슷한 용도로 사용하는 것
④ 화재 위험도가 낮은 특정소방대상물 – 정수장, 수영장, 목욕장

문 11. 다음은 제연설비 설치기준에 대한 설명이다. 옳지 <u>않은</u> 것은?

① 문화 및 집회시설·종교시설·운동시설로 무대부의 바닥면적 1,000m² 이상
② 문화 및 집회시설 중 영화상영관으로서 수용인원 100명 이상
③ 근린생활시설, 위락시설 등 지하층 또는 무창층 바닥면적이 1,000m² 이상
④ 지하가로서 연면적이 1,000m² 이상

문 12. 「소방시설공사업법」상 소방시설업자가 등록을 한 후 정당한 사유 없이 (　　)이 지날 때까지 영업을 개시하지 아니하거나 계속하여 (　　) 이상 휴업한 때는 6개월 이내의 기간을 정하여 시정이나 그 영업의 정지를 명할 수 있다. 빈칸에 들어갈 내용으로 옳은 것은?

① 14일

② 30일

③ 1년

④ 2년

문 13. 다음은 「위험물안전관리법령」에 대한 내용이다. 옳지 않은 것은?

① 제조소등의 관계인은 당해 제조소등에 대하여 연 1회 이상 정기점검을 실시하여야 한다.

② 특정·준특정옥외탱크저장소의 관계인은 특정·준특정옥외탱크저장소의 설치허가에 따른 완공검사필증을 발급받은 날부터 11년 이내에 정기검사를 받아야 한다.

③ 제조소등의 관계인은 당해 제조소등의 용도를 폐지한 때에는 행정안전부령이 정하는 바에 따라 제조소등의 용도를 폐지한 날부터 14일 이내에 시·도지사에게 신고하여야 한다.

④ 위험물을 저장 또는 취급하는 탱크의 용량은 당해 탱크의 내용적에서 공간용적을 뺀 용적으로 한다.

문 14. 소방시설업자가 등록한 사항 중 중요한 사항이 변경된 경우 시·도지사에게 제출해야할 서류 중 공통적으로 제출해야 하는 것은?

① 소방시설업 등록증

② 소방시설업 등록수첩

③ 변경된 기술인력의 기술자격증(자격수첩)

④ 소방기술인력 연명부

문 15. 다음은 「소방시설공사업법」에 규정된 정의이다. 옳지 않은 것은?

① 소방시설설계업이란 소방시설공사에 기본이 되는 공사계획, 설계도면, 설계 설명서, 기술계산서 및 이와 관련된 서류(이하 "설계도서"라 한다)를 작성(이하 "설계"라 한다)하는 영업을 말한다.

② 소방시설공사업이란 설계도서에 따라 소방시설을 신설, 증설, 개설, 이전 및 정비(이하 "시공"이라 한다)하는 영업을 말한다.

③ 소방시설감리업이란 소방시설공사에 관한 발주자의 권한을 대행하여 소방시설공사가 설계도서와 관계 법령에 따라 적법하게 시공되는지를 확인하고, 품질·시공 관리에 대한 기술지도를 하는(이하 "감리"라 한다) 영업을 말한다.

④ "감리원"이란 소방공사감리업자에 소속된 소방기술자로서 해당 소방시설공사를 감리하는 사람을 말한다.

문 16. 두 개 이상의 특정소방대상물에 연결통로로 연결된 경우 이를 하나의 소방대상물로 볼 수 없는 기준은?

① 내화구조가 아닌 연결통로로 연결된 경우

② 지하구로 연결된 경우

③ 지하보도, 지하상가, 지하가로 연결된 경우

④ 내화구조로 된 연결통로가 벽이 없는 구조로서 길이가 10m 이하인 경우로 벽 높이가 바닥에서 천장 높이의 1/2 미만인 경우

문 17. 다음 중 「소방시설공사업법」상 전문소방시설 공사업을 하고자 하는 등록기준 내용으로 옳지 않은 것은?

① 주된 기술인력은 소방기술사 또는 기계분야와 전기분야의 소방설비기사 각 1명(기계분야 및 전기분야의 자격을 함께 취득한 자 1명) 이상

② 보조 기술인력으로 1인 이상

③ 법인일 경우 자본금은 1억 원 이상

④ 개인의 경우 자산평가액은 1억 원 이상

문 18. 다음 중 '무창층'에 대한 설명으로 적합하지 <u>않은</u> 것은?

① 크기는 지름 50cm 이상의 원이 내접할 수 있는 크기일 것

② 도로 또는 차량이 진입할 수 있는 빈터를 향할 것

③ 해당 층의 바닥면으로부터 개구부 밑부분까지의 높이가 1.2m 이내일 것

④ 내부에서 쉽게 부수거나 열 수 있을 것

문 19. 다음은 「화재예방, 소방시설 설치·유지 및 안전관리에 관한 법률」에서 규정한 청문 사유이다. 소방청장의 행정처분에 해당하지 <u>않는</u> 것은?

① 관리사 자격의 취소 및 정지

② 소방용품의 형식승인 취소 및 제품검사 중지

③ 관리업의 등록취소 및 영업정지

④ 제품검사 전문기관의 지정취소 및 업무정지

문 20. 관계인이 소방안전관리보조자를 두어야 하는 특정소방대상물의 범위로 옳지 <u>않은</u> 것은?

① 주택으로 쓰는 층수가 5개 층 이상인 아파트로서 300세대 이상

② 아파트를 제외한 연면적이 3만 제곱미터 이상인 특정소방대상물

③ 공동주택, 의료시설

④ 노유자시설, 수련시설 및 숙박시설

실전동형 모의고사

해설편 p.060

🕐 **시간 체크**   풀이 시간 ___ : ___ ~ ___ : ___ 소요 시간 ___ : ___

📋 **Timer**   신중 18분 / 적정 15분 / 빠름 10분

문 1. 보일러, 난로, 건조설비, 가스·전기시설, 그 밖의 화재 발생 우려가 있는 설비 또는 기구 등의 위치·구조 및 관리와 화재 예방을 위하여 불을 사용할 때 지켜야 하는 사항은 다음 중 어느 것으로 정하는가?

① 대통령령
② 시·도조례
③ 행정안전부령
④ 소방청 훈령

문 2. 다음 중 소방용품으로서 판매, 판매목적으로 진열, 소방 시설공사에 사용할 수 없는 조건의 기준이 <u>아닌</u> 것은?

① 형식승인을 받지 아니한 것
② 형상등을 임의적으로 변경한 것
③ 소방용품의 성능시험을 받지 아니한 것
④ 제품검사를 받지 아니하거나 합격표시를 하지 아니한 것

문 3. 다음 중 「소방기본법령」상 소방력 동원요청에 관한 내용 으로 옳지 <u>않은</u> 것은?

① 소방청장은 해당 시·도의 소방력만으로는 소방활동을 효율 적으로 수행하기 어려운 화재, 재난·재해, 그 밖의 구조·구 급이 필요한 상황이 발생하거나 특별히 국가적 차원에서 소방 활동을 수행할 필요가 인정될 때에는 각 시·도지사에게 행정 안전부령으로 정하는 바에 따라 소방력을 동원할 것을 요청할 수 있다.
② 소방청장은 시·도지사에게 동원된 소방력을 화재, 재난·재 해 등이 발생한 지역에 지원·파견하여 줄 것을 요청하거나 필요한 경우 직접 소방대를 편성하여 화재진압 및 인명구조 등 소방에 필요한 활동을 하게 할 수 있다.
③ 소방청장은 각 시·도지사에게 소방력 동원을 요청하는 경우 동원 요청 사실과 필요한 사항을 팩스 또는 전화 등의 방법으 로 통지하여야 한다. 다만, 긴급을 요하는 경우에는 시·도 소 방본부장 또는 소방서장에게 직접 요청할 수 있다.
④ 동원된 소방대원이 다른 시·도에 파견·지원되어 소방활동 을 수행할 때에는 특별한 사정이 없으면 화재, 재난·재해 등 이 발생한 지역을 관할하는 소방본부장 또는 소방서장의 지휘 에 따라야 한다. 다만, 소방청장이 직접 소방대를 편성하여 소 방활동을 하게 하는 경우에는 소방청장의 지휘에 따라야 한다.

문 4. 다음 중 소방특별조사를 할 수 있는 합동조사반에 해당하지 <u>않는</u> 것은?

① 소방산업공제조합
② 시·군·자치구
③ 한국전기안전공사
④ 한국화재보험협회

안심Touch

문 5. 다음 중 소방특별조사를 연기할 수 있는 사유에 해당하지 않는 것은?

① 태풍, 홍수 등이 발생하여 소방대상물을 관리하기가 매우 어려운 경우
② 관계인이 질병으로 소방특별조사에 참여할 수 없는 경우
③ 권한 있는 기관에 자체점검기록부 등 소방특별조사에 필요한 장부·서류 등이 압수된 경우
④ 경매 또는 양도·양수 등의 사유로 소유권이 변동되어 조치명령 기간에 시정이 불가능한 경우

문 6. 다음 〈보기〉는 소방청장이 실시하는 화재조사에 관한 시험에 응시 가능한 자격기준이다. ( ) 안에 들어갈 내용으로 바르게 연결된 것은?

┌─ 보기 ├─
1. 소방교육기관(중앙·지방소방학교 및 시·도에서 설치·운영하는 소방교육대를 말한다. 이하 같다)에서 (㉠) 이상 화재조사에 관한 전문교육을 이수한 자
2. 국립과학수사연구원 또는 외국의 화재조사 관련 기관에서 (㉡) 이상 화재조사에 관한 전문교육을 이수한 자
└─────────

	㉠	㉡
①	6주	6주
②	8주	8주
③	10주	10주
④	12주	12주

문 7. 한국소방안전원의 운영 경비의 재원에 해당하지 않는 것은?

① 정부지원금
② 회원의 회비
③ 자산운영수익금
④ 업무 수행에 따른 수입금

문 8. 다음 중 「화재예방, 소방시설 설치·유지 및 안전관리에 관한 법령」에 따른 주택에 설치하는 소방시설 등에 관한 사항으로 옳지 않은 것은?

① 주택의 소유자는 소방시설 중 소화기 및 단독경보형감지기를 설치하여야 한다.
② 주택용 소방시설의 설치기준 및 자율적인 안전관리에 관한 사항은 행정안전부령으로 정한다.
③ 국가 및 지방자치단체는 국민의 자율적인 안전관리를 촉진하기 위하여 필요한 시책을 마련하여야 한다.
④ 단독주택과 공동주택(아파트·기숙사를 제외)에 설치한다.

문 9. 다음 「소방기본법」상 옳지 않은 것은?

① 시·도지사는 소방자동차의 공무상 운행 중 교통사고가 발생한 경우 그 운전자의 법률상 분쟁에 소요되는 비용을 지원할 수 있는 보험에 가입하여야 한다.
② 소방공무원이 소방활동으로 인하여 타인을 사상(死傷)에 이르게 한 경우 그 소방활동이 불가피하고 소방공무원에게 고의 또는 중대한 과실이 없는 때에는 그 정상을 참작하여 사상에 대한 형사책임을 감경하거나 면제할 수 있다.
③ 시·도지사는 소방공무원이 소방활동, 소방지원활동, 생활안전활동으로 인하여 민·형사상 책임과 관련된 소송을 수행할 경우 변호인 선임 등 소송수행에 필요한 지원을 할 수 있다.
④ 소방청장·소방본부장 또는 소방서장은 신고가 접수된 생활안전 및 위험제거 활동(화재, 재난·재해, 그 밖의 위급한 상황에 해당하는 것은 제외한다)에 대응하기 위하여 소방대를 출동시켜 생활안전활동을 하게 하여야 한다.

문 10. 다음 중 「화재예방, 소방시설 설치·유지 및 안전관리에 관한 법률」에서 규정하고 있는 과징금의 최대 부과 금액과 부과 권자가 바르게 연결된 것은?

① 1천만 원 이하 – 시·도지사
② 2천만 원 이하 – 소방청장
③ 3천만 원 이하 – 시·도지사
④ 2억 원 이하 – 소방청장

문 11. 다음 중 방염성능기준 이상의 실내장식물 등을 설치하여야
하는 특정소방대상물에 해당하지 <u>않는</u> 것은?

① 방송통신설비 중 방송국 및 촬영소
② 다중이용업의 영업장
③ 건축물의 옥외에 있는 운동시설(수영장 제외)
④ 의료시설

문 12. 다음 중 「소방기본법」상 관계인의 소방활동을 위반하여
정당한 사유 없이 소방대가 현장에 도착할 때까지 사람을 구출하는
조치 또는 불을 끄거나 불이 번지지 아니하도록 하는 조치를 하지
아니한 자에 대한 벌칙으로 옳은 것은?

① 100만 원 이하의 벌금
② 200만 원 이하의 벌금
③ 300만 원 이하의 벌금
④ 1000만 원 이하의 벌금

문 13. 다음 중 제조소 등의 정기점검의 구분에서 위험물탱크안
전성능 시험자의 점검대상 범위에서 구조안전점검의 기준은?

① 지하탱크시설(2만L 이상)
② 옥내탱크시설(10만L 이상)
③ 옥외탱크저장시설(50만L 이상)
④ 옥외탱크저장시설(100만L 이상)

문 14. 다음 중 「소방시설공사업법」에 규정된 소방시설업이
<u>아닌</u> 것은?

① 소방시설공사업
② 소방시설관리업
③ 소방공사감리업
④ 소방시설설계업

문 15. 다음 중 위험물의 적재수납에 관한 기준으로 옳지 <u>않은</u>
것은?

① 고체위험물은 운반용기 내용적의 95% 이하의 수납률로 수납
할 것
② 액체위험물은 운반용기 내용적의 98% 이하의 수납률로 수납
하되, 55℃의 온도에서 누설되지 아니하도록 충분한 공간용적
을 유지하도록 할 것
③ 제3류 위험물 중 자연발화성 물질인 알킬알루미늄 등은 운반
용기의 내용적의 90% 이하의 수납률로 수납하되, 50℃의 온
도에서 5% 이상의 공간용적을 유지하도록 할 것
④ 경질플라스틱제의 운반용기 등은 제조된 때로부터 3년 이내의
것으로 할 것

문 16. 시·도지사는 소방시설업자가 다음 보기의 어느 하나에
해당하면 그 등록을 취소하거나 6개월 이내의 기간을 정하여 시정
이나 그 영업의 정지를 명할 수 있다. 등록의 취소 요건이 <u>아닌</u>
것은?

① 거짓으로 등록한 경우
② 등록을 한 후 정당한 사유 없이 1년이 지날 때까지 영업을 시작
하지 아니하거나 계속하여 1년 이상 휴업한 때
③ 등록 결격사유에 해당하게 된 경우
④ 부정한 방법으로 등록한 경우

문 17. 다음 중 「소방시설공사업법」상 목적에 해당하지 <u>않는</u> 것은?

① 소방기술을 진흥
② 공공의 안전을 확보
③ 국민경제에 이바지
④ 국가와 지방자치단체의 책무

문 18. 자체소방대의 설치 제외대상인 일반취급소에 해당하지 <u>않는</u> 것은?

① 유압장치, 윤활유순환장치 그 밖에 이와 유사한 장치로 위험물을 취급하는 일반취급소
② 이동저장탱크 그 밖에 이와 유사한 것에 위험물을 주입하는 일반취급소
③ 보일러, 버너 그 밖에 이와 유사한 장치로 위험물을 소비하는 일반취급소
④ 「광산안전법」의 적용을 받지 않는 일반취급소

문 19. 공사업자는 대통령령으로 정하는 소방시설공사를 하려면 행정안전부령으로 정하는 바에 따라 그 공사의 내용, 시공 장소, 그 밖에 필요한 사항을 누구에게 신고하여야 하는가?

① 시·도지사, 소방본부장 또는 소방서장
② 소방본부장 또는 소방서장
③ 소방청장, 소방본부장
④ 소방청장, 시·도지사

문 20. 다음 〈보기〉는 이송취급소의 배관설치 기준이다. 빈칸에 들어갈 내용으로 바르게 묶은 것을 고르면?

┌─┤ 보 기 ├─────────────────────
│ 배관의 외면과 지표면과의 거리는 산이나 들에 있어서는 (㉠)m
│ 이상, 그 밖의 지역에 있어서는 (㉡)m 이상으로 할 것. 다만,
│ 당해 배관을 각각의 깊이로 매설하는 경우와 동등 이상의 안전
│ 성이 확보되는 견고하고 내구성이 있는 구조물(이하 "방호구조
│ 물"이라 한다)안에 설치하는 경우에는 그러하지 아니하다.
└──────────────────────────────

	㉠	㉡
①	0.9	1.2
②	1.2	0.9
③	0.4	0.3
④	0.3	0.4

문 1. 다음 중 「위험물안전관리법령」상 관계인이 예방규정을 정하여야 하는 제조소등에 해당하지 <u>않는</u> 것은?

① 지정수량의 10배 이상의 일반취급소
② 지정수량의 100배 이상의 옥외저장소
③ 지정수량의 150배 이상의 옥내탱크저장소
④ 암반탱크저장소

문 2. 다음 중 소방용수시설 및 비상소화장치에 대한 설명 중 옳지 <u>않은</u> 것은?

① 시·도지사는 소방활동에 필요한 소화전(消火栓)·급수탑(給水塔)·저수조(貯水槽)를 설치하고 유지·관리하여야 한다.
② 소방본부장 또는 소방서장은 소방자동차의 진입이 곤란한 지역 등 화재발생 시에 초기 대응이 필요한 지역으로서 대통령령으로 정하는 지역에 소방호스 또는 호스 릴 등을 소방용수시설에 연결하여 화재를 진압하는 시설이나 장치를 설치하고 유지·관리할 수 있다.
③ 「수도법」에 따라 소화전을 설치하는 일반수도사업자는 관할 소방서장과 사전협의를 거친 후 소화전을 설치하여야 하며, 설치 사실을 관할 소방서장에게 통지하고, 그 소화전을 유지·관리하여야 한다.
④ 소방용수시설의 설치기준은 행정안전부령으로 정한다.

문 3. 다음 중 특수가연물에 대한 설명으로 옳지 <u>않은</u> 것은?

① 석탄·목탄류란 코크스, 석탄가루를 물에 갠 것, 조개탄, 연탄, 석유코크스, 활성탄 등을 말한다.
② "볏짚류"란 젖은 볏짚, 마른 북데기와 이들의 제품 및 건초를 말한다.
③ "사류"란 불연성 또는 난연성이 아닌 실(실부스러기와 솜털 포함)과 누에고치를 말한다.
④ 합성수지류란 합성수지의 섬유·옷감·종이 및 실과 이들의 넝마와 부스러기를 제외한다.

문 4. 다음 중 화재조사를 실시하는 시기로 옳은 것은?

① 조사요원이 현장에 도착 한 후
② 화재사실을 인지하는 즉시
③ 소화활동을 종료한 후에
④ 소방서장이 현장에 도착한 후에

문 5. 다음 중 화재경계지구의 지정대상지역이 <u>아닌</u> 것은?

① 상가지역
② 석유화학제품을 생산하는 공장이 있는 지역
③ 공장·창고가 밀집한 지역
④ 위험물의 저장 및 처리시설이 밀집한 지역

문 6. 다음 중 소방시설관리사 또는 소방시설관리업에 대한 설명이다. 옳지 <u>않은</u> 것은?

① 소방시설관리사가 되려는 사람은 소방청장이 실시하는 관리사시험에 합격하여야 한다.
② 소방공무원으로 5년 이상 근무한 경력이 있는 사람은 소방시설관리사 시험에 응시할 수 있다.
③ 기술 인력, 장비 등 관리업의 등록기준에 관하여 필요한 사항은 대통령령으로 정한다.
④ 관리업의 등록이 취소된 날부터 1년이 경과한 경우는 관리업을 등록할 수 있다.

문 7. 다음 중 내진설계 대상이 아닌 것은?

① 강화액소화설비
② 옥내소화전
③ 스프링클러설비
④ 제연설비

문 8. 다음 중 소방시설관리업자에게 연 1회 이상 종합정밀 점검을 받아야 하는 대상으로 옳지 않은 것은?

① 스프링클러설비가 설치된 특정소방대상물
② 물분무등설비[호스릴(Hose Reel) 방식의 물분무등소화설비만을 설치한 경우는 제외한다]가 설치된 연면적 3천5백m² 이상인 특정소방대상물
③ 「공공기관의 소방안전관리에 관한 규정」 제2조에 따른 공공기관 중 연면적(터널·지하구의 경우 그 길이와 평균폭을 곱하여 계산된 값을 말한다)이 1,000m² 이상인 것으로서 옥내소화전설비 또는 자동화재탐지설비가 설치된 것. 다만, 「소방기본법」 제2조 제5호에 따른 소방대가 근무하는 공공기관은 제외한다.
④ 「다중이용업소의 안전관리에 관한 특별법 시행령」 제2조 제1호 나목, 같은 조 제2호(비디오물소극장업은 제외한다)·제6호·제7호·제7호의2 및 제7호의5의 다중이용업의 영업장이 설치된 특정소방대상물로서 연면적이 2,000m² 이상인 것

문 9. 다음 중 「화재예방, 소방시설 설치·유지 및 안전관리에 관한 법률」상 소방청장 또는 시·도지사가 행하는 청문실시 사유로 옳지 않은 것은?

① 소방용품 성능시험 취소 및 제품검사중지
② 관리업의 등록취소 및 영업정지
③ 관리사 자격의 취소 및 정지
④ 소방용품 전문기관의 지정취소 및 업무정지

문 10. 다음 중 소방특별조사 결과에 따른 조치명령이 아닌 것은?

① 소방대상물의 개수(改修)·이전·제거
② 사용폐쇄
③ 공사의 정지 또는 중지
④ 영업변경처분

문 11. 다음 중 소방시설의 분류가 다른 것은?

① 비상경보설비
② 단독경보형감지설비
③ 자동화재속보설비
④ 비상콘센트설비

문 12. 다음 중 소방공사 감리업자가 수행하여야 하는 업무가 아닌 것은?

① 소방시설등의 설치계획표의 적법성 검토
② 실내장식물의 불연화 및 방염물품의 적법성 검토
③ 공사현장에 설치된 착공시험 신고
④ 공사업자가 한 소방시설등의 시공이 설계도서와 화재안전기준에 맞는지에 대한 지도·감독

문 13. 다음 중 소방시설의 하자보수 보증기간이 다른 하나는?

① 비상경보설비
② 피난기구
③ 자동화재탐지설비
④ 비상방송설비

문 14. 다음 중 감리업자는 감리를 할 때 소방시설공사가 설계도서나 화재안전기준에 맞지 아니할 때 취할 수 있는 조치로 볼 수 없는 것은?

① 공사감리자를 지정한 특정소방대상물의 관계인에게 알린다.
② 관계인에게 알리고, 공사업자에게 그 공사의 시정 또는 보완 등을 요구하여야 한다.
③ 공사업자가 시정 또는 보완을 하지 않을 경우 공사를 중지시킬 수 있다.
④ 공사업자가 시정 또는 보완을 하지 않고 그 공사를 계속할 경우 소방본부장 또는 소방서장에게 그 사실을 보고한다.

문 15. 다음 중 소방시설업에 대한 설명이 옳지 <u>않은</u> 것은?

① 소방시설업은 시·도지사에게 등록하여야 한다.

② 소방기술사는 전문소방시설설계업의 주된 기술인력이다.

③ 소방시설공사업을 하고자 하는 법인 또는 개인은 1억 원 이상
   의 자본금이 필요하다.

④ 파산선고를 받고 복권되지 않는 자는 소방시설업을 등록할 수
   없다.

문 16. 다음 중 옥외저장탱크 중 압력탱크(최대상용압력이 부압
또는 정압 5kPa을 초과하는 탱크를 말한다)외의 탱크(제4류 위
험물의 옥외저장탱크에 한한다)에 설치하는 통기관에 대한 설명
중 옳지 <u>않은</u> 것은?

① 밸브 없는 통기관의 직경은 25mm 이상일 것

② 밸브 없는 통기관의 선단은 수평면보다 45도 이상 구부려 빗
   물 등의 침투를 막는 구조로 할 것

③ 밸브 없는 통기관은 가는 눈의 구리망 등으로 인화방지장치를
   할 것

④ 대기밸브부착 통기관은 5kPa 이하의 압력차이로 작동할 수 있
   을 것

문 17. 다음 중 지정수량 이상의 위험물을 임시로 저장 또는 취
급하는 경우 그 기간과 승인권자가 올바르게 연결된 것은?

① 90일 이내 - 시·도지사

② 180일 이내 - 관할 소방서장

③ 90일 이내 - 관할 소방서장

④ 180일 이내 - 시·도지사

문 18. 다음 중 위험물과 그 지정수량이 바르게 연결된 것은?

① 무기과산화물 - 50kg

② 질산염류 - 30kg

③ 적린 - 500kg

④ 금속분 - 100kg

문 19. 다음 중 위험물 제조소등에 대한 완공검사를 받고자 하는
자는 이를 시·도지사에게 신청하여야 하는데 이동탱크저장소의
경우 완공검사 신청시기로 옳은 것은?

① 위험물을 적재하기 전

② 이동저장탱크를 완공하고 상치장소를 확보한 후

③ 제조소등의 공사를 완료한 후

④ 위험물탱크 설치 완공 전

문 20. 다음 중 「소방기본법령」에 규정된 내용에 대한 설명으로
옳지 <u>않은</u> 것은?

① 소방청장, 소방본부장 또는 소방서장은 「기상법」에 따른 이상
   기상(異常氣象)의 예보 또는 특보가 있을 때에는 화재에 관한
   경보를 발령하고 그에 따른 조치를 할 수 있다.

② 화재가 발생하는 경우 불길이 빠르게 번지는 고무류·면화류
   ·석탄 및 목탄 등 대통령령으로 정하는 특수가연물(特殊可燃
   物)의 저장 및 취급 기준은 대통령령으로 정한다.

③ 소방본부장이나 소방서장은 소방활동을 할 때에 긴급한 경우
   에는 이웃한 소방본부장 또는 소방서장에게 소방업무의 응원
   (應援)을 요청할 수 있다.

④ 소방기관이 소방업무를 수행하는 데에 필요한 인력과 장비 등
   에 관한 기준은 행정안전부령으로 정한다.

🕐 **시간 체크**   풀이 시간 ___ : ___ ~ ___ : ___   소요 시간 ___ : ___

📝 **Timer**   신중 18분 / 적정 15분 / 빠름 10분

문 1. 다음 중 현장확인 완공검사 대상으로 옳지 **않은** 것은?

① 스프링클러설비등이 설치된 특정소방대상물
② 물분무등소화설비(호스릴방식은 제외)가 설치된 특정소방대상물
③ 연면적 1만제곱미터 이상이거나 11층 이상인 특정소방대상물(아파트는 제외한다)
④ 가스계(이산화탄소·할론·할로겐화합물 및 불활성기체소화약제)소화설비(호스릴소화설비는 제외한다)가 설치되는 것

문 2. 다음 중 소방시설을 시공할 때 감리자를 지정하지 않아도 되는 소방시설공사는?

① 비상경보설비를 신설·개설할 때
② 비상조명등을 신설·개설·증설할 때
③ 통합감시시설을 신설·개설·증설할 때
④ 비상방송설비를 신설·개설하거나 경계구역 증설할 때

문 3. 소방자동차에 진로를 양보하지 아니하는 행위를 한 자에 대한 벌칙으로 옳은 것은?

① 300만 원 이하의 벌금
② 200만 원 이하의 벌금
③ 100만 원 이하의 벌금
④ 200만 원 이하의 과태료

문 4. 「소방기본법」상 한국소방안전원에 대한 설명으로 옳지 **않은** 것은?

① 안전원에 관하여 이 법에 규정된 것을 제외하고는 「민법」 중 재단법인에 관한 규정을 준용한다.
② "안전원장"은 소방기술과 안전관리의 기술향상을 위하여 매년 교육 수요조사를 실시하여 교육계획을 수립하고 소방청장의 승인을 받아야 한다.
③ 안전원에 임원으로 원장 1명을 포함한 7명 이내의 이사와 1명의 감사를 둔다.
④ 안전원은 정관을 변경하려면 소방청장의 인가를 받아야 한다.

문 5. 다음 중 건축허가등의 동의에 대한 규정사항으로 옳은 것은?

① 차고·주차장으로 사용되는 바닥면적이 $150m^2$ 이상인 층이 있는 건축물이나 주차시설
② 층수가 6층 이상인 건축물
③ 지하층 또는 무창층이 있는 건축물로서 바닥면적이 $200m^2$(공연장의 경우에는 100제곱미터) 이상인 층이 있는 것
④ 정신의료기관(입원실 없는 정신건강의학과의원 제외) : 연면적 $200m^2$ 이상

문 6. 다음 중 한국소방안전원의 업무에 해당하지 **않는** 것은?

① 소방용 기계·기구의 형식승인
② 소방업무에 관하여 행정기관이 위탁하는 업무
③ 화재 예방과 안전관리의식 고취를 위한 대국민 홍보
④ 소방기술과 안전관리에 관한 교육, 조사·연구 및 각종 간행물 발간

문 7. 연 1회 이상 종합정밀점검 대상으로 옳지 <u>않은</u> 것은?

① 아파트는 연면적 5,000m² 이상이고 11층 이상인 것

② 스프링클러설비가 설치된 특정소방대상물

③ 제연설비가 설치된 터널

④ 공공기관 중 연면적(터널·지하구의 경우 그 길이와 평균폭을 곱하여 계산된 값을 말한다)이 1,000m² 이상인 것으로서 옥내소화전설비 또는 자동화재탐지설비가 설치된 것

문 8. 소방청장등은 손실보상금 지급 여부 및 보상금액 결정일 부터 (㉠) 이내에 행정안전부령으로 정하는 바에 따라 결정내용을 청구인에게 통지하고, 보상금을 지급하기로 결정한 경우에는 특별한 사유가 없으면 통지한 날부터 (㉡) 이내에 보상금을 지급하여야 한다. 빈칸에 들어갈 내용으로 바르게 묶은 것을 고르면?

① ㉠ – 5일   ㉡ – 10일
② ㉠ – 10일   ㉡ – 30일
③ ㉠ – 30일   ㉡ – 10일
④ ㉠ – 60일   ㉡ – 30일

문 9. 다음 중 물분무등소화설비에 해당하는 것은?

① 분말자동소화장치

② 에어로졸식 소화용구

③ 연결살수설비

④ 고체에어로졸소화설비

문 10. 인명구조설비에 해당하는 것을 〈보기〉에서 모두 고르면?

┤ 보 기 ├
㉮ 방호복
㉯ 방열복
㉰ 공기호흡기
㉱ 인공소생기

① ㉮, ㉰
② ㉮, ㉯, ㉱
③ ㉯, ㉰, ㉱
④ ㉮, ㉯, ㉰, ㉱

문 11. 다음 〈보기〉의 대상물에 공통으로 설치하는 소방시설은?

┤ 보 기 ├
• 보물 또는 국보로 지정된 목조건축물
• 병원, 종합병원, 한방병원, 치과병원, 요양병원(정신병원과 의료재활시설은 제외한다)
• 근린생활시설 중 의원, 치과의원, 한의원에 입원실이 있는 것
• 판매시설 중 전통시장

① 자동화재탐지설비

② 자동화재속보설비

③ 스프링클러설비

④ 간이스프링클러설비

문 12. 방염성능기준 이상의 실내장식물 등을 설치하여야 하는 특정소방대상물에 해당하는 것을 모두 고르면?

㉠ 근린생활시설 중 의원, 조산원, 산후조리원, 공연장, 종교 집회장, 체력단련장
㉡ 건축물의 옥내에 있는 시설 중 운동시설(수영장 제외)
㉢ 의료시설
㉣ 숙박이 가능한 수련시설
㉤ 층수가 11층 이상인 특정소방대상물(아파트 제외)
㉥ 교육연구시설 중 합숙소
㉦ 노유자시설

① ㉡, ㉣, ㉥, ㉦
② ㉠, ㉢, ㉥
③ ㉡, ㉢, ㉣, ㉤, ㉥, ㉦
④ ㉠, ㉡, ㉢, ㉣, ㉤, ㉥, ㉦

문 13. 제조소등의 용도폐지는 시·도지사에게 용도를 폐지한 날부터 (   )일 이내에 신고하여야 하는가?

① 1일
② 10일
③ 14일
④ 30일

문 14. 「위험물안전관리법」상 위험물시설의 설치 및 변경에 관한 내용으로 옳지 않은 것은?

① 제조소등을 설치하고자 하는 자는 그 설치장소를 관할하는 시·도지사의 허가를 받아야 한다.
② 제조소등의 위치·구조 또는 설비를 변경하고자 하는 때에는 그 설치장소를 관할하는 시·도지사에게 신고하여야 한다.
③ 지정수량의 배수를 변경하고자 하는 자는 변경하고자 하는 날의 7일 전까지 시·도지사에게 신고하여야 한다.
④ 농예용으로 필요한 난방시설을 위한 지정수량 20배 이하의 저장소는 허가를 받지 아니하고 설치할 수 있다.

문 15. 「위험물안전관리법령」상 주유취급소에 대하여 옳은 것은?

① 주유를 받으려는 자동차 등이 출입할 수 있도록 너비 10m 이상, 길이 5m 이상의 콘크리트 등으로 포장한 공지를 보유하여야 한다.
② 황색바탕에 흑색문자로 "주유 중 엔진정지"라는 표시를 한 게시판을 설치하여야 한다.
③ 주유취급소의 주위에는 자동차 등이 출입하는 쪽 외의 부분에 높이 3m 이상의 내화구조 또는 불연재료의 담 또는 벽을 설치하여야 한다.
④ 고정주유설비 또는 고정급유설비의 주유관의 길이 3m 이내로 한다.

문 16. 제조소등의 관계인은 해당 제조소등의 화재예방과 화재 등 재해발생시의 비상조치를 위하여 예방규정을 정하여 해당 제조소등의 사용을 시작하기 전에 시·도지사에게 제출하여야 한다. 예방규정을 정하여야 하는 제조소등으로 맞는 것은?

① 지정수량 10배 이상의 위험물을 취급하는 제조소
② 지정수량 100배 이상의 위험물을 취급하는 옥내저장소
③ 지정수량 150배 이상의 위험물을 취급하는 옥외탱크저장소
④ 지정수량 150배 이상의 위험물을 취급하는 옥내탱크저장소

문 17. 「소방기본법령」상 인접하고 있는 시·도간 소방업무의 상호응원협정을 체결하고자 할 때 포함되어야 하는 사항으로 틀린 것은?

① 소방교육·훈련의 종류에 관한 사항
② 화재의 경계·진압활동에 관한 사항
③ 출동대원의 수당·식사 및 피복의 수선의 소요경비의 부담에 관한 사항
④ 화재조사활동에 관한 사항

문 18. 「소방시설공사업법」상 소방시설업에 해당하는 것을 옳게 고른 것은?

가. 소방시설감리업 나. 방염처리업 다. 소방시설설계업 라. 소방시설관리업 마. 소방시설공사업 바. 소방시설점검업

① 가, 다, 라, 마
② 나, 라
③ 가, 나, 다, 마
④ 나, 다, 마

문 19. 「소방시설공사업법」에서 규정하고 있는 도급계약의 해지 기준이 <u>아닌</u> 것은?

① 소방시설업이 등록취소되거나 영업정지된 경우

② 소방시설업을 휴업하거나 폐업한 경우

③ 정당한 사유 없이 30일 이상 소방시설공사를 계속하지 아니하는 경우

④ 소방시설업을 지위승계한 경우

문 20. 「위험물안전관리법령」상 정기점검대상에 해당하지 <u>않는</u> 것은?

① 지정수량 100배 이상의 옥외저장소

② 간이탱크저장소

③ 암반탱크저장소

④ 지정수량 200배 이상의 옥외탱크저장소

🕐 **시간 체크**   풀이 시간 ___ : ___ ~ ___ : ___   소요 시간 ___ : ___

📑 **Timer**   신중 18분 / 적정 15분 / 빠름 10분

문 1. 주유취급소에 있는 고정주유설비의 주위에는 주유를 받으려는 자동차 등이 출입할 수 있도록 너비 몇 m 이상, 길이 몇 m 이상의 콘크리트 등으로 포장한 공지를 보유하여야 하는가?

① 16m, 5m

② 15m, 6m

③ 8m, 15m

④ 12m, 6m

문 3. 다음 〈보기〉의 빈칸에 들어갈 내용으로 바르게 연결된 것은?

┤ 보 기 ├

• 제조소등의 관계인은 제조소등의 사용을 중지(경영상 형편, 대규모 공사 등의 사유로 (㉠)개월 이상 위험물을 저장하지 아니하거나 취급하지 아니하는 것을 말한다. 이하 같다)하려는 경우에는 위험물의 제거 및 제조소등에의 출입통제 등 행정안전부령으로 정하는 안전조치를 하여야 한다. 다만, 제조소등의 사용을 중지하는 기간에도 제15조 제1항 본문에 따른 위험물안전관리자가 계속하여 직무를 수행하는 경우에는 안전조치를 아니할 수 있다.

• 제조소등의 관계인은 제조소등의 사용을 중지하거나 중지한 제조소등의 사용을 재개하려는 경우에는 해당 제조소등의 사용을 중지하려는 날 또는 재개하려는 날의 (㉡)일 전까지 행정안전부령으로 정하는 바에 따라 제조소등의 사용 중지 또는 재개를 시·도지사에게 신고하여야 한다.

	㉠	㉡
①	3	14
②	3	30
③	6	14
④	6	30

문 2. 시·도지사는 제조소등에 대한 사용의 정지가 그 이용자에게 심한 불편을 주거나 그 밖에 공익을 해칠 우려가 있는 때에는 사용정지처분에 갈음하여 얼마 이하의 과징금을 부과할 수 있는가?

① 1천만 원

② 2천만 원

③ 3천만 원

④ 2억 원

문 4. 「위험물안전관리법」상 안전교육에 대한 설명이다. 옳지 않은 것은?

① 안전관리자로 선임된 자·탱크시험자의 기술 인력으로 종사하는 자·관계인은 해당 업무에 관한 능력의 습득 또는 향상을 위하여 소방청장이 실시하는 교육을 받아야 한다.

② 제조소등의 관계인은 교육대상자에 대하여 필요한 안전교육을 받게 하여야 한다.

③ 시·도지사, 소방본부장 또는 소방서장은 교육대상자가 교육을 받지 아니한 때에는 그 교육대상자가 교육을 받을 때까지 그 자격으로 행하는 행위를 제한할 수 있다.

④ 소방청장은 안전교육을 강습교육과 실무교육으로 구분하여 실시한다.

문 5. 「화재예방, 소방시설 설치·유지 및 안전관리에 관한 법」에서 규정한 청문사유에 해당하지 않는 것은?

① 관리사 자격의 취소 및 정지

② 소방용품의 형식승인 취소 및 제품검사 중지

③ 소방안전관리자 자격의 취소 및 정지

④ 전문기관의 지정취소 및 업무정지

문 6. 관계인이 소방안전관리보조자를 선임하여야 하는 특정소방대상물과 관련하여 옳지 않은 것은?

① 주택으로 쓰는 층수가 5개 층 이상인 아파트

② 아파트를 제외한 연면적이 3만제곱미터 이상인 특정소방대상물

③ 공동주택의 기숙사, 의료시설

④ 노유자시설, 수련시설 및 숙박시설

문 7. 다음은 「소방기본법」에 규정된 내용이다. 옳지 않은 것은?

① 국가는 소방장비의 구입 등 시·도의 소방업무에 필요한 경비의 일부를 보조한다.

② 소방자동차의 우선 통행에 관하여는 「도로교통법」에서 정하는 바에 따른다.

③ 소방청장 또는 소방본부장, 소방서장은 소방시설, 소방공사 및 위험물안전관리 등과 관련된 법령해석 등의 민원을 종합적으로 접수하여 처리할 수 있는 기구(이하 이 조에서 "소방기술민원센터"라 한다)를 설치·운영할 수 있다.

④ 시·도지사는 소방활동에 필요한 소화전(消火栓)·급수탑(給水塔)·저수조(貯水槽)(이하 "소방용수시설"이라 한다)를 설치하고 유지·관리하여야 한다. 다만, 「수도법」 제45조에 따라 소화전을 설치하는 일반수도사업자는 관할 소방서장과 사전협의를 거친 후 소화전을 설치하여야 하며, 설치 사실을 관할 소방서장에게 통지하고, 그 소화전을 유지·관리하여야 한다.

문 8. 공사업자가 착공신고 후에 변경신고를 해야 할 중요한 사항에 해당되지 않는 것은?

① 시공자

② 설치되는 소방시설의 종류

③ 영업소 소재지

④ 책임시공 및 기술관리 소방기술자

문 9. 다음 〈보기〉는 자체소방대 설치 대상이다. 빈칸에 들어갈 내용으로 바르게 연결된 것은?

┌─ 보 기 ├─

• 제조소 또는 일반취급소에서 취급하는 제4류 위험물의 최대수량의 합이 지정수량의 3천배 이상

• (㉠)에 저장하는 제4류 위험물의 최대수량이 지정수량의 (㉡)만배 이상

	㉠	㉡
①	옥외탱크저장소	10
②	옥내탱크저장소	50
③	옥내탱크저장소	10
④	옥외탱크저장소	50

문 10. 「소방기본법」에 규정된 화재조사에 관한 설명이다. 옳지 않은 것은?

① 발화원인조사, 사상자정보 및 사상발생 원인, 초기 소화상황 조사 등은 화재원인조사에 해당된다.

② 화재조사의 방법 및 전담조사반의 운영과 화재조사자의 자격 등 화재조사에 필요한 사항은 행정안전부령으로 정한다.

③ 소방청장, 소방본부장 또는 소방서장은 화재조사를 하기 위하여 필요하면 관계인에게 보고 또는 자료 제출을 명하거나 관계 공무원으로 하여금 관계 장소에 출입하여 화재의 원인과 피해의 상황을 조사하거나 관계인에게 질문하게 할 수 있다.

④ 소방청장, 소방본부장 또는 소방서장은 화재가 발생하였을 때에는 화재의 원인 및 피해 등에 대한 조사(이하 "화재조사"라 한다)를 하여야 한다.

문 11. 공사감리자 지정대상 특정소방대상물의 범위에 해당되지 않는 것은?

① 물분무등소화설비(호스릴 방식의 소화설비는 제외한다)를 신설·개설하거나 방호·방수 구역을 증설할 때

② 옥외소화전설비를 신설·개설 또는 증설할 때

③ 자동화재탐지설비를 신설·개설할 때

④ 비상경보설비를 신설 또는 개설할 때

문 12. 완공검사를 위한 현장확인 대상 특정소방대상물의 범위에 해당되지 않는 것은?

① 가연성가스를 제조·저장 또는 취급하는 시설 중 지상에 노출된 가연성가스탱크의 저장용량 합계가 1천 톤 이상인 시설

② 연면적 2만m² 이상 특정소방대상물

③ 11층 이상의 특정소방대상물(아파트는 제외한다)

④ 다중이용업소, 노유자시설, 판매시설, 문화 및 집회시설, 창고시설, 운동시설

문 13. 특정소방대상물 가운데 대통령령으로 정하는 소방시설을 설치하지 아니할 수 있는 경우에 해당되지 않는 경우는?

① 화재 위험도가 낮은 특정소방대상물

② 화재안전기준을 적용하기 어려운 특정소방대상물

③ 화재안전기준을 다르게 적용하여야 하는 특수한 용도 또는 구조를 가진 특정소방대상물

④ 「위험물안전관리법」에 따른 자위소방대가 설치된 특정소방대상물

문 14. 소방자동차의 공무상 운행 중 교통사고가 발생한 경우 그 운전자의 법률상 분쟁에 소요되는 비용을 지원할 수 있는 보험에 가입하여야 자는 누구인가?

① 소방청장

② 시·도지사

③ 소방본부장

④ 소방서장

문 15. 위험물탱크안전성능검사의 신청시기와 관련하여 옳지 않은 것은?

① 기초·지반검사 – 위험물탱크의 기초 및 지반에 관한 공사의 개시 전

② 충수·수압검사 – 위험물을 저장 또는 취급하는 탱크에 배관 그 밖의 부속설비를 부착한 후

③ 용접부검사 – 탱크본체에 관한 공사의 개시 전

④ 암반탱크검사 – 암반탱크의 본체에 관한 공사의 개시 전

문 16. 그 관리의 권원(權原)이 분리되어 있는 것 가운데 소방본부장이나 소방서장이 지정하는 특정소방대상물의 관계인이 행정안전부령으로 정하는 바에 따라 대통령령으로 정하는 자를 공동소방안전관리자로 선임하여야 하는 특정소방대상물에 해당되지 않는 것은?

① 복합건축물로서 연면적이 4천제곱미터 이상인 것 또는 층수가 5층 이상인 것
② 고층 건축물(지하층을 제외한 층수가 11층 이상인 건축물만 해당한다)
③ 지하가(지하의 인공구조물 안에 설치된 상점 및 사무실, 그 밖에 이와 비슷한 시설이 연속하여 지하도에 접하여 설치된 것과 그 지하도를 합한 것을 말한다)
④ 판매시설 중 도매시장 및 소매시장, 전통시장

문 17. 건축허가등의 동의대상의 범위와 관련하여 옳지 않은 것을 고르시오.

① 학교시설은 연면적이 100m² 이상
② 연면적 200m² 미만인 단독주택 또는 공동주택에 설치한 학대피해노인 전용쉼터
③ 지하층 또는 무창층이 있는 건축물로서 바닥면적이 150m²(공연장의 경우에는 100m²) 이상인 층이 있는 것
④ 조산원, 산후조리원, 위험물 저장 및 처리 시설, 발전시설 중 전기저장시설, 지하구

문 18. 소방시설공사업자의 시공능력 평가 및 공시권자는 누구인가?

① 소방청장
② 행정안전부장관
③ 시·도지사
④ 소방본부장 또는 소방서장

문 19. 다음은 「소방시설공사업법」에 규정된 정의이다. 옳지 않은 것은?

① 소방시설설계업이란 소방시설공사에 기본이 되는 공사계획, 설계도면, 설계 설명서, 기술계산서 및 이와 관련된 서류(이하 "설계도서"라 한다)를 작성(이하 "설계"라 한다)하는 영업을 말한다.
② 소방시설공사업이란 설계도서에 따라 소방시설을 신설, 증설, 개설, 이전 및 정비(이하 "시공"이라 한다)하는 영업을 말한다.
③ 소방공사감리업이란 소방시설공사에 관한 공사업자의 권한을 대행하여 소방시설공사가 설계도서와 관계 법령에 따라 적법하게 시공되는지를 확인하고, 품질·시공 관리에 대한 기술지도를 하는(이하 "감리"라 한다) 영업을 말한다.
④ 감리원이란 소방공사감리업자에 소속된 소방기술자로서 해당 소방시설공사를 감리하는 사람을 말한다.

문 20. 소방용수시설의 설치 및 관리의 기준으로 옳지 않은 것은?

① 시·도지사는 소방활동에 필요한 소화전·급수탑·저수조를 설치하고 유지·관리하여야 한다.
② 소방본부장 또는 소방서장은 소방자동차의 진입이 곤란한 지역 등 화재발생 시에 초기 대응이 필요한 지역으로서 대통령령으로 정하는 지역에 소방호스 또는 호스 릴 등을 소방용수시설에 연결하여 화재를 진압하는 시설이나 장치(이하 "비상소화장치"라 한다)를 설치하고 유지·관리할 수 있다.
③ 소방본부장 또는 소방서장은 원활한 소방활동을 위하여 소방용수시설 및 지리조사를 월 1회 이상 실시하여야 하며 그 조사 결과를 2년간 보관하여야 한다.
④ 소방용수시설 설치의 기준은 행정안전부령으로 정한다.

🕐 시간 체크   풀이 시간 ___ : ___ ~ ___ : ___ 소요 시간 ___ : ___

📋 Timer   신중 18분 / 적정 15분 / 빠름 10분

문 1. 「화재예방, 소방시설 설치·유지 및 안전관리에 관한 법령」에 따른 소방시설에 대한 작동기능점검과 종합정밀점검을 실시한 경우 작동기능점검결과 및 종합정밀점검결과 기록보관 기간과 소방본부장과 소방서장에게 소방시설등 자체점검결과 보고서 제출기간을 바르게 연결한 것은?

	점검결과 기록보관 기간	점검결과 보고서 제출기간
①	1년 간	점검 후 7일 이내
②	2년 간	점검 후 30일 이내
③	1년 간	점검 후 30일 이내
④	2년 간	점검 후 7일 이내

문 2. 「화재예방, 소방시설 설치·유지 및 안전관리에 관한 법률」상 화재안전정책기본계획 등의 수립 및 시행에 관한 내용으로 옳지 않은 것은?

① 기본계획에는 화재안전분야 국제경쟁력 향상에 관한 사항이 포함되어야 한다.

② 소방청장은 기본계획을 시행하기 위하여 매년 시행계획을 수립·시행하여야 한다.

③ 기본계획은 행정안전부령으로 정하는 바에 따라 소방청장이 관계 중앙행정기관의 장과 협의하여 수립한다.

④ 국가는 화재안전 기반 확충을 위하여 화재안전정책에 관한 기본계획을 5년마다 수립·시행하여야 한다.

문 3. 「소방시설공사업법 시행령」상 소방시설공사가 공사감리 결과보고서대로 완공되었는지를 현장에서 확인할 수 있는 대상으로 옳지 않은 것은?

① 업무시설 및 교육연구시설

② 스프링클러설비등이 설치된 특정소방대상물

③ 연면적 1만제곱미터 이상이거나 11층 이상인 특정소방대상물 (아파트는 제외)

④ 가연성가스를 제조·저장 또는 취급하는 시설 중 지상에 노출된 가연성가스탱크의 저장용량 합계가 1천 톤 이상인 시설

문 4. 다음 중 「위험물안전관리법」상 정기점검대상으로 옳지 않은 것은?

① 지정수량 120배의 옥외저장소

② 지정수량 210배의 옥내탱크저장소

③ 이동탱크저장소

④ 암반탱크저장소

문 5. 다음 중 「소방기본법령」상 손실보상에 대한 설명으로 옳지 않은 것은?

① 소방청장 또는 시·도지사는 손실을 입은 자에게 손실보상심의위원회의 심사·의결에 따라 정당한 보상을 하여야 한다.

② 손실보상을 청구할 수 있는 권리는 손실이 있음을 안 날부터 3년, 손실이 발생한 날부터 5년간 행사하지 아니하면 시효의 완성으로 소멸한다.

③ 소방청장 또는 시·도지사는 손실보상청구 사건을 심사·의결하기 위하여 손실보상심의위원회를 둔다.

④ 손실보상의 기준, 보상금액, 지급절차 및 방법, 손실보상심의위원회의 구성 및 운영, 그 밖에 필요한 사항은 행정안전부령으로 정한다.

문 6. 소방시설공사업자의 시공능력평가액을 산정할 때 기준이 되는 것을 모두 고르면?

> ㉠ 실적평가액　　㉡ 자본금평가액
> ㉢ 기술력평가액　㉣ 경력평가액
> ㉤ 신인도평가액

① ㉠, ㉡
② ㉠, ㉡, ㉢
③ ㉠, ㉡, ㉢, ㉢
④ ㉠, ㉡, ㉢, ㉣, ㉤

문 7. 「소방시설공사업법」상 용어의 정의로 옳지 <u>않은</u> 것은?

① 소방시설업자란 소방시설업을 경영하기 위하여 소방시설업을 등록한 자를 말한다.
② 감리원이란 소방공사감리업자에 소속된 소방기술자로서 해당 소방시설공사를 감리하는 사람을 말한다.
③ 발주자란 소방시설의 설계, 시공, 감리 및 방염(이하 "소방시설공사등"이라 한다)을 소방시설업자에게 도급하는 자를 말한다.
④ 소방공사감리업은 소방시설공사에 관한 관계인의 권한을 대행하여 소방시설공사가 설계도서와 관계 법령에 따라 적법하게 시공되는지를 확인하고, 품질·시공 관리에 대한 기술지도를 하는(이하 "감리"라 한다) 영업을 말한다.

문 8. 다음 〈보기〉에서 노유자시설에 설치하는 소방시설 중 변경된 강화된 대통령령 또는 화재안전기준을 적용하는 것이 <u>아닌</u> 것을 모두 고르면?

> ┤ 보 기 ├
> ㉠ 간이스프링클러설비
> ㉡ 자동화재탐지설비
> ㉢ 스프링클러설비
> ㉣ 단독경보형감지기
> ㉤ 연결송수관설비
> ㉥ 제연설비

① ㉠, ㉡, ㉣
② ㉡, ㉢, ㉤, ㉥
③ ㉢, ㉤, ㉥
④ ㉠, ㉣

문 9. 수납하는 제5류 위험물 운반용기의 외부에 표시하여야 하는 주의사항으로 옳은 것은?

① 화기주의
② 화기엄금 및 물기엄금
③ 화기엄금 및 충격주의
④ 화기엄금 및 가연물 접촉주의

문 10. 소방시설업자가 설계, 시공 또는 감리를 수행하게 한 특정소방대상물의 관계인에게 지체 없이 그 사실을 알려야 하는 사항이 <u>아닌</u> 것은?

① 소방시설업자의 지위를 승계한 경우
② 소방시설업의 등록취소처분 또는 영업정지처분을 받았을 경우
③ 휴업하거나 폐업을 하였을 경우
④ 소방기술인력을 변경하였을 경우

문 11. 다음 위험물시설의 설치 및 변경 등에 대한 설명 중 옳지 <u>않은</u> 것은?

① 농예용·축산용 또는 수산용으로 필요한 난방시설 또는 건조시설을 위한 지정수량 30배 이하의 저장소의 경우는 허가를 받지 아니하고 해당 제조소등을 설치하거나 그 위치·구조 또는 설비를 변경할 수 있으며, 신고를 하지 아니하고 위험물의 품명·수량 또는 지정수량의 배수를 변경할 수 있다.
② 주택의 난방시설을 위한 저장소는 허가를 받지 아니하고 위험물의 품명·수량 또는 지정수량의 배수를 변경할 수 있다.
③ 위험물 지정수량의 배수·품명 또는 수량변경의 경우에는 변경하고자 하는 날의 1일 전까지 시·도지사에게 신고하여야 한다.
④ 제조소등을 설치하고자 하는 자는 대통령령이 정하는 바에 따라 그 설치장소를 관할하는 시·도지사의 허가를 받아야 한다.

문 12. 다음 중 한국소방안전원의 운영 경비 재원에 해당하지 <u>않는</u> 것은?

① 업무 수행에 따른 수입금
② 국고보조금
③ 자산운영수익금
④ 회원의 회비

문 13. 「화재예방, 소방시설 설치·유지 및 안전관리에 관한 법률 시행령」상 방염성능기준 이상의 실내장식물 등을 설치하여야 하는 근린생활시설의 종류에 해당하지 <u>않는</u> 것은?

① 학원
② 공연장
③ 체력단련장
④ 의원

문 14. 다음 중 위험물제조소의 환기설비 설치기준이 <u>아닌</u> 것은?

① 급기구는 높은 곳에 설치하고 가는 눈의 구리망 등으로 인화방지망을 설치한다.
② 급기구 설치는 바닥면적 150m²당 1개 이상으로 설치한다.
③ 환기는 자연배기 방식으로 한다.
④ 환기구 높이는 지붕 위 또는 지상 2m 이상으로 한다.

문 15. 다음 중 「소방기본법 시행령」상 화재경계지구에 관한 설명으로 옳지 <u>않은</u> 것은?

① 소방본부장 또는 소방서장은 화재경계지구안의 소방대상물의 위치·구조 및 설비 등에 대한 소방특별조사를 연 1회 이상 실시하여야 한다.
② 소방본부장 또는 소방서장은 화재경계지구 안의 관계인에 대하여 소방상 필요한 훈련 및 교육을 연 1회 이상 실시할 수 있다.
③ 소방본부장 또는 소방서장은 소방상 필요한 훈련 및 교육을 실시하고자 하는 때에 화재경계지구 안의 관계인에게 훈련 또는 교육 10일 전까지 그 사실을 통보하여야 한다.
④ 시·도지사는 화재경계지구의 지정 현황 등을 대통령령으로 정하는 화재경계지구 관리대장에 작성하고 관리하여야 한다.

문 16. 다음 중 지하탱크저장소의 위치·구조 및 설비의 기준에 대한 설명으로 옳지 <u>않은</u> 것은?

① 탱크전용실은 지하의 가장 가까운 벽·피트·가스관 등의 시설물 및 대지경계선으로부터 0.1m 이상 떨어진 곳에 설치하여야 한다.
② 지하저장탱크와 탱크전용실의 안쪽과의 사이는 0.1m 이상의 간격을 유지하도록 하여야 한다.
③ 탱크의 주위에 마른 모래 또는 습기 등에 의하여 응고되지 아니하는 입자지름 10mm 이하의 마른 자갈분을 채워야 한다.
④ 위험물을 저장 또는 취급하는 지하탱크는 지면하에 설치된 탱크전용실에 설치하여야 한다.

문 17. 다음 중 생활안전활동에 해당하는 것은?

① 단전사고 시 비상전원 또는 조명의 공급
② 집회·공연 등 각종 행사 시 사고에 대비한 근접대기 지원활동
③ 소방시설 오작동 신고에 따른 조치활동
④ 산불에 대한 예방·진압 등 지원활동

문 18. 「소방시설공사업법 시행령」상 업무의 위탁에 대한 설명으로 옳지 <u>않은</u> 것은?

① 시·도지사는 소방시설업 등록신청의 접수 및 신청내용의 확인에 관한 업무를 소방시설업자협회에 위탁한다.

② 소방청장은 소방기술과 관련된 자격·학력·경력의 인정 업무를 소방시설업자협회, 소방기술과 관련된 법인 또는 단체에 위탁한다.

③ 시·도지사는 소방시설공사업을 등록한 자의 시공능력 평가 및 공시에 관한 업무를 소방시설업자협회에 위탁한다.

④ 소방청장은 소방기술자 실무교육에 관한 업무를 소방청장이 지정하는 실무교육기관 또는 한국소방안전원에 위탁한다.

문 19. 다음 중 대통령령으로 정하는 소방용품이 <u>아닌</u> 것은?

① 소화설비 중 자동소화장치

② 경보설비 중 가스누설경보기 및 누전경보기

③ 피난구조설비 중 피난유도선

④ 방염도료

문 20. 다음 중 「소방기본법」상 용어의 정의로 옳지 <u>않은</u> 것은?

① "소방대상물"이란 건축물, 차량, 선박(「선박법」제1조의2 제1항에 따른 선박으로서 항구에 매어둔 선박만 해당한다), 선박 건조 구조물, 산림, 그 밖의 인공 구조물 또는 물건을 말한다.

② "관계지역"이란 소방대상물이 있는 장소만으로 화재의 예방·경계·진압, 구조·구급 등의 활동에 필요한 지역을 말한다.

③ "소방본부장"이란 특별시·광역시·특별자치시·도 또는 특별자치도에서 화재의 예방·경계·진압·조사 및 구조·구급 등의 업무를 담당하는 부서의 장을 말한다.

④ "소방대"란 화재를 진압하고 화재, 재난·재해, 그 밖의 위급한 상황에서 구조·구급 활동 등을 하기 위하여 소방공무원, 의무소방원, 의용소방대원으로 구성된 조직체를 말한다.

🕐 시간 체크   풀이 시간 ___ : ___ ~ ___ : ___ 소요 시간 ___ : ___

📋 Timer   신중 18분 / 적정 15분 / 빠름 10분

문 1. 「화재예방, 소방시설 설치·유지 및 안전관리에 관한 법령」상 1급 소방안전관리대상물에 대한 설명으로 옳지 <u>않은</u> 것은?

① 30층 이상이거나 지상으로부터 높이가 100미터 이상인 아파트

② 아파트를 제외한 연면적 1만 5천 제곱미터 이상인 특정소방대상물

③ 특정소방대상물로서 층수가 11층 이상인 특정소방대상물

④ 가연성 가스를 1천 톤 이상 저장·취급하는 시설

문 2. 「화재예방, 소방시설 설치·유지 및 안전관리에 관한 법률」에 의한 용어의 정의가 옳은 것은?

① "소방시설"이란 소화설비, 경보설비, 피난설비, 소화용수설비, 그 밖에 소화활동설비로서 총리령으로 정하는 것을 말한다.

② "소방시설 등"이란 소방시설과 비상구(非常口), 그 밖에 소방 관련 시설로서 총리령으로 정하는 것을 말한다.

③ "특정소방대상물"이란 소방시설을 설치하여야 하는 소방대상물로서 총리령으로 정하는 것을 말한다.

④ "소방용품"이란 소방시설 등을 구성하거나 소방용으로 사용되는 제품 또는 기기로서 대통령령으로 정하는 것을 말한다.

문 3. 발주자가 하수급인 또는 하도급계약 내용의 변경을 요구하려는 경우에는 하도급에 관한 사항을 통보받은 날 또는 그 사유가 있음을 안 날부터 며칠 이내에 서면으로 하여야 하는가?

① 5일

② 14일

③ 15일

④ 30일

문 4. 다음 중 「소방기본법」에서 규정하고 있는 용어의 정의 중 옳은 것은?

① "소방대상물"이란 건축물, 차량, 항해 중인 선박, 선박 건조 구조물, 산림, 그 밖의 인공 구조물 또는 물건을 말한다.

② "소방대장(消防隊長)"이란 소방본부장, 소방서장 또는 방화서장 등 화재, 재난·재해, 그 밖의 위급한 상황이 발생한 현장에서 소방대를 지휘하는 사람을 말한다.

③ "소방대(消防隊)"란 화재를 진압하고 화재, 재난·재해, 그 밖의 위급한 상황에서 구조·구급 활동 등을 하기 위하여 소방공무원, 의무소방원, 자위소방대원으로 구성된 조직체를 말한다.

④ "관계지역"이란 소방대상물이 있는 장소 및 그 이웃 지역으로서 화재의 예방·경계·진압, 구조·구급 등의 활동에 필요한 지역을 말한다.

문 5. 다음 중 침구류·소파 및 의자에 대하여 방염처리가 필요하다고 인정되는 경우에는 방염처리된 제품을 사용하도록 권장할 수 있는 장소에 해당하지 <u>않는</u> 것은?

① 다중이용업소

② 노유자시설

③ 위락시설

④ 장례식장

문 6. 다음 중 특수가연물 지정수량으로 옳은 것은?

① 볏짚류 - 500kg

② 넝마 - 1,000kg

③ 면화류 - 400kg

④ 나무껍질 및 대팻밥 - 200kg

문 7. 소방시설업자협회의 업무에 해당되지 않는 것은?

① 소방시설업의 기술발전과 소방기술의 진흥을 위한 조사·연구·분석 및 평가
② 소방산업의 발전 및 소방기술의 향상을 위한 지원
③ 화재 예방과 안전관리의식 고취를 위한 대국민 홍보
④ 소방시설업의 기술발전과 관련된 국제교류·활동 및 행사의 유치

문 8. 다음 중 소방시설관리업의 등록증, 등록수첩을 반납하여야 할 경우가 아닌 것은?

① 등록이 취소된 때
② 소방시설관리업을 휴·폐업한 때
③ 재교부 시
④ 지위승계 시

문 9. 다음 중 피난유도 안내정보의 제공방법에 해당되지 않는 것은?

① 연 1회 피난안내 교육을 실시하는 방법
② 분기별 1회 이상 피난안내방송을 실시하는 방법
③ 피난안내도를 층마다 보기 쉬운 위치에 게시하는 방법
④ 엘리베이터, 출입구 등 시청이 용이한 지역에 피난안내 영상을 제공하는 방법

문 10. 다음 중 성능위주설계를 해야 하는 특정소방대상물의 범위로 옳지 않은 것은?

① 50층 이상(지하층은 제외한다)이거나 지상으로부터 높이가 200미터 이상인 아파트등
② 연면적 20만제곱미터 이상인 특정소방대상물. 다만, [별표 2] 제1호에 따른 공동주택 중 주택으로 쓰이는 층수가 5층 이상인 주택(이하 이 조에서 "아파트등"이라 한다)은 제외한다.
③ 「초고층 및 지하연계 복합건축물 재난관리에 관한 특별법」 제2조 제2호에 따른 지하연계 복합건축물에 해당하는 특정소방대상물
④ 30층 이상(지하층을 포함한다)이거나 지상으로부터 높이가 100미터 이상인 특정소방대상물(아파트등은 제외한다)

문 11. 소방안전관리자 및 소방안전관리보조자에 대한 실무교육 등에 대한 내용으로 옳지 않은 것은?

① 안전원장은 소방안전관리(보조)자에 대한 실무교육을 6개월 이내에, 그 후에는 2년마다 1회 이상 실시하되, 소방청장의 승인을 얻어 10일 전까지 교육대상자에게 통보한다.
② 소방안전관리 강습교육 또는 실무교육을 받은 후 1년 이내에 선임된 사람은 받은 것으로 본다.
③ 안전원장은 실무교육이 끝난 날부터 30일 이내에 소방본부장, 소방서장에게 알려야 한다.
④ 소방본부장, 소방서장은 소방안전관리(보조)자의 선임신고를 받은 경우에는 7일 이내에 안전원장에게 통보하여야 한다.

문 12. 특정소방대상물의 관계인이 특정소방대상물의 규모·용도 및 수용인원 등을 고려하여 갖추어야 하는 소방시설 등의 종류에서 지하가 중 터널에 설치해야 하는 소방시설이 아닌 것은?

① 소화기구
② 자동화재속보설비
③ 비상콘센트설비
④ 연결송수관설비

문 13. 다음 중 소방안전관리대상물의 소방안전관리자의 업무가 아닌 것은?

① 피난계획에 관한 사항과 소방계획서의 작성 및 시행
② 자위소방대 및 초기대응체계의 구성·운영·교육
③ 화기취급의 감독, 소방훈련 및 교육
④ 소방시설, 소방관련 시설의 설치·유지·관리

문 14. 1종 판매취급소의 작업실(위험물을 배합하는 실)의 설치기준 중 옳지 않은 것은?

① 바닥면적 6m² 이상, 15m² 이하로 할 것
② 내화구조 또는 불연재료로 된 벽을 구획할 것
③ 출입구 문턱의 높이는 바닥면으로부터 0.15m 이상으로 할 것
④ 출입구에는 수시로 열 수 있는 자동폐쇄식의 갑종방화문을 설치할 것

문 15. 다음 중 초급 이상의 감리원을 보조감리원으로 두어야 하는 감리대상으로 옳지 않은 것은?

① 특급소방감리원
② 기술사특급소방감리원
③ 고급소방감리원
④ 중급소방감리원

문 16. 다음 중 방염대상물품 및 방염성능기준에 대한 설명으로 옳은 것은?

① 버너의 불꽃을 제거한 때부터 불꽃을 올리며 연소하는 상태가 그칠 때까지 시간은 10초 이내일 것
② 버너의 불꽃을 제거한 때부터 불꽃을 올리지 아니하고 연소하는 상태가 그칠 때까지 시간은 30초 이내일 것
③ 탄화(炭化)한 면적은 20m² 이내, 탄화한 길이는 50cm 이내일 것
④ 소방청장이 정하여 고시한 방법으로 발연량(發煙量)을 측정하는 경우 최대연기밀도는 700 이하일 것

문 17. 다음 중 「소방시설공사업법」의 목적이 아닌 것은?

① 소방기술을 진흥
② 국민의 생명, 신체 및 재산 보호
③ 공공의 안전을 확보
④ 국민경제에 이바지

문 18. 다음 중 중앙소방기술심의위원회의 심의 내용으로 옳지 않은 것은?

① 화재안전기준에 관한 사항
② 소방시설의 구조 및 원리 등에서 공법이 특수한 설계 및 시공에 관한 사항
③ 소방시설의 설계 및 공사감리의 방법에 관한 사항
④ 소방시설에 하자가 있는지의 판단에 관한 사항

문 19. 다음 중 3급 소방안전관리자 시험 응시자격기준과 관련하여 옳지 <u>않은</u> 것은?

① 의용소방대원으로 2년 이상 근무한 경력이 있는 사람
② 자체소방대의 소방대원으로 2년 이상 근무한 경력이 있는 사람
③ 경호공무원 또는 별정직공무원으로 1년 이상 안전검측 업무에 종사한 경력이 있는 사람
④ 경찰공무원으로 2년 이상 근무한 경력이 있는 사람

문 20. 다음 중 소방대원으로 옳은 것은?

① 의용소방대원
② 자위소방대
③ 위험물안전관리자
④ 소방안전관리자

시간 체크 　풀이 시간 ___ : ___ ~ ___ : ___ 소요 시간 ___ : ___

Timer 　신중 18분 / 적정 15분 / 빠름 10분

문 1. 「위험물안전관리법」상 3년 이하의 징역 또는 3천만 원 이하의 벌금에 처하는 위반행위는?

① 업무상 과실로 제조소 등에서 위험물을 유출·방출 또는 확산시켜 사람의 생명·신체 또는 재산에 대하여 위험을 발생시킨 자
② 제조소 등의 설치허가를 받지 아니하고 제조소 등을 설치한 자
③ 저장소 또는 제조소 등이 아닌 장소에서 지정수량 이상의 위험물을 저장 또는 취급한 자
④ 정기검사를 받지 아니한 관계인으로서 허가를 받은 자

문 2. 「위험물안전관리법」상 1천500만 원 이하의 벌금을 부과하는 위반행위에 해당되지 <u>않는</u> 것은?

① 위험물의 저장 또는 취급에 관한 중요기준에 따르지 아니한 자
② 안전관리자를 선임하지 아니한 관계인으로서 허가를 받은 자
③ 예방규정을 제출하지 아니하거나 변경명령을 위반한 관계인으로서 규정에 따른 허가를 받은 자
④ 위험물의 취급에 관한 안전관리와 감독을 하지 아니한 자

문 3. 「위험물안전관리법」상 1천만 원 이하의 벌금을 부과하는 위반행위에 해당되지 <u>않는</u> 것은?

① 90일 이내의 위험물 임시저장 승인을 받지 아니한 자
② 안전관리자 또는 그 대리자가 참여하지 아니한 상태에서 위험물을 취급한 자
③ 위험물의 운반에 관한 중요기준에 따르지 아니한 자
④ 출입·검사 시 관계인의 정당한 업무를 방해하거나 출입·검사 등을 수행하면서 알게 된 비밀을 누설한 자

문 4. 화재로 오인할만한 불을 피우거나 연막 소독을 실시할 때 신고해야 할 지역에 해당되지 <u>않는</u> 곳은?

① 소방시설·소방용수시설·소방출동로가 없는 지역
② 공장·창고가 밀집한 지역
③ 시장 지역
④ 위험물의 저장 및 처리시설이 밀집한 지역

문 5. 「기상법」제13조 제1항에 따른 이상기상(異常氣象)의 예보 또는 특보가 있을 때에는 화재에 관한 경보를 발령하고 그에 따른 조치를 할 수 있는 사람은?

① 대통령
② 소방청장
③ 시·도지사
④ 소방본부장·소방서장

문 6. 다음 중 소방본부장의 권한 사항으로 옳지 <u>않은</u> 것은?

① 화재의 예방상 위험하다고 인정되는 행위를 하는 사람에 대한 화재의 예방조치명령
② 소방활동에 필요한 소화전·급수탑·저수조 설치 유지 관리
③ 소방활동에 있어서 긴급한 때 이웃한 소방본부장에게 소방업무의 응원 요청
④ 화재, 재난·재해 그 밖의 위급한 상황 발생 시 소방활동종사명령

문 7. 일반음식점에서 조리를 위하여 불을 사용하는 설비를 설치하는 경우의 설치기준으로 옳지 **않은** 것은?

① 주방설비에 부속된 배기닥트는 0.5밀리미터 이상의 아연도금 강판 또는 이와 동등 이상의 내식성 불연 재료로 설치할 것

② 열을 발생하는 조리기구는 반자 또는 선반으로부터 0.5미터 이상 떨어지게 할 것

③ 열을 발생하는 조리기구로부터 0.15미터 이내의 거리에 있는 가연성 주요 구조부는 석면판 또는 단열성이 있는 불연 재료로 덮어씌울 것

④ 주방시설에는 동물 또는 식물의 기름을 제거할 수 있는 필터 등을 설치할 것

문 8. 다음 중 대통령령이 정하는 일부 국고보조대상이 **아닌** 것은?

① 소방용수시설
② 소방관서용 청사의 건축
③ 소방자동차
④ 소방전용통신설비

문 9. 소방안전교육사 시험 응시자격기준으로 옳지 **않은** 것은?

① 소방공무원으로 3년 이상 근무한 경력이 있는 사람
② 보육교사 자격을 취득한 후 3년 이상의 보육업무 경력이 있는 사람
③ 간호사 면허를 취득한 후 간호업무 분야에 1년 이상 종사한 사람
④ 의용소방대원으로 임명된 후 3년 이상 의용소방대 활동을 한 경력이 있는 사람

문 10. 국가와 지방자치단체가 화재안전정책을 수립·시행할 때 고려해야 할 원칙을 모두 고르면?

> ㄱ. 과학적 합리성의 원칙
> ㄴ. 가외성의 원칙
> ㄷ. 일관성의 원칙
> ㄹ. 구조성의 원칙
> ㅁ. 사전예방의 원칙
> ㅂ. 미래 예측성의 원칙

① ㄱ, ㄷ, ㅁ
② ㄴ, ㄹ, ㅂ
③ ㄱ, ㄷ, ㅂ
④ ㄴ, ㄹ, ㅁ

문 11. 다음 중 임시소방시설 중 비상경보장치를 설치한 것으로 보는 소방시설에 해당되는 것은?

① 비상방송설비, 자동화재탐지설비
② 자동식사이렌설비, 비상방송설비
③ 가스누설경보기, 누전경보기
④ 비상벨설비, 자동화재속보설비

문 12. 임시소방시설인 간이소화장치를 설치하는 공사의 작업 현장 범위에 대한 설명으로 옳지 **않은** 것은?

① 연면적 3천m² 이상
② 해당 층의 바닥면적이 150m² 이상인 지하층
③ 해당 층의 바닥면적이 600m² 이상인 무창층
④ 해당 층의 바닥면적이 600m² 이상인 4층 이상의 층

문 13. 다음 중 소방활동구역에 출입할 수 <u>없는</u> 사람은?

① 전기·가스·수도·통신·교통·기계 등의 업무에 종사하는
   사람으로서 원활한 소방활동을 위하여 필요한 사람
② 소방활동구역 안에 있는 소방대상물의 점유자
③ 취재인력 등 보도업무에 종사하는 사람
④ 소방대장이 소방활동을 위하여 출입을 허가한 사람

문 14. 다음 중 소방특별조사 결과에 따른 조치명령이 <u>아닌</u> 것은?

① 개수(改修)·이전·제거
② 사용폐쇄
③ 공사의 정지 또는 중지
④ 용도의 변경처분

문 15. 소방용수시설과 관련된 사항이 <u>아닌</u> 것은?

① 시·도지사는 소방활동에 필요한 소방용수시설을 설치하고
   유지·관리하여야 한다.
② 공업지역에 설치하는 경우 소방대상물과 수평거리 100m 이하
   마다 설치한다.
③ 소방용수시설 설치의 기준은 대통령령으로 정한다.
④ 소방본부장 또는 소방서장은 대상물에 인접한 도로의 폭, 교
   통상황, 토지의 고저, 건축물의 개황, 그 밖의 소방활동에 필
   요한 지리에 대한 조사를 월 1회 이상 조사한다.

문 16. 「소방시설공사업법」에서 청문 대상이 <u>아닌</u> 것은?

① 소방기술인정 자격정지처분
② 소방시설업의 영업정지처분
③ 소방기술인정 자격취소처분
④ 소방시설업의 등록취소처분

문 17. 「소방기본법」에 규정된 '생활안전활동' 사항에 해당되지
<u>않는</u> 것은?

① 붕괴, 낙하 등이 우려되는 고드름, 나무, 위험 구조물 등의 제
   거활동
② 위해동물, 벌 등의 포획 및 퇴치 활동
③ 끼임, 고립 등에 따른 위험제거 및 구출 활동
④ 소방시설 오작동 신고의 조치활동

문 18. 감리업자는 소방공사의 감리를 마쳤을 때에는 행정안전
부령으로 정하는 바에 따라 그 감리 결과를 서면으로 알려야 하는데,
다음 중 그 대상이 <u>아닌</u> 것은?

① 그 소방공사의 행정기관
② 그 특정소방대상물의 관계인
③ 그 소방시설공사의 도급인
④ 그 특정소방대상물의 공사를 감리한 건축사

문 19. 다음 중 소방정비 등의 국고보조 대상 사업범위가 <u>아닌</u> 것은?

① 공기호흡기
② 소방전용통신설비
③ 소방자동차
④ 소방관서용 청사의 건축

문 20. 단독주택, 공동주택(아파트, 기숙사 제외)에 설치해야 하는 소방시설로 옳은 것은?

가. 소화기
나. 유도표지
다. 피난기구
라. 단독경보형 감지기

① 가, 나
② 가, 다
③ 가, 라
④ 가, 나, 라

안심Touch

실전동형 모의고사

해설편 p.102

🕐 **시간 체크** 풀이 시간 ___ : ___ ~ ___ : ___ 소요 시간 ___ : ___

📋 **Timer** 신중 18분 / 적정 15분 / 빠름 10분

문 1. 다음 중 화재경계지구의 지정지역으로 옳지 <u>않은</u> 것은?

① 위험물 저장 및 처리시설이 있는 지역
② 석유화학제품을 생산하는 공장이 있는 지역
③ 소방용수시설 또는 소방출동로가 없는 지역
④ 산업단지

문 2. 암반탱크저장소의 위치·구조 및 설비의 기준에 대한 설명으로 옳지 <u>않은</u> 것은?

① 암반탱크는 암반투수계수가 1초당 10만분의 1m 이하인 천연 암반 내에 설치할 것
② 암반탱크는 저장할 위험물의 증기압을 억제할 수 있는 지하수면 하에 설치할 것
③ 암반탱크 내로 유입되는 지하수의 양은 암반 내의 지하수 충전량보다 많을 것
④ 암반탱크에 가해지는 지하수압은 저장소의 최대 운영압보다 항상 크게 유지할 것

문 3. 다음 중 소방특별조사위원회의 위원장은?

① 시·도지사
② 대통령
③ 소방본부장
④ 소방청장

문 4. 다음은 지하구에 대한 정의이다. 빈칸을 올바르게 채운 것은?

> 지하구란 전력·통신용의 전선이나 가스·냉난방용의 배관 또는 이와 비슷한 것을 집합수용하기 위하여 설치한 지하 인공구조물로서 사람이 점검 또는 보수를 하기 위하여 출입이 가능한 것 중 폭 (㉠)m 이상이고 높이가 (㉡)m 이상이며 길이가 (㉢)m 이상(전력 또는 통신사업용인 것은 500m 이상)인 것

① ㉠ - 1.8, ㉡ - 2, ㉢ - 100
② ㉠ - 1.5, ㉡ - 5, ㉢ - 200
③ ㉠ - 1.8, ㉡ - 2, ㉢ - 50
④ ㉠ - 1.5, ㉡ - 5, ㉢ - 50

문 5. 다음 중 황화린은 「위험물안전관리법」에 의할 때 몇 류 위험물에 해당하는가?

① 제1류 위험물
② 제2류 위험물
③ 제3류 위험물
④ 제4류 위험물

문 6. 합판·목재를 설치현장에서 방염처리한 경우의 방염성능 검사권자는?

① 시·도지사
② 한국소방산업기술원
③ 소방본부장
④ 소방서장

문 7. 다음 중 성능위주설계를 해야 하는 신축 특정소방대상물로 맞는 것은?

① 높이 120m인 특정소방대상물
② 연면적 10만m²인 특정소방대상물
③ 연면적 2만m²인 철도역사
④ 하나의 건축물에 영화관이 5개인 특정소방대상물

문 8. 자위소방대 및 초기대응체계의 구성, 운영 및 교육 등에 관한 내용으로 옳지 <u>않은</u> 것은?

① 소방안전관리대상물의 소방안전관리자는 해당 특정소방대상물이 이용되고 있는 동안 초기대응체계를 상시적으로 운영하여야 한다.
② 소방안전관리대상물의 소방안전관리자는 월 1회 이상 자위소방대를 소집하여 그 편성 상태를 점검하여야 한다.
③ 초기대응체계에 편성된 근무자 등에 대하여는 화재 발생 초기 대응에 필요한 기본 요령을 숙지할 수 있도록 소방교육을 실시하여야 한다.
④ 소방안전관리대상물의 소방안전관리자는 소방교육을 소방훈련과 병행하여 실시할 수 있다.

문 9. 화재경계지구의 지정대상지역에서의 내용으로 옳지 <u>않은</u> 것은?

① 소방본부장 또는 소방서장은 화재경계지구 안의 소방대상물의 위치·구조 및 설비 등에 대한 소방특별조사를 연 1회 이상 실시하여야 한다.
② 소방본부장 또는 소방서장은 화재경계지구 안의 관계인에 대하여 소방상 필요한 훈련 및 교육을 연 1회 이상 실시할 수 있다.
③ 소방본부장 또는 소방서장은 소방상 필요한 훈련 및 교육을 실시하고자 하는 때에는 화재경계지구 안의 관계인에게 훈련 또는 교육 15일 전까지 그 사실을 통보하여야 한다.
④ 시·도지사는 화재경계지구의 지정 현황, 소방특별조사의 결과, 소방설비 설치 명령 현황, 소방교육의 현황 등이 포함된 화재경계지구에서의 화재예방 및 경계에 필요한 자료를 매년 작성·관리하여야 한다.

문 10. 한국소방안전협회의 정관 변경은 누구의 인가를 받아야 하는가?

① 소방청장
② 국무총리
③ 시·도지사
④ 소방본부장·소방서장

문 11. 다음 중 「소방시설공사업법」에서 규정하고 있는 소방시설업이 <u>아닌</u> 것은?

① 소방시설설계업
② 소방시설공사업
③ 소방시설관리업
④ 소방공사감리업

문 12. 다음 중 공기호흡기를 설치하여야 하는 특정소방대상물이 <u>아닌</u> 것은?

① 수용인원 100명 이상인 문화 및 집회시설 중 영화상영관
② 판매시설 중 대규모점포
③ 운수시설 중 지하역사
④ 지하가 중 터널

문 13. 철도부지 밑에 이송취급소의 배관을 매설하는 경우 그 배관의 외면과 지표면과의 거리는 얼마 이상으로 하여야 하는가?

① 0.9m 이상
② 1.2m 이상
③ 1.8m 이상
④ 2.4m 이상

문 14. 위험물을 임시로 저장 또는 취급하는 경우 그 기간과 승인권자가 올바른 것은?

① 90일 이내 – 관할소방서장
② 180일 이내 – 관할소방서장
③ 90일 이내 – 시 · 도지사
④ 180일 이내 – 시 · 도지사

문 15. 화재안전정책기본계획 등의 수립 · 시행 사항이 <u>아닌</u> 것은?

① 화재발생의 여건 변화에 관한 사항
② 화재예방의 여건 변화에 관한 사항
③ 화재현황의 여건 변화에 관한 사항
④ 화재안전정책의 여건 변화에 관한 사항

문 16. 다음 중 소방안전관리보조자를 선임해야 할 대상이 <u>아닌</u> 것은?

① 공동주택 중 기숙사
② 위락시설
③ 노유자시설
④ 수련시설

문 17. 다음 중 화재를 진압하거나 인명구조활동을 위하여 사용하는 소화활동설비에 해당하지 <u>않는</u> 것은?

① 무선통신보조설비
② 연결살수설비
③ 비상콘센트설비
④ 상수도소화용수설비

문 18. 다음 중 소방대의 소방훈련의 종류가 <u>아닌</u> 것은?

① 현장지휘훈련
② 화재진압훈련
③ 인명구조훈련
④ 테러진압훈련

문 19. 특정소방대상물에 설치된 소방시설 등을 구성하는 것의 전부 또는 일부를 개설(改設), 이전(移轉) 또는 정비(整備)하는 공사를 하려면 대통령령으로 정하는 바에 따라 그 공사의 내용, 시공 장소, 그 밖에 필요한 사항을 소방본부장이나 소방서장에게 신고하여야 하는데, 다음 중 이에 해당하지 <u>않는</u> 것은?

① 비상콘센트설비의 전용회로 수리

② 수신반(受信盤)

③ 소화펌프

④ 동력(감시)제어반

문 20. 소방시설업자는 소방시설의 설계, 시공, 감리 및 방염을 하도급하려고 하거나 하수급인을 변경하는 경우에는 미리 관계인 및 발주자에게 알려야 한다. 이때 소방시설공사 등의 하도급통지서(전자문서로 된 소방시설공사 등의 하도급통지서 포함)에 첨부해야 할 서류에 포함되지 <u>않는</u> 것은?

① 하도급계약서 1부

② 예정공정표 1부

③ 하수급의 소방기술자격증 사본 1부

④ 하도급내역서 1부

안심Touch

젊었을 때 배움을 게을리한 사람은 과거를 상실하며 미래도 없다.

- 에우리피데스(Euripides) -

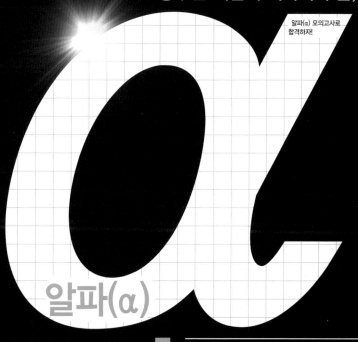

공무원 수험생이라면 주목!

9급 공무원

2022년 대비 시대고시기획이 준비한
과목별 *기출이 답이다 시리즈!*

국어
국가직 · 지방직 · 서울시 · 주요 공무원 채용 대비

영어
국가직 · 지방직 · 서울시 · 주요 공무원 채용 대비

한국사
국가직 · 지방직 · 서울시 · 주요 공무원 채용 대비

행정학개론
국가직 · 지방직 · 서울시 · 주요 공무원 채용 대비

행정법총론
국가직 · 지방직 · 서울시 · 주요 공무원 채용 대비

사회복지학개론
국가직 · 지방직 · 서울시 · 주요 공무원 채용 대비

합격의 길! 공무원 합격은 역시 기출이 답이다!

※ 도서의 이미지는 변동될 수 있습니다.

알파(α)

모의고사

소방공무원 20회

전문과목 소방학개론 · 소방관계법규

공무원 시험의 시작이자 끝,

알파(α)

모의고사

소방공무원 20회
전문과목 소방학개론 · 소방관계법규

공무원 시험의 시작이자 끝,

알파(α) 모의고사로
합격하자!

α

알파(α)

모의고사

2022
최/신/판

소방공무원 시험대비

합격의 공식 시대에듀

SD 소방공무원시험연구소 편저

소방공무원 전문과목 20회
정답 및 해설

소방학개론 · 소방관계법규

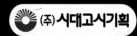

정답 및 해설 목차

소방공무원

전문과목

실전동형 모의고사

PART

1

정답 및 해설

소방학개론

정답 체크

01	02	03	04	05	06	07	08	09	10
②	②	①	③	②	①	③	④	①	①
11	12	13	14	15	16	17	18	19	20
④	③	③	①	④	②	①	④	②	④

01
답 ②

정답해설

② 표면연소를 하는 물질은 숯, 목탄, 금속분, 코크스 등이 있고, 나프탈렌, 파라핀(양초), 왁스, 고형알코올 등은 증발연소를 한다.

02
답 ②

정답해설

② ㉮ 가압송수장치인 소방펌프의 체절운전으로 인한 수온상승과 과압으로 배관이 파손되는 경우를 방지하기 위하여 설치하는 것은 순환배관 및 릴리프 밸브이다.
㉯ 평상 시 정기적으로 펌프의 성능을 시험하여 펌프 성능곡선의 양부 및 방사압과 토출량이 정상적인지 검사하기 위한 것으로 펌프 토출측 개폐밸브 이전에 분기하여 설치한 배관은 펌프성능시험배관이다.

출제자의 Point!

• 기동용수압개폐장치는 펌프의 2차측 개폐밸브 이후에서 분기하여 전 배관 내 압력을 감지하고 있다가 옥내소화전 개폐밸브인 앵글밸브를 열거나 혹은 화재로 인하여 주수 시 배관 내의 압력이 떨어지면 압력스위치가 작동하여 주펌프 또는 보조펌프를 자동으로 기동시키는 장치이다.
• 물올림장치(= 프라이밍 탱크, PRIMING TANK)는 펌프의 푸트밸브[Foot valve, 역류(낙하)방지기능] 고장으로 펌프실 및 흡입관 내의 물이 지하 등의 수조로 빠져 내려가면 펌프를 작동시켜도 물이 올라오지 않으므로 이 경우에 펌프에서 푸트밸브까지 물을 공급하여 언제든지 펌프만 작동하면 물이 흡입되어 끌어 올릴 수 있도록 준비시켜주는 100L 이상의 탱크이다.

03
답 ①

정답해설

① fool proof 원칙이란 화재 시 사람의 심리상태는 긴장 상태가 되어 인간의 행동특성에 따라 행동하는 것을 고려하여 원시적이고 간단명료하게 배려한 피난 대책을 말한다. 그 예는 다음과 같다.
1. 피난구조설비는 고정식설비보다 이동식설비 위주로 설치한다.
2. 피난 경로는 간단·명료하게 하도록 한다.
3. 피난 수단은 원시적인 방법에 의한 것을 원칙으로 한다.
4. 문은 피난방향으로 열 수 있도록 하며 회전식이 아닌 레버식으로 해둔다.

출제자의 Point!

fail-safe 원칙
한 가지 피난기구가 고장이 나도 다른 수단을 이용할 수 있도록 고려하는 원칙을 말한다.

04
답 ③

정답해설

③ 화학적 소화는 부촉매에 의한 소화 즉, 억제소화로서 화염이 존재하는 연소반응에서 라디칼을 제거하여 연소반응을 중단시키는 방법이다.

오답해설

① 가연물을 제거하여 연소현상을 제어하는 방법이다. → 제거소화
② 연소가 진행되고 있는 가연물의 열을 빼앗아 온도를 떨어뜨려 불을 끄는 방법이다. → 냉각소화
④ 연소의 조건 중 하나인 산소의 공급을 차단하여 소화효과를 달성하는 방법이다. → 질식소화

05 답 ②

정답해설

② 화재하중은 단위면적당 가연물의 중량을 의미한다.(=kg/m²) 화재구획의 공간이 넓으면 화재하중은 작아진다. 따라서 화재하중이 크다는 것은 화재구획의 공간은 작고 가연물의 중량은 크다는 것을 말한다.

06 답 ①

정답해설

① 산화열은 가연물이 산화반응으로 발열 축적된 것으로 발화하는 현상으로 석탄, 기름 종류(기름걸레, 건성유), 원면, 고무분말 등이 있다. 니트로글리세린은 제5류 위험물인 자기 반응성 물질로 분해열을 일으키는 물질이다.

출제자의 Point!

자연발화에 의한 열

구분	내용
분해열	물질에 열이 축적되어 서서히 분해할 때 생기는 열 예 셀룰로이드, 니트로셀룰로오스, 니트로글리세린, 아세틸렌, 산화에틸렌, 에틸렌 등
산화열	가연물이 산화반응으로 발열 축적된 것으로 발화하는 현상 예 석탄, 기름종류(기름걸레, 건성유), 원면, 고무분말 등
미생물열	미생물 발효현상으로 발생되는 열(= 발효열) 예 퇴비(두엄), 먼지, 곡물분 등
흡착열	가연물이 고온의 물질에서 방출하는 (복사)열을 흡수되는 것 예 다공성 물질의 활성탄, 목탄(숯) 분말 등
중합열	작은 다량의 분자가 큰 분자량의 화합물로 결합할 때 발생하는 열(= 중합반응에 의한 열) 예 시안화수소, 산화에틸렌 등

07 답 ③

정답해설

③ 비상콘센트설비에서 하나의 전용회로에 설치하는 비상콘센트의 개수는 10개 이하이다.

08 답 ④

정답해설

④ 일산화탄소를 봉입 후 압력을 상승시키면 연소범위가 좁아진다.

출제자의 Point!

연소범위의 특징

1. 연소범위는 가연성 가스와 공기가 혼합된 경우보다도 산소가 혼합되었을 경우 넓어지며, 연소 위험성이 커진다.
2. 불연성 가스(이산화탄소, 질소 등)를 주입하면 연소범위는 좁아진다.
3. 가스의 온도가 높아지면 연소범위는 넓어진다.
4. 가스압력이 높아지면 하한계는 크게 변하지 않으나 상한계는 상승한다. 따라서 압력이 높을수록 연소범위는 커진다.
5. 일산화탄소는 압력이 높아질수록 연소범위가 좁아진다.
6. 가연성 가스의 연소범위가 넓을수록 위험하다.

09 답 ①

정답해설

「재난 및 안전관리기본법」 제57조(항공기 등 조난사고 시의 긴급구조 등)
① 소방청장은 항공기 조난사고가 발생한 경우 항공기 수색과 인명구조를 위하여 항공기 수색 · 구조계획을 수립 · 시행하여야 한다. 다만, 다른 법령에 항공기의 수색 · 구조에 관한 특별한 규정이 있는 경우에는 그 법령에 따른다.

10 답 ①

정답해설

① 식용유화재시에는 제2종분말소화약제가 아니라 제1종분말소화약제(탄산수소나트륨)에 의한 비누화반응으로 식용유의 재발화의 위험성을 낮추는 질식소화를 유도한다.

11 답 ④

정답해설

④ 저온 액화가스(LNG, LPG 등)가 사고로 인해 물 위에 분출되었을 때 급격한 기화를 동반하는 비등현상으로 액상에서 기상으로의 급격한 상변화에 의해 폭발하는 것을 증기폭발이라고 한다. 또한 화염을 동반하지 않으며 물질의 화학적 분자구조가 변하지 않는 물리적 폭발에 해당된다.

오답해설

① 분진폭발, ② 중합폭발, ③ 분해폭발은 화염을 동반하며 물질의 화학적 분자구조가 변하는 화학적 폭발에 해당된다.

> **출제자의 Point!**
>
> **폭발의 분류**
> 1. 물리적 폭발
>   화염 ×, 분자구조가 변하지 않는다. 수증기 폭발, 증기폭발, 블레비현상 등이 있다.
> 2. 화학적 폭발
>   화염, 분자구조가 변한다. 산화폭발(가스폭발, 분무폭발, 분진폭발), 분해폭발, 중합폭발, 촉매폭발, 증기운폭발 등이 있다.

12 답 ③

정답해설

③ 중증도 분류와 표시색상이 옳은 것은 ③ 응급환자 – 황색이다.

> **출제자의 Point!**
>
> **중증도 분류와 그에 따른 표시색상**
> 1. 긴급환자 – 적색
> 2. 응급환자 – 황색
> 3. 비응급환자 – 녹색
> 4. 지연환자(사망) – 흑색

13 답 ③

정답해설

③ 가 – 복사, 나 – 절대온도 4제곱

> **출제자의 Point!**
>
> **복사**
> - 복사는 전도나 대류와는 달리 물질을 매개체로 하여 열에너지가 전달되는 것이 아니라 서로 떨어져 있는 두 물체 사이에 열에너지가 전자파 형태로 물체에 복사되는 것으로 다른 물체에 전파되어 흡수되면 열로 변하는 현상을 말한다.
> - 스테판–볼츠만 법칙에 의해 복사에너지는 열전달면적에 비례하고, 절대온도 4제곱에 비례한다.

14 답 ①

정답해설

① 문제에서 이상기체로 가정하기 때문에 이상기체상태방정식 또는 보일–샤를의 법칙을 적용하여 푼다. 그리고 이상기체는 온도, 압력이 변하더라도 부피는 변하지 않고 일정하다는 것을 전제로 한다.

보일–샤를의 법칙을 적용하여 문제를 풀면 다음과 같다.

P1V1 / T1 = P2V2 / T2

0.3 × V1 / (0 + 273) = P2 × V2 / (100 + 273)

탱크의 부피는 변화가 없기 때문에

V1 = V2,

P2 = 0.3 × (100 + 273) / (0 + 273) = 0.41

15 답 ④

정답해설

④ 자연발화성 및 금수성 물질인 제3류 위험물은 화재시 이산화탄소 소화약제 등 가스계소화약제에 의한 소화 적응성이 없다. 자연발화성 물질인 황린은 물에 의한 냉각소화가 적당하며, 나트륨 등 금수성 물질은 마른모래 등 건조사로 질식소화한다.

16 답 ②

정답해설

② 가스폭발이 분진폭발보다 최초폭발과 폭발압력이 더 크다.

> **출제자의 Point!**
>
> **가스폭발과 분진폭발의 비교**
> - 가스폭발보다 분진폭발은 최소발화에너지가 크다.
> - 가스폭발에 비해 분진폭발은 불완전연소가 심하므로 일산화탄소(CO)가 발생한다.
> - 1차 분진폭발의 영향으로 주위의 분진을 날리게 하여 2차·3차 폭발이 발생할 수 있다.
> - 가스폭발보다 분진폭발은 연소속도, 폭발압력은 작으나 연소시간이 길고 발생에너지가 크기 때문에 연소 시 그 물질의 파괴력과 그을음이 크다.
> - 분진폭발은 입자가 비산하므로 접촉되는 가연물은 국부적으로 심한 탄화 또는 화상도 유발한다.
> - 분진폭발의 발생에너지는 가스폭발의 수백 배 이상이고 온도는 탄화수소양이 많아 약 2천~3천℃까지 올라간다.
> - 가스폭발이 분진폭발에 비해 최초폭발과 폭발압력이 더 크다.

17 답 ①

정답해설

① 주위의 공기가 일정한 농도의 연기를 포함하게 되는 경우에 작동하는 것으로서 일국소의 연기에 의하여 <u>이온전류가 변화하여</u> 작동하는 감지기는 이온화식 감지기이다.

출제자의 Point!

감지기의 종류
1. 열감지기
   차동식 감지기, 정온식 감지기, 보상식 감지기
2. 연기감지기
   이온화식 감지기, 광전식 감지기
3. 특수형감지기
   불꽃감지기, 광전식 중 아날로그 방식 등

18 답 ④

정답해설

④ 이산화탄소소화설비 등 가스계소화설비의 방출방식에는 전역방출방식, 국소방출방식, 호스릴(이동식)방출방식이 있다. 집중방출방식은 해당하지 않는다.

19 답 ②

정답해설

② 소방서를 최초로 설치한 한 시기는 일제 강점기 중 1915년이 아니라 1925년으로 경성소방서이다.

20 답 ④

정답해설

④ 본문 〈보기〉의 내용은 유류저장탱크화재 시 이상현상으로 자세히 설명하면 다음과 같다.
  ㉮ 탱크의 저부에 물 또는 물−기름 에멀전이 존재하면 뜨거운 열에 의해 급격한 부피팽창에 의하여 유류가 탱크 외부로 분출되면서 화재가 확대되는 현상을 보일오버(boil over)라 한다.
  ㉯ 대개 뜨거운 아스팔트를 물이 들어 있는 탱크 속에 넣을 때 저장탱크 속의 물이 점성을 가진 뜨거운 기름의 표면 아래에서 끓을 때 화재를 수반하지 않고 기름이 거품을 일으키면서 넘쳐흐르는 현상을 프로스오버(froth over)라 한다.
  ㉰ 탱크 내 유류가 50% 이하로 저장된 경우, 외부의 뜨거운 열로 인한 내부 압력상승의 탱크 파열현상을 오일오버(oil over)라 한다.
  ㉱ 유류의 액표면 온도가 물의 비점 이상으로 올라가게 되어 소화용수가 뜨거운 액표면에 유입되게 되면 물이 수증기로 변하면서 급작스러운 부피 팽창에 의해 유류가 탱크 외부로 분출되면서 화재가 확대되는 현상을 슬롭오버(slop over)라 한다.

문제편 p.007

정답 체크

01	02	03	04	05	06	07	08	09	10
④	②	④	②	①	①	①	②	②	①
11	12	13	14	15	16	17	18	19	20
③	③	②	①	④	③	④	③	④	③

01
답 ④

정답해설

① ㄴ. 소방호스, ㄷ. 열화상카메라, ㅁ. 결합금속구는 화재진압장비에 해당한다.

오답해설

ㄱ. 소방자동차 - 기동장비

ㄹ. 유압전개기 - 중량물구조장비

ㅂ. 휴대용 윈치 - 중량물구조장비

02
답 ②

정답해설

② 제2종 분말소화약제는 식용유화재 시 비누화효과가 없다.

03
답 ④

정답해설

㉠ - 30, ㉡ - 50, ㉢ - 15, ㉣ - 10

「화재조사 및 보고규정」 제47조(조사결과 보고)

서장은 화재조사의 진행상황을 수시 보고하여야 하며 조사결과는 다음 각 호에 따라 본부장에게 보고하고 기록유지 하여야 한다.

1. 제45조 긴급상황보고에 해당하는 화재 : 별지 제3호 내지 제3-12호 서식 중 해당 서식과 별지 제4호, 별지 제5호 서식을 작성, 화재 인지로부터 30일 이내, 다만, 화재의 정확한 조사를 위하여 조사기간이 필요한 때는 총 50일 이내

2. 제1호에 해당하지 않는 일반화재 : 별지 제3호 서식부터 별지 제3-12호 서식 중 해당 서식과 별지4호, 별지 제5호 서식을 작성 화재 인지로부터 15일 이내

3. 제1호 및 제2호에 규정된 조사기간을 초과하여 조사가 필요한 경우 그 사유를 사전보고 후 추가 조사를 할 수 있다.

4. 감정기관에 감정의뢰 시 감정결과서를 받은 날로부터 10일 이내에 조사결과를 보고하고 기록·유지하여야 한다.

04
답 ②

정답해설

② 옥내소화전설비의 방수구는 바닥으로부터의 높이가 1.5m 이하가 되도록 설치하여야 한다.

출제자의 Point!

옥내소화전설비와 옥외소화전설비의 비교

구분	옥내소화전	옥외소화전
주수 형태	봉상주수	봉상주수
최소 규정 방수량	130L/min	350L/min
1개당 저수량	130L/min×20min = 2.6m³	350L/min×20min = 7m³
최대 설치 개수	최대 2개	최대 2개
유효 수원의 양	2.6m³×최대 2개 = 5.2m³	7m³×최대 2개 = 14m³
방수압	0.17Mpa 이상 ~ 0.7Mpa 이하	0.25Mpa 이상 ~ 0.7Mpa 이하
그 밖의 재원	• 소방대상물과 방수구와의 수평거리 : 25m 이하 • 소방호스의 구경 : 40mm 이상 • 노즐의 구경 : 13mm • 소화전함의 두께 : 1.5mm 이상 • 소화전함 문짝의 면적 : 0.5m² 이상	• 소방대상물과 소화전과의 수평거리 : 40m 이하 • 소방호스의 구경 : 65mm • 노즐의 구경 : 19mm • 옥외소화전과 소화전함과의 거리 : 5m 이내

05
정답 ①

정답해설

① 압축열, 마찰열, 마찰스파크, 충격은 기계적 점화원에 해당한다.

오답해설

② 용해열, ③ 연소열, ④ 분해열은 화학적 점화원에 해당한다.

출제자의 Point!

화학적 점화원의 종류
1. 연소열
2. 용해열
3. 자연발화에 의한 열
   ㉠ 분해열(셀룰로이드, 니트로셀룰로오스, 니트로글리세린, 아세틸렌, 산화에틸렌, 에틸렌 등)
   ㉡ 산화열(석탄, 원면, 건성유, 기름걸레)
   ㉢ 미생물열(퇴비)
   ㉣ 흡착열[다공성 물질의 활성탄, 목탄(숯) 분말 등]
   ㉤ 중합열(시안화수소, 산화에틸렌 등)

06
정답 ①

정답해설

① 목조건축물의 화재 시 플래시오버 도달시간(F·O·T) 및 최성기에 도달하는 시간이 내화건축물 화재보다 빠르게 나타난다. 화재진행속도가 빠르고 온도가 높으며 단시간 고온을 유지한다.

07
정답 ①

정답해설

① 일산화탄소(CO)는 공기허용농도가 50ppm이고, 화재로 인해 생성되는 연소생성물로 독성이 강하고 무색·무취로서 헤모글로빈과 결합하여 인체 산소결핍으로 질식 사망하게 하는 가스이다.

08
정답 ②

정답해설

② 유류저장 탱크 화재로 불꽃이 치솟는 유류표면에 포소화약제를 방출하면 탱크 윗면의 중앙부분은 질식소화로 불이 꺼져도 탱크 벽면은 포가 뜨거운 열에 의해 깨지는데, 그 벽면이 귀걸이의 링처럼 환상으로 불길이 남아서 지속되는 현상을 가리켜 '링파이어(Ring Fire, 윤화)'라 한다.

09
정답 ②

정답해설

② 화재로 인한 사망자 및 부상자 피해는 인명피해조사에 속한다.

오답해설

①·③·④는 재산피해조사에 속한다.

출제자의 Point!

화재조사의 종류
1. 화재원인조사
   발화원인 조사, 발견·통보 및 초기 소화상황 조사, 연소상황 조사, 피난상황 조사, 소방시설 등 조사
2. 피해조사
   (1) 재산피해조사
      ㉠ 열에 의한 파손, 탄화, 용융 등의 피해
      ㉡ 소화활동 중 사용된 물로 인한 피해
      ㉢ 연기, 물품반출, 화재로 인한 폭발 등에 의한 피해
   (2) 인명피해조사
      화재로 인한 사망자 및 부상자 피해

10
정답 ①

정답해설

① 자연재난은 장기적, 산발적으로 완만하게 진행한다. 인적재난은 단기적이며 급격하게 집중적으로 진행한다.

출제자의 Point!

자연재난과 인적재난의 비교
1. 자연재난의 특성
   (1) 예방이 어려운 불가항력적 특징이 강하다.
   (2) 광범위한 지역에 발생하며, 사상자 발생이 넓은 지역에서 산발적으로 발생된다.
   (3) 장기에 걸쳐 완만하게 진행된다.
   (4) 재난대응활동과 재난통제가 극히 제한적으로 진행된다.
   (5) 통제가 불가능한 것으로 인식된다.
2. 인적재난의 특성
   (1) 예방이 가능하다.
   (2) 국소지역에서 재산피해와 사상자가 집중적으로 발생된다.
   (3) 단기적으로 급격하게 발생한다.
   (4) 재난대응활동과 재난통제의 가능성이 상대적으로 높다.
   (5) 통제가 가능한 것으로 인식된다.

11 답 ③

정답해설

③ 지연환자는 사망 또는 치료불가능한 치명적 부상자가 속하며 분류색상은 흑색이다.

출제자의 Point!

중증도 분류

긴급환자 (적색, 토끼)	• 수분 혹은 수 시간 이내의 응급처치를 요구 • 기도폐쇄, 대량의 출혈, 수축기 혈압이 80mmHg 이하의 쇼크, 개방성 흉부, 경추손상, 기도화상, 원인부 맥박이 촉지되지 않는 골절, 지속적인 천식, 저체온증, 경련 등
응급환자 (황색, 거북이)	• 수 시간 이내의 응급처치를 요구 • 중증의 출혈, 기도화상을 제외한 화상, 경추를 제외한 척추골절, 척추손상 등
비응급환자 (녹색, ×)	• 수 시간, 수일 후 치료해도 생명에 지장이 없는 환자 • 소량의 출혈, 단순열상·골절, 경미한 열상·찰과상, 타박상 등 연부조직 손상
지연환자 (흑색, +)	• 사망 또는 생존의 가능성이 없는 환자 • 20분 이상 호흡·맥박이 없는 환자, 두부나 몸체가 절단된 경우, 심폐소생술도 효과가 없다고 판단되는 경우

12 답 ③

정답해설

③ 포소화설비 혼합방식 중 펌프와 발포기 중간에 설치된 벤투리관의 벤투리작용과 펌프가압수의 소화약제 저장탱크의 압력에 의해서 포소화약제를 흡입·혼합하는 방식을 '프레저 프로포셔너 방식'이라 한다.

출제자의 Point!

포소화약제 혼합장치

펌프 프로포셔너 방식 (펌프 혼합장치)	펌프의 토출량과 흡입관 사이의 배관에 설치한 흡입기에 펌프에서 토출된 물의 일부를 보내고, 농도 조정밸브에서 조정된 포소화약제의 필요량을 포소화약제 탱크에서 펌프 흡입측으로 보내어 이를 혼합하는 방식
라인 프로포셔너 방식 (관로 혼합장치)	펌프와 발포기의 중간에 설치된 벤추리관의 벤추리작용에 의하여 포소화약제를 흡입·혼합하는 방식
프레저 프로포셔너 방식 (차압혼합방식)	펌프와 발포기의 중간에 설치된 벤추리관의 벤추리작용과 펌프 가압수의 포소화약제 저장탱크에 대한 압력에 의하여 포소화약제를 혼입·혼합하는 방식
프레저 사이드 프로포셔너 방식 (압입혼합장치)	펌프의 토출관에 압입기를 설치하여 포소화약제 압입용 펌프로 포소화약제를 압입시켜 혼합하는 방식

13 답 ②

정답해설

② 지정수량에 의한 공통성은 위험물을 분류하는 기준에 해당하지 않는다.

출제자의 Point!

위험물을 유별로 분류하는 기준
㉠ 물질별 물리적·화학적 성질
㉡ 화재 위험성의 공통성
㉢ 소화 방법의 공통성
㉣ 화재 예방대책의 공통성

14 답 ①

정답해설

ㄱ – 소방위원회 설치(1946년)
ㄹ – 「소방법」 제정(1958년)
ㅂ – 소방공동시설세 도입(1961년)
ㄷ – 「지방소방공무원법」 제정(1973년)
ㅁ – 내무부 민방위본부 창설(1975년)
ㄴ – 「소방공무원법」 제정(1977년)

15 답 ④

정답해설

④ 자연발화성 물질은 화기엄금 및 공기접촉엄금이 주의사항이다.

출제자의 Point!

수납하는 위험물에 따라 다음의 규정에 의한 주의사항
• 제1류 위험물 중 알칼리금속의 과산화물 또는 이를 함유한 것에 있어서는 "화기·충격주의", "물기엄금" 및 "가연물접촉주의", 그 밖의 것에 있어서는 "화기·충격주의" 및 "가연물접촉주의"
• 제2류 위험물 중 철분·금속분·마그네슘 또는 이들 중 어느 하나 이상을 함유한 것에 있어서는 "화기주의" 및 "물기엄금", 인화성고체에 있어서는 "화기엄금", 그 밖의 것에 있어서는 "화기주의"
• 제3류 위험물 중 자연발화성물질에 있어서는 "화기엄금" 및 "공기접촉엄금", 금수성물질에 있어서는 "물기엄금"
• 제4류 위험물에 있어서는 "화기엄금"
• 제5류 위험물에 있어서는 "화기엄금" 및 "충격주의"
• 제6류 위험물에 있어서는 "가연물접촉주의"

16 답 ③

정답해설

③ 유량조절밸브를 배관중 수조의 후방에 설치하면 맥동현상 발생의 원인이 된다. 맥동현상 방지대책으로는 유량조절밸브를 배관중 수조의 전방에 설치가 있다.

출제자의 Point!

맥동현상(= 써징현상)

1. 개념
   유량이 단속적으로 변하여 펌프 입출구에 설치된 진공계 압력계가 흔들리고 진동과 소음이 일어나며 펌프의 토출유량이 변하는 현상
2. 맥동현상 발생 원인
   (1) 배관중에 수조가 있을 때
   (2) 배관 중에 기체상태의 부분이 있을 때
   (3) 유량조절밸브가 배관중 수조의 위치 후방에 있을 때
   (4) 펌프의 특성곡선이 산모양이고 운전점이 그 정상부일 때
3. 맥동현상 발생 방지대책
   (1) 배관중 불필요한 수조를 없앤다.
   (2) 배관내의 기체(공기)를 제거한다.
   (3) 유량조절밸브를 배관중 수조의 전방에 설치한다.
   (4) 운전점을 고려하여 적합한 펌프를 선정한다.
   (5) 풍량 또는 토출량을 줄인다.

17 답 ④

정답해설

「재난 및 안전관리 기본법」에서 규정한 긴급구조기관으로는 소방청, 소방본부, 소방서가 있다. 다만 해난에서 발생한 재난의 경우에는 해양경찰청, 지방해양경찰청, 해양경찰서가 있다.
④ 해양수산부는 긴급구조지원기관에 해당한다.

18 답 ③

정답해설

③ 채용후보자명부의 유효기간은 2년으로 하되, 임용권자는 필요에 따라 1년의 범위 안에서 그 기간을 연장할 수 있다.

19 답 ④

정답해설

④ 적린은 제2류 위험물인 가연성 고체로 산화제와 혼합할 경우 마찰, 충격에 의해서 발화하는 위험성이 있다.

오답해설

① 공기 중에서 습기에 대한 흡습성이 높아 스스로 녹는 조해성이 있다. → 제1류 위험물인 질산염류에 대한 특성이다.
② 물과 격렬하게 반응하여 열을 발생한다. → 무기과산화물, 철분, 금속분, 마그네슘, 나트륨, 칼륨 등 금수성 물질의 특성이다.
③ 공기 중에 방치하면 자연발화한다. → 황린 등 자연발화성 물질의 특성이다.

20 답 ③

정답해설

③ 물 1g이 1기압, 100℃에서 모두 수증기로 변할 때는 물의 기화잠열을 의미하므로 539cal/g가 필요하다.

정답 및 해설

정답 체크

01	02	03	04	05	06	07	08	09	10
③	③	④	②	④	②	②	④	③	①
11	12	13	14	15	16	17	18	19	20
④	①	④	①	①	③	①	②	④	③

01
답 ③

정답해설
③ 하인리히의 연쇄성이론에서 가장 중요하게 취급된 단계는 불안전한 행동 또는 불안전한 상태로 프랭크 버드의 최신 도미노이론에서는 '직접원인 – 징후'에 해당된다.

출제자의 Point!
프랭크 버드의 최신 도미노이론
ⓐ 제어의 부족 – 관리
ⓑ 기본원인 – 기원
ⓒ 직접원인 – 징후(→ 가장 중요한 단계)
ⓓ 사고 – 접촉
ⓔ 상해 – 손실

02
답 ③

정답해설
③ 연기는 화재초기에 백색, 화재중기에 흑색, 화재후기에 백색을 띤다.

오답해설
① 감광계수가 클수록 가시거리는 짧아진다.
② 화재초기의 발연량은 화재 성숙기의 발연량보다 많다.
④ 연기가 인체에 미치는 영향은 시각적 영향, 심리적 영향, 생리적 영향이 있다. 이 중 인체에 미치는 영향으로 가장 큰 것은 생리적 영향이다.

03
답 ④

정답해설
④ 나무의 줄기가 타는 것은 수간화이다. 수관화는 나무의 가지가 타는 것을 말한다.

출제자의 Point!
산림화재의 종류
㉠ 수간화 : 나무의 줄기가 타는 것
㉡ 수관화 : 나무의 가지 부분이 타는 것
㉢ 지표화 : 지표를 덮고 있는 낙엽, 낙지, 마른 풀 등이 연소하는 것
㉣ 지중화 : 땅속 이탄층, 갈탄층 등 유기질층이 타는 것으로 재발화의 위험성이 있어 진화가 어렵다.

04
답 ②

정답해설
② −162℃ 극저온으로 저장된 액화천연가스(LNG)가 사고로 인해 탱크에서 분출되었을 때, 물과의 접촉을 통해 이 물질이 급격한 비등현상으로 체적팽창 및 상변화로 인하여 고압이 형성되어 일어나는 폭발현상을 증기폭발이라 한다.

출제자의 Point!
폭발의 종류
• 분해폭발 : 열분해할 때에 생성되는 발연가스가 압력 상승에 의해 폭발하는 현상을 말한다.
• 중합폭발 : 단량체(모노머)의 중합반응을 통해 다량체(폴리머)를 생성할 때 발생된 열에 의해 폭발하는 현상을 말한다.
• 산화폭발 : 산화폭발은 연소의 한 형태로서 비정상상태로 연소가 되어서 폭발이 일어나는 형태이다. 연소폭발이라고도 한다. 산화폭발에는 가스폭발, 분무폭발, 분진폭발이 있다.

05
답 ④

정답해설

④ Fail safe 원칙(이중 안전장치)이란 피난 시 하나의 수단이 고장으로 실패하여도 다른 수단에 의해 피난할 수 있도록 하는 것을 말한다.

오답해설

①·②·③은 Fool-Proof 원칙에 해당한다.

출제자의 Point!

Fool-Proof 원칙

비상사태로 피난자가 혼란을 느끼고 바보와 같은 지능상태가 되어도 쉽게 인지하도록 하는 것을 말한다.

㉠ 피난경로는 간단명료하게 하여야 한다.

㉡ 피난수단은 원시적 방법에 의한 것을 원칙으로 한다.

㉢ 비상시 판단능력 저하를 대비하여 누구나 알 수 있도록 피난수단 등을 문자나 그림 등으로 표시한다.

㉣ 문은 피난방향으로 열 수 있도록 하여 회전식이 아닌 레버식으로 한다.

㉤ 정전 시에도 피난할 수 있도록 외광이 들어오는 위치에 문을 설치한다.

06
답 ②

정답해설

② 중질유 탱크 화재 시 유류표면 온도가 물의 비점 이상일 때 소화용수를 유류표면에 방수시키면 물이 수증기로 변하면서 급격한 부피팽창으로 인해 유류가 탱크의 외부로 분출되는 현상을 슬롭오버(Slop over) 현상이라고 한다.

출제자의 Point!

① 보일오버(Boil over) : 탱크의 저부에 물 또는 물-기름 에멀전이 존재하면 뜨거운 열에 의해 급격한 부피팽창이 일어나 유류가 탱크 외부로 분출하면서 화재가 확대되는 현상을 말한다.

③ 프로스오버(Froth over) : 저장탱크 속의 물이 점성을 가진 뜨거운 기름의 표면 아래에서 끓을 때 화재를 수반하지 않고 기름이 거품을 일으키면서 넘쳐 흐르는 현상을 말한다.

④ 플래시오버(Flash over) : 실내화재 시 성장기에서 최성기로 넘어가는 단계에서 대류와 복사현상에 의해 일정 공간 안에 열과 가연성 가스가 축적되고 발화온도에 이르게 되어 일순간에 폭발적으로 실내 전체가 화염에 휩싸이는 현상을 말한다.(= 순발연소, 동시연소, 전실화재, 폭발적인 순간 착화현상)

07
답 ②

정답해설

② 내화건축물의 구획실내에서 가연물의 연소 시, 성장기의 지배적 열전달요인은 대류이다. 화재초기에는 전도가 주된 열전달요인이며, 성장기 이후에는 복사가 주된 열전달요인이다.

08
답 ④

정답해설

④ 실내 환기량을 지배하는 것은 개구부의 면적(A)과 개구부 높이(H)의 제곱근에 영향을 받는다. 즉, 환기인자(= 환기계수)인 $A\sqrt{H}$에 영향을 받는다.

09
답 ③

정답해설

③ 제2종 분말소화약제의 주성분은 탄산수소칼륨($KHCO_3$)이다. 참고로 탄산수소나트륨($NaHCO_3$)을 주성분으로 하는 것은 제1종 분말소화약제이다.

출제자의 Point!

안식각

파쇄되거나 분쇄된 물질을 쌓아 올릴 때, 그 퇴적물이 무너지지 않고 안정을 이룰 수 있는 최대 경사각을 말한다.

10
답 ①

정답해설

ㄱ. Halon 1211, ㄴ. Halon 1301은 1기압, 20℃에서 기체상태로 존재한다.

오답해설

ㄷ. Halon 2402, ㄹ. Halon 1011은 1기압, 20℃에서 액체상태로 존재한다.

11 답 ④

정답해설

④ 물은 온도가 상승할수록 물의 증기압이 커지기 때문에 점도(=점성)는 낮아진다.

출제자의 Point!

물(H_2O)의 특성

① 압력이 감소함에 따라 비등점은 낮아진다.
② 물의 기화열은 융해열보다 크다.
③ 물의 표면장력을 낮추는 경우 침투성이 강화된다.
④ 물은 온도가 상승할수록 물의 증기압이 커지기 때문에 점도(= 점성)는 낮아진다.
⑤ 물은 수소 2원자, 산소 1원자가 극성 공유결합을 한다.
⑥ 물은 4℃에서 밀도가 가장 크다.

12 답 ①

정답해설

① 제5류 위험물인 자기반응성 물질 즉, 자기연소(= 내부연소)를 하는 물질들은 자체 산소를 가지고 있어 외부에서 공급되는 산소가 없는 경우에도 연소가 일어난다(소화대책 : 냉각소화 ○, 질식소화 ×).

13 답 ④

정답해설

④ 벤추리관의 벤추리작용을 이용하는 기계포 소화약제의 혼합방식은 라인 프로포셔너 방식과 프레저 프로포셔너 방식이다.

출제자의 Point!

포소화약제 혼합장치

펌프 프로포셔너 방식 (펌프 혼합장치)	펌프의 토출량과 흡입관 사이의 배관에 설치한 흡입기에 펌프에서 토출된 물의 일부를 보내고, 농도 조정밸브에서 조정된 포소화약제의 필요량을 포소화약제 탱크에서 펌프 흡입 측으로 보내어 이를 혼합하는 방식
라인 프로포셔너 방식 (관로 혼합장치)	펌프와 발포기의 중간에 설치된 벤추리관의 벤추리작용에 의하여 포소화약제를 흡입·혼합하는 방식
프레저 프로포셔너 방식 (차압혼합방식)	펌프와 발포기의 중간에 설치된 벤추리관의 벤추리작용과 펌프 가압수의 포소화약제 저장탱크에 대한 압력에 의하여 포소화약제를 혼입·혼합하는 방식
프레저 사이드 프로포셔너 방식 (압입혼합장치)	펌프의 토출관에 압입기를 설치하여 포소화약제 압입용 펌프로 포소화약제를 압입시켜 혼합하는 방식

14 답 ①

정답해설

① 디에틸에테르($C_2H_5OC_2H_5$)는 제4류 위험물 인화성액체 중 특수인화물로 물에 녹는 수용성 가연성 액체이다. 물에 의해 농도가 희석되어 화재 시 다량의 물에 희석소화가 가능하다. 물과 접촉 시 격렬하게 반응한다는 것은 틀린 오답이다.

15 답 ①

정답해설

① 연결송수관설비의 습식의 경우 설치 순서는 송수구 → 자동배수밸브 → 체크밸브의 순으로 설치한다.

출제자의 Point!

연결송수관설비의 건식의 경우 설치순서는 송수구 → 자동배수밸브 → 체크밸브 → 자동배수밸브의 순으로 설치한다.

16 답 ③

정답해설

③ 이산화탄소소화설비의 소화약제의 저장용기는 주위 온도가 40℃ 이하이고, 온도변화가 작은 곳에 설치한다.

출제자의 Point!

이산화탄소소화설비, 할론소화설비, 분말소화설비의 저장용기 설치장소

㉠ 방호구역외의 장소에 설치할 것. 다만, 캐비넷내장형으로 약제방사 기능과 제어기능을 함께 갖추고 있는 것은 그러하지 아니하다.
㉡ 온도가 40℃ 이하이고, 온도변화가 작은 곳에 설치
  ※ 주의 : 할로겐화합물 및 불활성기체소화약제 저장용기의 주위온도는 55℃ 이하이다.
㉢ 직사광선 및 빗물이 침투할 우려가 없는 곳에 설치
㉣ 방화문으로 구획된 실에 설치
㉤ 당해 용기가 설치된 곳임을 표시하는 표지를 할 것
㉥ 용기간의 간격은 점검에 지장이 없도록 3cm 이상의 간격을 유지할 것
㉦ 저장용기와 집합관을 연결하는 연결배관에는 체크밸브를 설치할 것. 다만, 저장용기가 하나의 방호구역만을 담당하는 경우에는 그러하지 아니하다.
㉧ 이산화탄소저장용기 외부에 압력계를 설치할 것

17 답 ①

정답해설
① 부착높이 8m 이상 15m 미만인 곳에 적응성이 없는 감지기는 차동식 스포트형이다.

오답해설
② 차동식 분포형은 천장높이 8m 이상 15m 미만인 곳에 설치할 수 있고, ③ 이온화식 감지기는 천장높이가 0~20m 미만인 곳에 설치하고, 천장높이가 0~20m 이상인 곳에는 ④ 불꽃감지기를 설치할 수 있다.

18 답 ②

정답해설
• 위험도(H) = U − L / L
  ㄱ. 수소의 위험도 = 17.75
  ㄴ. 아세틸렌의 위험도 = 31.4
  ㄷ. 에테르의 위험도 = 24.3
  ㄹ. 프로판의 위험도 = 3.5

19 답 ④

정답해설
④ 「소방기본법」이 제정된 것은 2003년 5월 29일이다. 참고로 「소방법」이 제정된 것은 1958년이다.

20 답 ③

정답해설
㉠ 피부 또는 피하조직까지 손상된 경우 – 3도 화상
㉡ 일광욕 후 피부가 붉게 되면서 통증을 느끼는 경우 – 1도 화상
㉢ 신경조직의 파괴로 화상부위에서 감각기능이 손상된 경우 – 3도 화상
㉣ 뜨거운 물에 의한 화상으로서 피부의 진피층까지 손상된 경우 – 2도 화상

정답 체크

01	02	03	04	05	06	07	08	09	10
②	③	②	③	①	①	③	①	①	④
11	12	13	14	15	16	17	18	19	20
③	④	④	④	④	②	④	①	②	②

01

답 ②

정답해설

② 〈보기〉에서 승진동점자 우선순위는 ㄹ - ㄴ - ㄱ - ㄷ이다.

> **「소방공무원 승진임용 규정」 제12조(동점자의 순위)**
> ① 승진대상자명부의 총평정점이 같은 경우에는 다음 각 호의 순서에 따라 선순위자를 결정한다.
>   1. 근무성적평정점이 높은 사람
>   2. 해당 계급에서 장기근무한 사람
>   3. 해당 계급의 바로 하위 계급에서 장기근무한 사람
>   4. 소방공무원으로 장기근무한 사람
> ② 제1항의 규정에 의하여도 순위가 결정되지 아니한 때에는 승진대상자명부 작성권자가 선순위자를 결정한다.

02

답 ③

정답해설

③ 펌프의 체절운전 시 수온의 상승을 방지하기 위하여 순환배관을 설치한다. 또한 순환배관 상에 릴리프밸브를 통해 과압을 방출한다.

03

답 ②

정답해설

② 시·도지사에게 등록하기 위한 소방시설공사업 등록기준은 기술인력(대인허가)와 자본금(대물허가)이 필요하다. 즉, 대인허가와 대물허가를 동시에 갖추어야 하는 혼합허가에 해당한다.

출제자의 Point!

- 전문소방시설설계업 등록 : 기술인력(대인허가)
- 방염처리업 등록 : 실험실, 방염처리기구 및 시험기기(대물허가)
- 소방공사감리업 등록 : 기술인력(대인허가)
- 위험물탱크시험자 등록 : 기술인력(대인허가), 시설 및 장비(대물허가)
  = 혼합허가

04

답 ③

정답해설

③ 이론공기량 계산
- 프로판의 연소반응식
  $C_3H_8 + 5O_2 \rightarrow 3CO_2 + 4H_2O$
- 프로판 1mol 연소 시 필요한 이론공기량
  이론산소량 = 이론공기량 × 0.21
  이론공기량 = 이론산소량 / 0.21
  ∴ 5 / 0.21 ≒ 24mol
- 프로판 100mol 연소 시 필요한 이론공기량
  24mol × 100 = 2400mol

05

답 ①

정답해설

① 급수관의 배관 도중에 포소화약제 흡입기를 설치하여 그 흡입관에서 소화약제를 흡입하여 혼합하는 방식을 펌프 프로포셔너 방식이라 한다.

06 답 ①

정답해설

① 피셔맨매듭은 두 로프가 서로 다른 로프를 묶어 매듭 부분이 맞물리도록 하는 방법으로 신속하고 간편하게 묶을 수 있으며 매듭의 크기도 작다. 힘을 받은 후에는 풀기가 매우 어려워 장시간 고정시켜 두는 경우에 주로 사용한다.

07 답 ③

정답해설

③ 주위 온도가 일정온도 이상이 되었을 때 작동하는 것으로서 일국소의 열효과에 의하여 작동되는 감지기는 정온식 스포트형이다.

08 답 ①

정답해설

① 제3류 위험물인 나트륨, 칼륨 등은 금수성 물질로 물에 의한 주수소화를 하면 안 된다. 하지만 자연발화성 물질인 황린은 물에 의한 주수소화가 가능하다.

09 답 ①

정답해설

① 미세먼지는 사회재난에 해당된다.

> 「재난 및 안전관리 기본법」 제3조(정의)
> 이 법에서 사용하는 용어의 뜻은 다음과 같다.
> 1. "재난"이란 국민의 생명·신체·재산과 국가에 피해를 주거나 줄 수 있는 것으로서 다음 각 목의 것을 말한다.
>   가. 자연재난 : 태풍, 홍수, 호우(豪雨), 강풍, 풍랑, 해일(海溢), 대설, 한파, 낙뢰, 가뭄, 폭염, 지진, 황사(黃砂), 조류(藻類)대발생, 조수(潮水), 화산활동, 소행성·유성체 등 자연우주물체의 추락·충돌, 그 밖에 이에 준하는 자연현상으로 인하여 발생하는 재해
>   나. 사회재난 : 화재·붕괴·폭발·교통사고(항공사고 및 해상사고를 포함한다)·화생방사고·환경오염사고 등으로 인하여 발생하는 대통령령으로 정하는 규모 이상의 피해와 국가핵심기반의 마비, 「감염병의 예방 및 관리에 관한 법률」에 따른 감염병 또는 「가축전염병예방법」에 따른 가축전염병의 확산, 「미세먼지 저감 및 관리에 관한 특별법」에 따른 미세먼지 등으로 인한 피해

10 답 ④

정답해설

④ 중점전술은 주요시설이나 대폭발 우려가 있는 곳을 중점적으로 활동하는 전술이다. 집중전술은 위험물탱크화재 등 주요시설을 분대가 동시에 집중적으로 진화하는 방법을 말한다.

11 답 ③

정답해설

③ 화재진압에 따른 전략개념의 대응 우선순위는 다음과 같다.
생명보호 → 외부확대 방지 → 내부확대 방지 → 화점진압 → 재발방지를 위한 점검·조사 등 5가지의 대응목표를 우선순위에 따라 자원을 배치한다.

12 답 ④

정답해설

④ '온도가 일정할 때 기체의 부피는 압력에 반비례한다.'는 '보일의 법칙'을 적용하면 된다. 보일의 법칙을 나타내는 공식은 $P_1V_1 = P_2V_2$이다.
주어진 값을 대입하여서 P_2를 구하면 된다. 아래 식과 같다.
$1 \times 100 = P_2 \times 5$ 이다.

$P_2 = \dfrac{1 \times 100}{5} = 20$

$\therefore P_2 = 20$

13 답 ④

정답해설

④ 화재조사는 임의성이 아닌 강제성을 띤다. 그 밖의 특성으로 프리즘식으로 진행하고, 신속성, 안전성, 현장성, 정밀과학성, 보존성이 요구된다.

14

답 ④

정답해설

④ IG-541이 오존층 파괴지수가 가장 낮다.

출제자의 Point!

할론 및 이산화탄소 소화약제의 오존파괴지수(ODP)

할론1301 〉 할론2102 〉 할론1211〉 이산화탄소 〉 IG-541 순이다.

할론 1301	할론 2402	할론 1211	이산화탄소	IG-541
14	6.6	2.4	0.05	0

15

답 ④

정답해설

④ 유화효과는 중유화재 시에 무상주수에 의한 유화층 형성으로 산소공급을 차단하는 효과를 말한다. 따라서 분말소화약제의 소화효과에 해당하지 않는다. 분말소화약제의 소화효과는 질식효과, 냉각효과, 방사열 차단효과, 부촉매에 의한 소화효과가 있다.

16

답 ②

정답해설

② 표면연소에 해당하는 것은 금속분, 목탄, 숯, 코크스 등이 있다. 질산에스테르류는 제5류 위험물에 해당되며 자기연소(내부연소)에 해당된다.

17

답 ④

정답해설

④ 복도와 같은 통로공간에서 벽, 바닥 표면의 가연물에 화염이 급속히 확산되는 현상을 플레임오버(Flame over) 현상이라 한다. 슬롭오버와 오일오버 현상은 유류저장탱크화재 현상이고, 블레비현상은 액화가스저장탱크의 폭발현상이다.

18

답 ①

정답해설

① 가연물의 구비 조건
- 열전도율이 작아야 한다.
- 활성화 에너지(점화 에너지)가 작아야 한다.
- 발열량이 커야 한다.
- 산소와 친화력이 커야 한다.
- 비표면적이 넓어야 한다.
- 흡열반응이 아니라 발열반응이어야 한다.

19

답 ②

정답해설

② 재난발생 확률이 높아진 경우로 재난 후 대응할 수 있도록 운영적인 장치를 갖추는 단계로 비상방송시스템 구축, 자원관리시스템 구축 등을 하는 단계는 준비단계(= 대비단계)이다.

20

답 ②

정답해설

② 황린은 제3류 위험물에 해당되며 지정수량은 20kg이다. 황화린은 제2류 위험물이며, 지정수량은 100kg이다.

정답 체크

01	02	03	04	05	06	07	08	09	10
②	④	①	④	②	③	④	③	②	④
11	12	13	14	15	16	17	18	19	20
②	②	④	③	①	③	③	①	①	①

01 답 ②

정답해설

② 화재강도는 단위시간 당 축적되는 열의 양(값)을 말하며, 발화원의 온도는 화재강도에 영향을 미치는 요인과 가장 관계가 적다.

출제자의 Point!

화재강도에 영향을 미치는 요인
- 가연물의 비표면적
- 화재실의 구조
- 가연물의 배열상태
- 가연물의 발열량
- 공기(산소)공급량
- 화재실의 벽, 천장, 바닥 등의 단열성
- 가연물의 연소열

02 답 ④

정답해설

④ 독성이 매우 높은 가스로서 석유제품 및 유지(油脂) 등이 연소할 때 생성되는 알데히드 계통의 연소 가스는 아크롤레인(CH_2CHCHO)이다. 아크롤레인의 공기 중 허용농도는 0.1ppm이다.

03 답 ①

정답해설

① 프로스오버(Froth over) 현상은 물이 뜨거운 기름표면 아래에서 끓을 때 화재를 수반하지 않고 거품이 넘쳐 흐르는 현상을 말한다.

오답해설

② 슬롭오버(Slop over)
③ 보일오버(Boil over)
④ 블레비 현상(BLEVE)

04 답 ④

정답해설

④ 수용성 가연성 액체(알코올, 아세톤, 케톤류, 에테르류, 알데히드류 등) 화재 시에 일반포를 방사하면 포 속에 있는 물을 알코올 등이 탈취하여 용해되어 포가 소멸(소포성)하므로 이를 방지하기 위하여 제조된 특수포인 내알코올포소화약제 사용하여야 한다.

05 답 ②

정답해설

② 불포화 섬유지나 석탄은 산화열에 의한 자연발화에 의한 열에 해당된다.

출제자의 Point!

자연발화에 의한 열
- 산화열에 의한 자연발화(산화반응에 의한 발열 → 축적 → 발화)
  - 예 유지류[건성유(들기름, 아마인유, 해바라기유 등)], 반건성유(참기름, 콩기름 등), 석탄분, 원면, 고무조각, 금속분류, 기름걸레, 불포화 섬유지 등
- 분해열에 의한 자연발화(자연분해 시 발열 → 축적 → 발화)
  - 예 셀룰로이드, 니트로셀룰로오스(질화면), 니트로글리세린, 산화에틸렌 등
- 흡착열에 의한 자연발화(주위의 기체를 흡착 시 발열 → 축적 → 발화)
  - 예 활성탄, 목탄분말, 유연탄 등
- 발효열(미생물열)에 의한 자연발화(미생물의 발효열 → 축적 → 발화)
  - 예 퇴비, 먼지 등
- 중합열에 의한 자연발화(중합 반응열 → 축적 → 발화)
  - 예 액화시안화수소, 산화에틸렌 등

06

답 ③

정답해설
③ IG – 541은 불연성·불활성기체소화약제로 연쇄반응을 차단하는 부촉매소화효과가 없다.

오답해설
①·②·④는 할로겐화합물소화약제로 연쇄반응을 차단하는 부촉매소화효과가 있다.

07

답 ④

정답해설
'폭연은 에너지 방출속도가 물질 전달속도에 영향을 받고, 폭굉은 에너지 방출속도가 물질전달속도에 기인하지 않고 공간의 압축으로 인하여 아주 짧다.'로 ④는 옳은 내용이다.

오답해설
① 화염의 전파속도가 음속보다 빠른 것은 폭굉, 음속보다 느린 것은 폭연이다.
② 에너지 전달이 충격파에 의한 것은 폭굉, 일반적인 열전달과정에 의해 이루어지는 것은 폭연이다.
③ 온도, 압력, 밀도가 화염면에서 불연속적이면 폭굉, 연속적이면 폭연이다.

출제자의 Point!

폭연과 폭굉의 비교

폭연(Deflagration)	폭굉(Detonation)
• 화염의 전파속도가 음속보다 느린 현상을 말한다.	• 화염의 전파속도가 음속보다 빠른 현상을 말한다.
• 에너지 전달이 일반적인 열전달과정을 통해 나타난다.	• 에너지 전달이 충격파에 의해 나타난다.
• 온도, 압력, 밀도가 화염면에서 연속적이다.	• 온도, 압력, 밀도가 화염면에서 불연속적이다.
• 에너지 방출속도가 물질 전달속도에 영향을 받고, 화염의 전파가 분자량이나 난류확산에 의해서 영향을 받는다.	• 에너지 방출속도가 물질전달속도에 기인하지 않고 공간의 압축으로 인하여 아주 짧다.

08

답 ③

정답해설
③ CO_2 소화농도와 CO_2 설계농도를 구하면 답은 38.1V%, 45.72V%이다.

CO_2 소화농도와 CO_2 설계농도를 구하는 공식은 다음과 같다.

• CO_2 소화농도 $= \dfrac{21 - 현재산소농도}{21} \times 100 = \%$

• CO_2 설계농도 $= CO_2$ 소화농도 $\times$ 1.2 혹은 CO_2 소화농도의 20%를 CO_2 소화농도에 더한 값이다. 이 공식에 의한 풀이는 아래와 같다.

• CO_2 소화농도 $= \dfrac{21 - 13}{21} \times 100 = 38.1\%$

• CO_2 설계농도 $= 38.1\% \times 1.2 = 45.72\%$

09

답 ②

정답해설
② 마그네슘은 물과 반응 시 수소(H_2)가스를 발생하므로 소화 시 주수를 해서는 절대 안 된다.

$Mg + 2H_2O \rightarrow Mg(OH)_2 + H_2 \uparrow$

10

답 ④

정답해설
④ 국립방재연구원은 소방청 산하에 두는 직접적 소방조직에 해당하지 않는다.

출제자의 Point!

소방청 소속하에 두는 직접적 소방조직
• 중앙소방학교
• 중앙119구조본부
• 국립소방연구원

11 답 ②

정답해설

②

> **「재난 및 안전관리기본법」 제36조(재난사태선포)**
> ① 행정안전부장관은 대통령령으로 정하는 재난이 발생하거나 발생할 우려가 있는 경우 사람의 생명·신체 및 재산에 미치는 중대한 영향이나 피해를 줄이기 위하여 긴급한 조치가 필요하다고 인정하면 중앙위원회의 심의를 거쳐 재난사태를 선포할 수 있다. 다만, 행정안전부장관은 재난상황이 긴급하여 중앙위원회의 심의를 거칠 시간적 여유가 없다고 인정하는 경우에는 중앙위원회의 심의를 거치지 아니하고 재난사태를 선포할 수 있다.

12 답 ②

정답해설

② 소화활동 중에 사용된 물에 의한 피해는 피해조사이다.

출제자의 Point!

화재조사

1. 화재원인조사(암기 : 발·발통초·연·소·피)

종류	조사범위
가. 발화원인 조사	화재가 발생한 과정, 화재가 발생한 지점 및 불이 붙기 시작한 물질
나. 발견·통보 및 초기 소화상황 조사	화재의 발견·통보 및 초기소화 등 일련의 과정
다. 연소상황 조사	화재의 연소경로 및 확대원인 등의 상황
라. 피난상황 조사	피난경로, 피난상의 장애요인 등의 상황
마. 소방시설 등 조사	소방시설의 사용 또는 작동 등의 상황

2. 화재피해조사

종류	조사범위
가. 인명피해조사	(1) 소방활동 중 발생한 사망자 및 부상자 (2) 그 밖에 화재로 인한 사망자 및 부상자
나. 재산피해조사	(1) 열에 의한 탄화, 용융, 파손 등의 피해 (2) 소화활동 중 사용된 물로 인한 피해 (3) 그 밖에 연기, 물품반출, 화재로 인한 폭발 등에 의한 피해

13 답 ④

정답해설

④ 내화구조건축물과 비교했을 때 목조건축물의 화재성상은 고온·단기형이다. 참고로 내화구조건축물의 화재성상은 고온·장기형이다.

14 답 ③

정답해설

③ 빈칸에 들어갈 내용은 ㉠ 0.5, ㉡ 2.5이다.

출제자의 Point!

방화벽의 설치기준
㉮ 내화구조로서 홀로 설 수 있는 구조
㉯ 방화벽의 양쪽 끝과 위쪽 끝을 건축물의 외벽면 및 지붕면으로부터 0.5m 이상 튀어나오게 할 것
㉰ 방화벽에 설치하는 출입문의 너비 및 높이는 각각 2.5m 이하로 하고, 당해 출입문에는 갑종방화문을 설치할 것
㉱ 갑종방화문은 항상 닫힌 상태로 있어야 하며 언제든지 개방가능해야 한다.
㉲ 도어 릴리즈에 의해 자동폐쇄식 구조일 것

15 답 ①

정답해설

① 자동제세동기를 이용한 규칙적 심박동의 유도는 2급 응급구조사의 업무 범위에 해당한다.

출제자의 Point!

1급 응급구조사만의 업무
㉠ 심폐소생술을 시행하기 위한 기도유지(기도삽관 등)
㉡ 정맥로 확보
㉢ 인공호흡기를 이용한 호흡유지

16 답 ③

정답해설

③ 전화잭은 P형 2급 발신기의 구성요소가 아니다.

출제자의 Point!

P형 1급 발신기와 2급 발신기의 비교
㉠ P형 1급 발신기의 구성요소
   전화잭, 응답램프, 누름스위치, 보호판, 명판, 외함으로 구성되어 있다.
㉡ P형 2급 발신기의 구성요소
   누름스위치, 보호판, 명판, 외함으로 구성되어 있다.

17

답 ③

정답해설

③ 옳은 것은 전기화재로 C급화재, 청색으로 표시한다.

출제자의 Point!

일반적인 화재의 분류

종류	급수	표시색	내용	소화방법
일반화재	A급화재	백색	목재, 면화류, 종이 등 보통가연물의 화재(보통화재)	냉각소화
유류화재	B급화재	황색	인화성 액체 등의 화재	질식소화
전기화재	C급화재	청색	통전 중인 전기기기 및 전기설비 등의 화재	질식소화
금속화재	D급화재	무색	가연성이 강한 금속류의 화재	피복소화
가스화재	E급화재	황색	LNG, LPG 등 가스누설로 인한 연소·폭발	질식소화
주방화재	K급화재	·	주방의 식용유화재	질식소화

18

답 ①

정답해설

① 펌프의 토출측에는 압력계를, 흡입측에는 연성계 또는 진공계를 설치한다.

오답해설

②·③·④는 모두 옳은 내용이다

19

답 ①

정답해설

① 안전한 지역으로 피난할 수 있는 피난 존, 대피공간, 베란다 등 공간을 확보하는 것은 '도피성'에 해당한다.

출제자의 Point!

건축물 방화계획

1. 공간인 대응
   ㉠ 대항성 : 건축물의 내화성능, 방화구획 성능, 방배연 성능, 화재방어 대응성(소방대 활동성), 초기 소화대응력 등
   ㉡ 회피성 : 내장재의 제한, 용도별구획, 방화훈련, 불조심, 불연화 및 내연화 등
   ㉢ 도피성 : 안전한 지역으로 피난할 수 있는 피난 존, 대피공간, 베란다 등 공간을 확보하는 것
2. 설비적 대응
   ㉠ 방연성능 : 제연설비
   ㉡ 방화구획성능 : 방화문, 방화셔터 등
   ㉢ 초기소화 대응력 : 자동소화설비, 자동화재탐지설비, 특수소화설비 등
   ㉣ 도피성 : 피난기구, 피난유도설비 등

20

답 ①

정답해설

① 알킬리튬은 제3류 위험물로서 지정수량이 10kg으로 지정수량이 가장 작다.

출제자의 Point!

품명별 지정수량

① 중크롬산염류 – 1,000kg
② 알킬리튬 – 10kg
③ 니트로화합물 – 200kg
④ 질산 – 300kg

01

답 ①

정답해설

① 화재 시 실내·외의 압력이 같아지는 경계면을 중성대라 한다. 중성대 아래쪽에서는 신선한 공기가 유입되는 급기가 일어나고, 중성대 위쪽에서는 뜨거운 연기층이 빠져나가는 배기가 일어난다.

오답해설

② 연기에는 수증기, 연소가스 등과 같은 기체, 액체성분뿐만 아니라 고체와 같은 성분도 포함한다.

③ 연기는 수평이동 속도보다 수직이동 속도가 빠르다.

④ 연기의 농도가 진할수록 감광계수가 커지고, 가시거리는 감소한다.

02

답 ④

정답해설

④ 60분+ 방화문은 연기 및 불꽃을 차단할 수 있는 시간이 60분 이상이고, 열을 차단할 수 있는 시간이 30분 이상인 방화문을 말한다.

> 「건축법」 시행령 제64조(방화문의 구분)
> ① 방화문은 다음 각 호와 같이 구분한다.
>   1. 60분+ 방화문 : 연기 및 불꽃을 차단할 수 있는 시간이 60분 이상이고, 열을 차단할 수 있는 시간이 30분 이상인 방화문
>   2. 60분 방화문 : 연기 및 불꽃을 차단할 수 있는 시간이 60분 이상인 방화문
>   3. 30분 방화문 : 연기 및 불꽃을 차단할 수 있는 시간이 30분 이상 60분 미만인 방화문

03

답 ③

정답해설

③ 국립소방연구원은 직접적 소방조직에 해당한다. 간접적인 소방조직에는 한국소방안전원, 한국소방산업기술원, 소방산업공제조합, 대한소방공제회가 있다. 참고로 직접적인 중앙소방조직에는 소방청, 중앙소방학교, 중앙119구조본부, 국립소방연구원이 있다.

04

답 ③

정답해설

③ 하인리히의 고전적 연쇄성이론(=도미노이론)으로 유전적 요인 및 사회 환경적요인 → 개인적 결함 → 불안전한 행동 및 불안전한 상태 → 사고 → 재해를 주장하였고, 불안전한 행동 및 불안전한 상태를 제거하면 사고 및 재해를 예방할 수 있다고 주장하였다. 그리고 재해발생법칙으로 1(중상) : 29(경상) : 300(무상해 사고)을 주장하였다. 참고로 ①·②·④는 프랭크버드의 최신 도미노 이론에 해당한다.

05

답 ②

정답해설

② 〈보기〉 지문에서 ㉠은 '100분의 1', ㉡은 '100분의 21'이 된다.

> 「재난 및 안전관리 기본법」
> 제67조(재난관리기금의 적립)
> ① 지방자치단체는 재난관리에 드는 비용에 충당하기 위하여 매년 재난관리기금을 적립하여야 한다.
> ② 제1항에 따른 재난관리기금의 매년도 최저적립액은 최근 3년 동안의 「지방세법」에 의한 보통세의 수입결산액의 평균연액의 100분의 1에 해당하는 금액으로 한다.
>
> 제68조(재난관리기금의 운용 등)
> ① 재난관리기금에서 생기는 수입은 그 전액을 재난관리기금에 편입하여야 한다.
> ② 제67조 제2항에 따른 매년도 최저적립액 중 대통령령으로 정하는 일정 비율 이상(= 100분의 21 이상)은 응급복구 또는 긴급한 조치에 우선적으로 사용하여야 한다.

06 답 ①

정답해설

① 연소열은 화학적 점화원에 해당하지만, 자연발화의 열원에 해당하지 않는다.

출제자의 Point!

자연발화에 의한 열

1. 산화열에 의한 자연발화(산화반응에 의한 발열 → 축적 → 발화)
   예 유지류[건성유(들기름, 아마인유, 해바라기유 등), 반건성유(참기름, 콩기름 등)], 석탄분, 원면, 고무조각, 금속분류, 기름걸레 등
2. 분해열에 의한 자연발화(자연분해 시 발열 → 축적 → 발화)
   예 셀룰로이드, 니트로셀룰로오스(질화면), 니트로글리세린, 산화에틸렌 등
3. 흡착열에 의한 자연발화(주위의 기체를 흡착 시 발열 → 축적 → 발화)
   예 활성탄, 목탄분말, 유연탄 등
4. 발효열(미생물열)에 의한 자연발화(미생물의 발효열 → 축적 → 발화)
   예 퇴비, 먼지 등
5. 중합열에 의한 자연발화(중합 반응열 → 축적 → 발화)
   예 시안화수소, 산화에틸렌, 염화비닐 등

07 답 ②

정답해설

② 이산화탄소 소화설비 동작 순서 : 감지기 작동(혹은 수동기동) – 수신제어반 연결(음향경보) – 전자(솔레노이드)밸브 개방 – 기동용기 동작 – CO_2 저장용기 개방 및 선택밸브 개방(압력스위치 작동 – 방출표시등 점등) – 분사헤드 – CO_2 방사 순

08 답 ④

정답해설

④ 고무, 동물의 털과 가죽 및 고기 등과 같은 물질에 유황성분이 포함되어 있어, 화재 시 이들의 완전연소로 인해 생성되며 대기오염과 산성비의 원인물질은 아황산가스(SO_2)이다.

출제자의 Point!

연소가스의 특징

1. 암모니아(NH_3) [허용농도 : 25ppm 이하]
   (1) 암모니아는 눈, 코, 인후 및 폐에 매우 자극성이 큰 유독성 가스로서 사람들이 그 분위기로부터 본능적으로 피하고자 할 정도로 역한 냄새가 난다.
   (2) 상공업용의 냉동시설에서 냉매로 널리 사용
2. 시안화수소(HCN) [허용농도 : 10ppm 이하]
   (1) 청산가스라고도 하며, 목재나 종이류가 탈 때는 공기 중의 질소가 탄소와 결합하면서 생성되기도 하지만, 주로 질소 함유물로 제조되는 수지류, 모직물 및 견직물이 불완전 연소되어 발생하는 경우가 많다.
   (2) 인체에 대량 흡입되면 헤모글로빈과 결합하지 않고도 정신경련, 호흡·심박동 정지 등으로 질식사한다.
3. 일산화탄소(CO) [허용농도 : 50ppm 이하]
   일산화탄소는 산소의 210~250배의 친화력을 가져서 혈중에 헤모글로빈과 결합하여, 산소헤모글로빈의 결합을 방해하기 때문에 생체조직에 대해서는 산소결핍이 발생되고 결과적으로 질식과 같은 상태가 된다.

09 답 ④

정답해설

우리나라의 소방기관의 역사로 옳은 것은 ①·②·③이고, 틀린 것은 ④이다. 「소방법」이 세분화되어 「소방기본법」이 제정된 것은 2003년 5월 29일이다.

10 답 ①

정답해설

① 연소속도는 연소 시 화염이 미연소 혼합가스에 대하여 수직으로 이동하는 속도이다.

11 답 ③

정답해설

③ 소방대의 소화활동으로 화재확대의 위험이 현저하게 줄어들거나 없어진 상태를 "초진"이라 한다. 참고로 "완진"이란 소방대에 의한 소화활동의 필요성이 사라진 것을 말한다.

12 답 ③

정답해설

③ 기상폭발(= 화학적 폭발)에 해당하는 것은 ㉠, ㉡, ㉢, ㉤이다.

오답해설

㉣, ㉥은 응상(= 물리적 폭발)에 해당한다.

13 답 ④

정답해설

④ 정상상태에서 전기설비의 착화될 부분에 대한 안전도를 증가시켜 위험을 방지하는 방폭구조를 안전증 방폭구조라 한다.

출제자의 Point!

전기설비방폭구조

압력 방폭구조	전기설비 용기 내에 불활성기체를 봉입시켜 가연성 가스의 침입을 방지하는 구조
내압(耐壓) 방폭구조	폭발압력에 견디는 특수한 구조. 가연성가스의 전파를 차단하기 위해 용기 내부를 압력에 견디도록 전폐구조로 한 것으로, 가장 많이 이용
유입(油入) 방폭구조	전기불꽃이 발생할 수 있는 부분(스위치, 전기기기 등)을 절연유 속에 잠기게 하여 외부에 존재하는 가연성 가스에 점화될 우려가 없도록 하는 구조
안전증 방폭구조	정상상태에서 착화될 부분에 안전도를 증가시켜 위험을 방지하는 구조
본질 안전 방폭구조	정상 혹은 이상상태의 단락, 단선, 지락 등에서 발생하는 전기불꽃, 아크 등에 의한 점화를 방지한 착화시험으로 성능이 확인된 구조

14 답 ①

정답해설

플래시오버는 실내 산소가 충분한 자유연소 상태에서 주로 일어난다.

출제자의 Point!

플래시오버

1. 성장기에서 최성기로 넘어가는 과정에서 발생하는 현상이다.
2. 플래시오버는 화염이 실내 전체에 확대되는 현상으로 주로 대류와 복사, 두 과정을 거쳐 일어난다.
3. 플래시오버는 벽재료보다 천장재가 발생시각에 큰 영향을 미친다.
4. 화원이 클수록 플래시오버에 이르는 시간이 빠르다.
5. 플래시오버 전이 지연대책으로는 배연지연법, 냉각지연법, 공기차단지연법이 있다.

15 답 ②

정답해설

② 〈보기〉의 ㉠은 '분업의 원리', ㉡은 '업무조정의 원리'에 해당된다.

출제자의 Point!

소방조직의 기본원리

분업의 원리	한 사람이나 한 부서가 한 가지의 주된 업무를 맞는다는 원리
명령통일의 원리	한 사람의 상급자에게 명령을 받고 보고한다는 원리
계층제의 원리	• 상하의 계층제를 형성하는 원리 • 조직 구성원들을 책임과 권한, 의무의 정도에 따라 상하계급이나 계층별로 배열하여 집단화한 뒤 각 계층 간에 권한과 책임을 배분하고 명령계통과 지휘, 감독의 체계를 확립하는 것
계선의 원리	특정 사안에 대한 결정에 있어서 의사결정과정에서는 개인의 의견이 참여되지만 결정을 내리는 것은 개인이 아닌 소속기관의 기관장이다.
업무조정의 원리	조직을 통합하고 행동을 통일시키는 것
통솔범위의 원리	1명의 상관이 거느릴 수 있는 부하의 적정수를 말함(5~6명 정도가 적당하다)

16   답 ②

정답해설

② 호흡 부전상태인 사람에 대하여 인공호흡을 시켜 환자를 보호하거나 구급하는 기구는 '인공소생기'이다. 참고로 "공기호흡기"란 소화활동 시에 화재로 인하여 발생하는 각종 유독가스 중에서 일정시간 사용할 수 있도록 제조된 압축공기식 개인 호흡장비(보조마스크 포함)를 말한다(「인명구조기구의 화재안전기준」 제3조 제2호).

오답해설

① 「화재예방, 소방시설 설치·유지 및 안전 관리에 관한 법률 시행령」 제3조 관련 [별표 1]을 참조한다.

③ 「승강식 피난기의 성능인증 및 제품검사의 기술수준」 제3조 제1호를 참조한다.

④ 「방열복의 성능인증 및 제품검사의 기술기준」을 참조한다.

17   답 ④

정답해설

④ 주수소화 : 황화린은 물과 접촉하면 독성가스인 황화수소가 발생하기 때문에 원칙적으로 주수소화를 금지한다.

오답해설

① 희석소화 : 수용성 가연성 액체(예 알코올류, 알데히드류, 에테르류, 케톤류 등) 화재 시에 다량의 물을 방사함으로써 농도를 묽게 하여 연소농도 이하가 되어 소화시키는 방법이다.

② 유화소화 : 물보다 무거운 비수용성 유류에 포나 물을 뿌려 층을 형성함으로써 유류표면에 유화층의 물과 기름의 얇은 막(에멀젼 효과)을 만들어 산소차단효과를 일으키는 소화방법이다.

③ 질식 및 피복소화

- 질식소화 : 산소공급원을 차단하거나 산소농도를 15% 이하로 낮추는 소화 방법을 '질식소화'라 한다. 질식소화 방법으로 식용유 화재 시 뚜껑을 덮어 소화하는 방법, 수건, 담요, 이불 등의 고체를 덮어 소화하는 방법, 포(Foam), 이산화탄소, 분말·할로겐 소화설비를 이용하여 질식시키는 방법, 마른 모래, 팽창질석, 팽창진주암등 건조사에 의한 방법 등이 있다.

- 피복소화 : 산화탄소 소화약제의 소화작용으로 비중이 공기보다 무거운 연소물질을 덮음으로써 산소 공급을 차단시키는 소화방법이다.

18   답 ②

정답해설

② 할론 1301 소화약제는 공기보다 약 5배 무겁고, 비점 $-58°C$이며 기체로 존재한다. 참고로 공기보다 6배 이상 무겁고, 비점이 $-4°C$인 것은 할론 1211이다.

19   답 ①

정답해설

① 마그네슘의 완전연소 반응식 : $2Mg + O_2 \rightarrow 2MgO$이다.

위 식에서 마그네슘 2mol(48g)을 완전연소하기 위해 필요한 이론 산소량은 1mol이다. 산소 1mol일 때 산소량은 32g이다.

∴ 마그네슘 12g을 완전연소하기 위해 필요한 이론 산소량은 8g이다.

20   답 ②

정답해설

② • 주민보호를 위한 비상방송시스템 가동 등 긴급 공공정보 제공에 관한 사항 및 재난상황 등에 관한 정보 통제에 관한 사항은 '대중정보'에 해당한다.

• '비상경고'는 긴급대피, 상황 전파, 비상연락 등에 관한 사항이다(「재난 및 안전관리기본법 시행령」 제63조 제1항 제2호).

정답 체크

01	02	03	04	05	06	07	08	09	10
③	④	①	③	④	①	②	③	③	②
11	12	13	14	15	16	17	18	19	20
④	③	④	②	②	④	②	①	①	①

01

답 ③

정답해설

③ 증기폭발은 물질의 상변화에 의해 에너지를 방출이 짧은 시간에 이루어지는 물질적 폭발에 해당한다.

오답해설

① 분해폭발, ② 분진폭발, ④ 중합폭발은 물질 자체의 화학적 분자 구조가 변하며 화염을 동반하는 화학적 폭발에 해당한다.

출제자의 Point!

폭발의 종류
폭발의 종류는 물리적 폭발과 화학적 폭발로 분류된다.
1. 물리적 폭발(= 응상폭발)의 종류
   수증기 폭발, 증기폭발, BLEVE현상(물리적 폭발 + 화학적 폭발), 고 상간의 전이에 의한 폭발(고체상 전이폭발, 고체인 무정형 안티몬이 동일한 고상의 안티몬으로 전이할 때에 발열함으로써 주위의 공기가 팽창하여 폭발현상을 나타낸다), 전선폭발(= 금속선 발)(알루미늄 전 선에 한도 이상의 대전류가 흘러 순식간에 전선이 가열되고 용융과 기 화가 급격하게 진행되어 폭풍을 일으켜 피해를 주는 경우도 있다)
2. 화학적 폭발(= 기상폭발)의 종류
   산화폭발(가스폭발, 분진폭발, 분무폭발), 분해폭발, 중합폭발, 증기운 폭발(UVCE), 백드래프트현상

02

답 ④

정답해설

④ 우리나라 소방행정체제의 발달순서는 ㄷ. 자치 소방행정체제(미 군정기, 1945~1948) → ㄴ. 국가 소방행정체제(대한민국 정부수 립 이후, 1948~1970) → ㄱ. 이원적 소방행정체제(1972~1992) → ㄹ. 광역자치 소방행정체제(1992년~현재)이다.

03

답 ①

정답해설

① 긴급구조에 필요한 인력·시설 및 장비, 운영체계 등 긴급구조능 력을 보유한 기관이나 단체로서 대통령령으로 정하는 기관과 단 체를 '긴급구조지원기관'이라 한다.

> 「재난 및 안전관리 기본법」 제3조(정의)
> 7. "긴급구조기관"이란 다음 각 목의 어느 하나에 해당하는 기관을 말한다. 소방청, 소방본부, 소방서, 해양에서는 해양경찰청, 지방 해양경찰청, 해양경찰서이다.
> 8. "긴급구조지원기관"이란 긴급구조에 필요한 인력·시설 및 장 비, 운영체계 등 긴급구조능력을 보유한 기관이나 단체로서 대통 령령으로 정하는 기관과 단체를 말한다.

04
답 ③

정답해설
② 최소발화에너지(MITE)는 화학양론적 조성 부근에서 가장 작다.

최소발화에너지(MITE)의 특성
1. 개념 : 가연물이 화학 반응할 때 작은 에너지로 연소하는 것을 최소발화에너지라고 한다.
2. 최소발화에너지에 영향을 주는 인자
   (1) 온도가 상승하면 분자운동이 활발해서 최소발화에너지는 작아진다.
   (2) 압력이 상승하면 분자간의 거리가 가까워져서 최소발화에너지는 작아진다.
   (3) 농도가 짙고, 발열량이 크며, 산소분압이 높아질 때 최소발화에너지는 작아진다.
   (4) 열전도율이 작을수록 최소발화에너지는 작아진다.
   (5) 가연성 가스의 조성이 화학양론적 조성 부근일 경우 최소발화에너지(MITE)는 최저가 된다.

05
답 ④

정답해설
④ 중성대의 위치는 화재실 내부의 상부와 하부의 온도차와 압력차가 주요 요인이다. 건축물의 높이와 건축물 내·외부의 온도차는 굴뚝효과에 영향을 미치는 주요 요인이다.

06
답 ①

정답해설
① ㉠에 들어갈 내용은 '대류', ㉡에 들어갈 내용은 '복사'이다.

내화구조 건축물의 화재 진행단계에서 열전달 기전
1. 화재초기(발화기) - 전도
2. 성장기 - 대류
3. 최성기 - 복사

07
답 ②

정답해설
② 무선통신보조설비는 피난기구가 아니라 소화활동설비에 해당한다.

피난구조설비 중 피난기구의 종류
1. 피난사다리
2. 구조대
3. 완강기
4. 기타 : 미끄럼대, 피난교, 피난용 트랩, 피난용 밧줄, 승강식 피난기 등

08
답 ③

정답해설
ㄷ. 포스겐의 공기 중 허용농도 : 0.1ppm 이하
ㄹ. 염화수소의 공기 중 허용농도 : 5ppm 이하
ㄱ. 일산화탄소의 공기 중 허용농도 : 50ppm 이하
ㄴ. 이산화탄소의 공기 중 허용농도 : 5,000ppm 이하
위의 연소가스의 공기 중 허용농도를 낮은 것에서부터 배열하면 포스겐 - 염화수소 - 일산탄소 - 이산화탄소 순이다.

09
답 ③

정답해설
③ 유성체의 추락·충돌로 인한 재난은 자연재난에 해당된다.

오답해설
①은 국가핵심기반, ②는 붕괴, ④는 가축전염병 확산으로 사회재난에 해당한다.

> 「재난 및 안전관리 기본법」 제3조(정의)
> 1. "재난"이란 국민의 생명·신체·재산과 국가에 피해를 주거나 줄 수 있는 것으로서 다음 각 목의 것을 말한다.
>   가. 자연재난 : 태풍, 홍수, 호우(豪雨), 강풍, 풍랑, 해일(海溢), 대설, 한파, 낙뢰, 가뭄, 폭염, 지진, 황사(黃砂), 조류(藻類) 대발생, 조수(潮水), 화산활동, 소행성·유성체 등 자연우주물체의 추락·충돌, 그 밖에 이에 준하는 자연현상으로 인하여 발생하는 재해
>   나. 사회재난 : 화재·붕괴·폭발·교통사고(항공사고 및 해상사고를 포함한다)·화생방사고·환경오염사고 등으로 인하여 발생하는 대통령령으로 정하는 규모 이상의 피해와 국가핵심기반의 마비, 「감염병의 예방 및 관리에 관한 법률」에 따른 감염병 또는 「가축전염병예방법」에 따른 가축전염병의 확산, 「미세먼지 저감 및 관리에 관한 특별법」에 따른 미세먼지 등으로 인한 피해

10 　　　　　　　　　　 답 ②

정답해설

② 분자 내부에 니트로기를 갖고 있는 TNT, 니트로셀룰로오스 등과 같은 제5류 위험물은 자체 산소를 가지고 있어, 열분해 과정에서 산소를 발생시키고 이 산소로 자신이 연소하는 자기연소(내부연소)의 형태를 갖는다.

출제자의 Point!

고체연소의 형태
1. 증발연소 : 양초, 나프탈렌, 파라핀, 왁스, 유황, 장뇌, 고형알코올 등
2. 분해연소 : 석탄, 목재, 종이, 섬유, 플라스틱, 고무 등
3. 자기연소(= 내부연소) : 제5류 위험물
4. 표면연소(= 작열선소) : 숯, 목탄, 코크스, 금속분 등

11 　　　　　　　　　　 답 ④

정답해설

④ 화재의 예방조치, 강제처분 등 소방행정기관이 당사자의 허락을 받지 않고 일방적인 결정에 행정조치를 취하는 것을 우월성(=지배복종관계)이라 한다.

출제자의 Point!

소방행정작용의 특성
1. 우월성(= 지배복종관계) : 화재의 예방조치, 강제처분 등 소방행정기관이 당사자의 허락을 받지 않고 일방적인 결정에 행정조치를 취하는 것을 말한다.
2. 원칙성(= 획일성) : 소방법규에 규정된 내용이나 소방기관의 명령은 원칙적으로 소방대상물, 관계인 등에게 획일적으로 모두 적용된다는 특성이다.
3. 기술성(= 수단성) : 소방법규의 내용이나 소방기관의 명령은 소방의 목적을 달성하기 위한 수단이라는 것이다.

12 　　　　　　　　　　 답 ③

정답해설

③ 황화린은 제2류 위험물인 가연성 고체로서 지정수량은 100kg이다.

오답해설

① 과염소산은 제6류 위험물이다.
② 황린은 제3류 위험물이다.
④ 산화성고체는 제1류 위험물의 성질이다.

13 　　　　　　　　　　 답 ④

정답해설

④ 제4종 - 중탄산칼륨 + 요소 - B, C급이다.

출제자의 Point!

분말소화약제의 종류 및 적응화재

구분	화학식 (주성분)	소화 원리	적응 화재	착색	방습 처리제
제1종 분말 소화 약제	$NaHCO_3$ (탄산수소 나트륨, 중탄산 나트륨)	부촉매, 질식, 냉각	B급, C급	백색	스테아린 산염(아연, 마그네슘)
제2종 분말 소화 약제	$KHCO_3$ (탄산수소칼륨, 중탄산칼륨)	부촉매, 질식, 냉각	B급, C급	담자색 (담회색)	스테아린 산염(아연, 마그네슘)
제3종 분말 소화 약제	$NH_4H_2PO_4$ (제1인산 암모늄)	부촉매, 질식, 냉각, 방진, 탈수	A급, B급, C급	담홍색	실리콘 오일
제4종 분말 소화 약제	$KHCO_3 +$ $(NH_2)_2CO$ (탄산수소 칼륨 + 요소)	부촉매, 질식, 냉각	B급, C급	회색	스테아린 산염(아연, 마그네슘)

14 　　　　　　　　　　 답 ②

정답해설

② 정전기에 의한 발화과정은 전기부도체의 마찰에 의해 전하의 발생 → 전하의 축적 → 방전 → 발화이다.

15 　　　　　　　　　　 답 ②

정답해설

② 점화에너지를 차단하는 소화는 냉각소화이며 물리적 소화에 해당한다. 물리적 소화 - 냉각소화 - 점화에너지 차단

출제자의 Point!

화재의 소화방법과 효과

물리적 소화	• 냉각소화 → 점화에너지 차단
	• 질식소화 → 산소 차단
	• 제거소화 → 가연물 차단
화학적 소화	억제소화 → 연쇄반응 차단

16 답 ④

정답해설
④ 건축물의 높이가 높을수록 연돌효과는 증가한다.

출제자의 Point!

굴뚝효과에 대한 이해
1. 개념
   고층건축물의 계단실, 엘리베이터실과 같은 수직 공간 내의 온도와 밖의 온도가 서로 차이가 있는 경우에 밀도 차에 의해 부력이 발생하여 연기가 수직 공간을 따라 상승하는 현상을 말한다.
2. 굴뚝효과의 요인
   (1) 건축물의 높이
   (2) 화재실의 온도
   (3) 건축물 내·외의 온도차(건물 내부온도 〉건물 외부온도)
   (4) 외벽의 기밀도
   (5) 각층 간의 공기누설

17 답 ②

정답해설
② 이산화탄소는 전기가 통하지 않는 전기비전도성이므로 전기설비에 사용이 가능하다. 이산화탄소소화약제는 B급화재(=유류화재)와 C급화재(= 전기화재)에 소화 적응성이 있다.

출제자의 Point!

이산화탄소(CO_2) 소화약제
1. 무색·무취의 기체로서 독성이 없으며, 공기보다 비중이 1.52배 무겁다. → 피복소화 효과
2. 소화 후에 잔유물을 남기지 않아 증거보존이 가능하다.
3. 미세한 공간에도 잘 침투하므로 심부화재 적응성이 좋다.
4. 전기절연성이 좋아 전기화재에도 적합하다(비전도성).
5. 소화 시 산소의 농도를 저하시키므로 질식의 우려가 있고, 방사 시 약 −80℃까지 하강하기 때문에 동상의 우려가 있다.
6. 자체압으로 방사 및 소화가 가능하므로 고압저장 시 주의를 요하고 있으며, 방사 시 소음이 크다.
7. 방사 시 운무현상이 두드러져 삼중점에 이르면 드라이아이스로 변한다. → 가시거리가 짧아지며 피난 시 행동에 장애 초래
8. 소화약제는 고압으로 액화시켜 용기에 보존하며 반영구적으로 보존 및 사용이 가능하며, 추운 지방에서도 사용이 가능하다.

18 답 ①

정답해설
① 제6류 위험물을 운반용기에 수납할 때 외부에 주의사항으로 가연물 접촉주의를 표시하여야 한다.

출제자의 Point!

위험물을 수납하는 운반용기의 외부에 표시해야 하는 주의사항
1. 제1류 위험물
   (1) 수납하는 위험물 – 화기주의, 충격주의, 가연물 접촉주의
   (2) 알칼리금속의 무기과산화물 – 화기주의, 충격주의, 가연물 접촉주의, 물기엄금
2. 제2류 위험물
   (1) 철분, 금속분, 마그네슘 – 화기주의, 물기엄금
   (2) 인화성고체 – 화기엄금
   (3) 그 밖의 제2류 위험물 – 화기주의
3. 제3류 위험물
   (1) 자연발화성물질 – 화기엄금 및 공기접촉주의
   (2) 금수성물질 – 물기엄금
4. 제4류 위험물 – 화기엄금
5. 제5류 위험물 – 화기엄금 및 충격주의
6. 제6류 위험물 – 가연물 접촉주의

19 답 ①

정답해설
① 가축질병은 보건복지부가 아니라 농림축산식품부가 재난관리주관기관에 해당한다.

출제자의 Point!

「재난 및 안전관리 기본법 시행령」상 재난 및 사고 유형별 재난관리주관기관
1. 해양에서 발생한 유도선 수난사고 : 해양경찰청
2. 해양선박사고 : 해양수산부
3. 풍수해, 지진, 가뭄, 한파, 폭염 등 : 행정안전부
4. 식용수사고, 황사, 미세먼지 : 환경부
5. 감염병 재난 : 보건복지부, 질병관리청
6. 지하철사고, 붕괴, 터널사고 : 국토교통부

20 답 ①

정답해설
① 실무수습생이 실무수습 교육 중 사망한 경우에는 사망한 날에 임용된 것이 아니라 사망 전 일에 임용된 것으로 본다(「소방공무원 임용령」 제5조 제3호).

오답해설
② 「소방공무원 임용령」 제4조 제1항
③ 「소방공무원 임용령」 제4조 제2항
④ 「소방공무원 임용령」 제5조 제1호 가목

01

답 ②

정답해설

② 연결살수설비의 구경이 45mm인 배관에는 살수헤드를 최대 3개까지 부착할 수 있다.

출제자의 Point!

하나의 배관에 부착하는 살수헤드의 개수(개방형 헤드)

살수헤드 개수	1개	2개	3개	4~5개	6~10개
배관의 구경(mm)	32	40	45	65	80

02

답 ③

정답해설

③ 성인에게 심폐소생술을 실시할 때 적절한 가슴압박과 이완의 힘의 비율은 50 : 50이다. 가슴압박은 분당 100~120회의 속도와 약 5cm 깊이로 강하고 빠르게 시행한다.

오답해설

① 30 : 2는 가슴압박과 인공호흡의 비율이다. 30회의 가슴압박과 2회의 인공호흡을 반복해서 시행한다.

② 가슴압박과 인공호흡의 시술자가 의료인 또는 응급구조사가 2인일 경우, 유아와 아동은 15 : 2의 비율로 가슴압박과 인공호흡을 반복한다.

03

답 ④

정답해설

④ 연소란 열과 빛을 발하는 급속한 산화반응현상을 말하며, 일반적으로 연소는 연소의 4요소가 적용되지만 무염연소는 연쇄반응이 일어나지 않는 연소의 3요소만으로 연소가 진행된다.

출제자의 Point!

불꽃연소와 작열연소의 비교

구분	불꽃연소 (= 발염연소, 유염연소)	작열연소(= 표면연소, 무염연소, 응축연소, 직접연소)
화재 구분	표면에 불꽃이 있는 표면화재	표면에 불꽃이 없는 심부화재(표면연소)
연소의 요소	연소의 4요소 필요	연소의 3요소 필요
연소속도	빠름	느림
연소성	완전연소하기 쉬움	불완전연소의 우려가 있음
연소가스	CO_2가 많이 발생	CO가 많이 발생
방출열량	시간당 방출열량이 많음	시간당 방출열량이 적음
연쇄반응	연쇄반응이 일어남	연쇄반응이 일어나지 않음
소화	부촉매에 의한 소화	부촉매에 의한 소화 불가능

04

답 ②

정답해설

② 소화활동설비는 화재를 진압하거나 인명구조활동을 위하여 사용하는 설비로 제연설비, 연결송수관설비, 연결살수설비, 비상콘센트설비, 무선통신보조설비, 연소방지설비가 있으며, 주로 소방대원이 사용하는 본격소화에 이용되는 설비이다(「화재예방, 소방시설 설치·유지 및 안전관리에 관한 법률 시행령」 [별표 1]).

오답해설

① 옥내소화전, 스프링클러설비는 소화설비이다.

③ 소화활동설비는 화재를 진압하거나 인명구조활동을 위하여 사용하는 설비이며, 화재를 진압하는 데 필요한 물을 공급하거나 저장하는 설비는 소화용수설비이다. 연소방지설비는 소화활동설비에, 상수도소화용수설비는 소화용수설비에 해당한다.

④ 방열복, 구조대는 피난설비이다.

05 답 ②

정답해설

② 소화활동종사명령은 작위하명과 급부하명이 같이 있는 명령에 해당된다.

오답해설

① 화기취급의 금지는 부작위하명에 해당된다.

③ 타고 남은 재의 처리는 작위하명에 해당된다.

④ 소방시설공사업 등록은 허가 중 혼합허가에 해당된다.

06 답 ①

정답해설

① 건축구조물 화재의 소실 정도를 구분하는 기준은 입체면적의 비율, 소실면적을 나타내는 기준은 소실바닥면적으로 구분한다.

출제자의 Point!

화재의 소실 정도와 건물의 소실면적

1. 화재의 소실 정도 구분 : 화재의 소실 정도는 건축물의 입체면적에 대한 비율을 기준으로 구분한다.
2. 화재의 소실 정도 종류

전소	• 건물 70% 이상이 소실된 경우
	• 건물의 소실된 부분이 70% 미만이더라도 잔존부분을 보수하여도 재사용이 불가능한 경우
반소	건물의 30% 이상 70% 미만이 소실된 경우
부분소	전소 및 반소에 해당하지 아니한 경우

3. 건물의 소실면적 산정 : 건물의 소실면적 산정은 소실 바닥면적으로 산정한다. 다만, 화재피해 범위가 건물의 6면 중 2면 이하인 경우에는 6면 중의 피해면적의 합에 1/5을 곱한 값을 소실면적으로 한다.

07 답 ③

오답해설

① 압력이 높아지면 연소범위의 하한계 값은 거의 변함이 없고 상한계 값은 높아진다.

② 이황화탄소의 연소범위는 1.2~44%이며, 일산화탄소의 연소범위는 12.5~75%이다.

④ 위험성은 가연성 기체는 연소범위를 기준으로, 가연성 액체는 인화점을 기준으로 하고 가연성 고체는 발화점을 기준으로 위험성을 판단한다.

08 답 ③

정답해설

③ 매슬로우(A. H. Maslow)의 욕구단계설에서의 욕구위계는 생리적 욕구 → 안전에 대한 욕구 → 애정의 욕구 → 존경과 긍지에 대한 욕구 → 자아실현의 욕구이다.

출제자의 Point!

매슬로우의 욕구단계이론

1. 욕구가 행위를 결정한다고 가정한다.
2. 욕구의 순차성을 가정한다. 욕구는 우선순위의 계층이 있다(생리적 욕구 → 안전의 욕구 → 소속감 · 애정의 욕구 → 자존 · 존경의 욕구 → 자아실현의 욕구).
3. 일단 충족된 욕구는 더 이상 동기화되지 않는다고 본다.
4. 욕구의 퇴행은 없다고 가정한다.

09 답 ④

정답해설

④ 'M(Medications) – (투약 중인) 약물복용'은 2차 평가 중 환자의 병력에서 '과거병력'의 분류에 속한다.

출제자의 Point!

의식상태 평가에서의 분류(AVPU)

1. A(Alert) : 의식명료(정상)
2. V(Verbal stimuli) : 언어지시반응(신음소리 포함)
3. P(Pain stimuli) : 통증자극에만 반응
4. U(Unresponse) : 무반응

10　　답 ④

정답해설

㉠ 외부 점화원에 의해 점화된 후 그 점화원을 제거하여도 지속적으로 연소반응을 일으킬 수 있는 최저온도를 연소점이라 한다.

㉡ 연소 시 화염이 미연소 혼합가스에 대하여 수직으로 이동하는 속도를 연소속도라 한다.

오답해설

• 인화점은 연소범위에서 외부의 직접적인 점화원에 의하여 인화될 수 있는 최저 온도 즉, 공기 중에서 가연물 가까이 점화원을 투여하였을 때 불이 붙는 최저의 온도이다.

• 발화점은 외부의 직접적인 점화원이 없이 가열된 열의 축적에 의하여 발화가 되고 연소가 되는 최저의 온도, 즉 점화원이 없는 상태에서 가연성 물질을 공기 또는 산소 중에서 가열함으로써 발화되는 최저 온도를 말한다.

• 화염속도는 가연성 혼합기 때 화염을 발생시켜 이를 중심으로 주변에 화염이 확대될 때의 이동속도를 말한다.

출제자의 Point!

인화점 · 연소점 · 발화점의 비교
1. 일반적인 온도관계는 인화점 < 연소점 < 발화점이다.
2. 인화점, 연소점, 발화점의 온도가 낮을수록 위험성이 증가한다.
   ① 인화점과 연소점은 비례하지만 발화점과는 비례도 반비례도 아닌 별개의 개념이다.
   ② 인화점과 발화점의 차이는 점화에너지의 유무(有無)이다.

11　　답 ②

정답해설

② 가연물이 불완전 연소할 때 발생하는 일산화탄소는 혈액 중의 산소 운반 물질인 헤모글로빈(Hemoglobin)과 결합한다. 이때의 일산화탄소의 결합력은 산소와의 결합력보다 약 250배 정도로 크다. 이러한 작용을 하는 일산화탄소 때문에 산소의 혈중 농도가 저하되어 질식을 일으킨다.

출제자의 Point!

일산화탄소(CO)
1. 허용농도 : 50ppm 이하
2. 무색 · 무취 · 무미의 환원성이 강한 가스
3. 300℃ 이상의 열분해 시 발생
4. 폭발한계 : 12.5~75%
5. 푸른 불꽃을 내며 타지만 다른 가스의 연소는 돕지 않음
6. 혈액 중의 헤모글로빈과 결합력이 산소보다 250~400배나 강하므로 흡입하면 산소결핍 상태가 되어 질식을 일으킴

12　　답 ③

정답해설

③ 목조 또는 내화조 건물의 경우 격벽으로 방화구획이 되어 있는 경우는 동일동으로 본다(「화재조사 및 보고규정」[별표 1]).

출제자의 Point!

건물의 동수 산정(「화재조사 및 보고규정」[별표 1])
1. 주요 구조부가 하나로 연결되어 있는 것은 1동으로 한다. 다만 건널 복도 등으로 2 이상의 동에 연결되어 있는 것은 그 부분을 절반으로 분리하여 각 동으로 본다.
2. 건물의 외벽을 이용하여 실을 만들어 헛간, 목욕탕, 작업실, 사무실 및 기타 건물 용도로 사용하고 있는 것은 주 건물과 1동으로 본다.
3. 구조에 관계없이 지붕 및 실이 하나로 연결되어 있는 것은 동일동으로 본다.
4. 목조 또는 내화조 건물의 경우 격벽으로 방화구획이 되어 있는 경우도 동일동으로 한다.
5. 독립된 건물과 건물 사이에 차광막, 비막이 등의 덮개를 설치하고 그 밑을 통로 등으로 사용하는 경우는 별동으로 한다.
   예 작업장과 작업장 사이에 조명유리 등으로 비막이를 설치하여 지붕과 지붕이 연결되어 있는 경우
6. 내화조 건물의 옥상에 목조 또는 방화구조 건물이 별도 설치되어 있는 경우는 별동으로 한다. 다만, 이들 건물의 기능상 하나인 경우(옥내 계단이 있는 경우)는 동일동으로 한다.
7. 내화조 건물의 외벽을 이용하여 목조 또는 방화구조건물이 별도 설치되어 있고 건물 내부와 구획되어 있는 경우 별동으로 한다. 다만, 주된 건물에 부착된 건물이 옥내로 출입구가 연결되어 있는 경우와 기계설비 등이 쌍방에 연결되어 있는 경우 등 건물 기능상 하나인 경우는 동일동으로 한다.

13　　답 ①

정답해설

① 파면은 신분을 배제하는 징계로서 처분일로부터 5년간 공무원으로 임용자격이 제한된다.

오답해설

② 해임은 신분을 배제하는 징계로서 처분일로부터 3년간 공무원으로 임용자격이 제한된다.

③ 정직은 1월 이상 3월 이하의 기간 중 공무원의 신분은 보유하나 직무에 종사하지 못하게 하며 그 기간 중 보수의 전액을 삭감하는 징계로서 일정기간 승진임용 및 승급이 제한된다.

④ 감봉은 1월 이상 3월 이하의 기간 중 보수의 3분의 1을 감하는 징계로서 일정기간 승진임용 및 승급이 제한된다.

14
답 ②

정답해설

② 화학적 조성이 일치할 때 최소발화에너지는 작아진다.

출제자의 Point!

최소발화에너지가 작아지는 조건
1. 열전도율이 낮아질 때
2. 화학적 조성이 일치할 때
3. 압력이 상승할 때
4. 농도가 짙고 발열량이 크며 산소분압이 높아질 때
5. 온도가 상승할 때

15
답 ②

정답해설

② 제시문은 유류저장탱크의 연소 시 이상현상 중 슬롭오버 현상에 대한 설명이다.

오답해설

① 탱크 바닥에 물과 기름의 에멀젼이 섞여 있을 때 뜨거운 열에 의해 급격한 부피 팽창이 일어나 유류가 탱크 외부로 분출되는 현상이다.

③ 과열상태의 탱크에서 내부의 액화가스가 분출하여 기화되어 착화되었을 때 폭발하는 현상이다.

④ 물이 점성이 뜨거운 기름 표면 아래서 끓을 때 화재를 수반하지 않고 기름이 거품을 일으키면서 넘치는 현상이다.

16
답 ④

정답해설

④ 분진폭발은 가스폭발보다 발생에너지가 크기 때문에 폭발에 의한 피해가 크다.

출제자의 Point!

분진폭발과 가스폭발의 특성 비교
1. 가스폭발보다 분진폭발은 최소발화에너지가 크다.
2. 가스폭발에 비해 분진폭발은 불완전연소가 심하므로 일산화탄소(CO)가 발생한다.
3. 1차 분진폭발의 영향으로 주위의 분진을 날리게 하여 2차·3차 폭발이 발생할 수 있다.
4. 가스폭발보다 분진폭발은 연소속도, 폭발압력은 작으나 연소시간이 길고 발생에너지가 크기 때문에 연소 시 그 물질의 파괴력과 그을음이 크다.
5. 분진폭발은 입자가 비산하므로 접촉되는 가연물은 국부적으로 심한 탄화 또는 화상도 유발한다.
6. 분진폭발의 발생에너지는 가스폭발의 수백 배 이상이고 온도는 탄화수소양이 많아 약 2천~3천℃까지 올라간다.

17
답 ①

오답해설

② 차동식분포형 감지기는 주위 온도가 일정상승률 이상이 되는 경우에 작동하는 것으로서 넓은 범위 내에서의 열효과에 의하여 작동되는 것을 말한다. 공기관식, 열전대식, 열반도체식이 있다.

③ 정온식스포트형 감지기는 주위 온도가 일정온도 이상이 되었을 때 작동하는 것으로서 일국소의 열효과에 의하여 작동된다.

④ 광전식스포트형 감지기는 주위의 공기가 일정한 농도의 연기를 포함하게 되는 경우에 작동하는 것으로서 일국소의 연기에 의하여 광전소자에 접하는 광량의 변화로 작동하는 것을 말한다.

18
답 ②

정답해설

② 〈보기〉의 내용에 해당하는 것은 할론 1211이다. 참고로 할론 1211은 A·B·C급 화재에 사용되며, 비점이 -4℃, 압력이 낮아 가압용 가스(질소)를 이용하여 방출한다.

오답해설

① 할론 1301은 화재 시 방사하면 할로겐 원자의 억제작용으로 연쇄반응을 하고 있는 가연물을 억제하는 부촉매효과, 질식작용과 냉각작용을 한다.

③ 할론 2402는 상온에서 액체이며 비교적 독성이 강하다.

④ 할론 1011은 상온에서 액체이며 독성이 강하고 저장이 쉽지 않다.

19　　　　　　　　　　　　　　답 ②

정답해설
② 열전도율은 작을수록, 증기압이 클수록 위험하다.

출제자의 Point!

가연물의 위험성 판단기준
1. 클수록 위험한 것 : 증기압, 온도, 압력, 열량, 연소속도, 폭발범위, 화염전파속도 등
2. 작을수록 위험한 것 : 인화점, 착화점, 점성, 비점, 비중, 융점, 표면장력, 증발열, 전기전도율, LOI(한계산소지수), 열전도율, 활성화에너지

20　　　　　　　　　　　　　　답 ③

정답해설
③ 르샤틀리에 법칙을 활용하여 풀이한다.

$$\frac{100}{L} = \frac{75}{2.5} + \frac{16}{1.6} + \frac{9}{3} = 30 + 10 + 3 = 43$$

$$\therefore L = 2.33$$

출제자의 Point!

르샤틀리에 법칙
혼합기체를 구성하고 있는 각 가연성 가스의 폭발한계를 알면 전체 혼합기체의 폭발한계를 근사적으로 구할 수 있는 법칙을 말한다.
$100L = V_1L_1 + V_2L_2 + V_3L_3 + \cdots$　L : 혼합가스의 폭발한계(vol%)
• Vn : 각 단독성분의 혼합가스 중의 농도(vol%)
• Ln : 혼합가스를 형성하는 각 단독 성분의 폭발한계(vol%)

정답 체크

01	02	03	04	05	06	07	08	09	10
③	②	①	②	①	①	②	①	①	③
11	12	13	14	15	16	17	18	19	20
④	④	②	①	②	①	③	②	①	③

01
답 ③

정답해설

③ 갑오경장 이후 경무청 처리세칙에서 "수화소방(水火消防)은 난 파선 및 출화, 홍수 등에 대한 구호에 관한 사항"이라고 정하고 여기에서 '소방'이라는 용어를 최초로 쓰게 되었다.

오답해설

① 고려 시대에는 '소방'이라는 용어 대신에 '소재(消災)'라는 용어를 사용하였다.

② 조선 시대에는 소방 고유조직이 탄생되었다. 특히 세종 때는 금화 도감을 설치하고 금화군을 편성하여 화재를 방비하는 등 새로운 소방제도가 가장 많이 마련된 시기였다.

02
답 ②

정답해설

② 해외연수를 하고자 하는 경우는 임용유예 사유에 해당하지 않는다.

> **임용추천의 유예 또는 임용의 유예(「공무원임용령」 제13조의2)**
> ① 시험 실시기관의 장 또는 임용권자는 채용후보자 명부에 올라 있는 채용후보자가 다음 각 호의 어느 하나에 해당하는 경우에는 채용후보자 명부의 유효기간의 범위에서 기간을 정하여 시험 실시기관의 장은 임용추천을, 임용권자는 임용을 유예할 수 있다. 다만, 유예 기간 중이라도 그 사유가 소멸한 경우에는 임용추천 또는 임용을 할 수 있다.
> 1. 「병역법」에 따른 병역복무를 위하여 군에 입대하는 경우
> 2. 학업을 계속하는 경우
> 3. 6개월 이상의 장기요양이 필요한 질병이 있는 경우
> 4. 임신하거나 출산한 경우

> 5. 그 밖에 임용추천의 유예 또는 임용의 유예가 부득이하다고 인정되는 경우

03
답 ①

정답해설

① 알킬알루미늄이 발화하였다면 물, CO_2, CCl_4와 심하게 반응하므로 적당한 소화약제가 없는 관계로 소화가 극히 곤란하다. 따라서 알킬알루미늄의 화재에 대한 소화 작업은 건조사 등으로 주위를 막고, 유출을 방지한 후에 분말소화약제나 팽창질석 또는 팽창진 주암을 살포하여 화세를 억제시키면서 주위가 연소되지 않도록 안전하게 연소시켜서 자연 진화를 기다려야 한다.

04
답 ②

정답해설

② 전기화재는 C급화재로 색상은 청색으로 표시한다.

출제자의 Point!

소화적응성에 따른 분류

구분	내용
일반화재 (A급, 백색)	• 목재, 섬유, 고무, 플라스틱 등과 같은 일반가연 물의 화재이다. • 발생빈도나 피해액이 가장 큰 화재이다.
유류화재 (B급, 황색)	인화성 액체(제4류 위험물), 제1종 가연물(락카퍼티, 고무풀), 제2종 가연물(고체 파라핀, 송지)이나 페인트 등의 화재이다.
전기화재 (C급, 청색)	전류가 흐르고 있는 전기설비에서 불이 난 경우의 화재이다.
금속화재 (D급, 무색)	나트륨, 칼륨, 마그네슘과 같은 가연성 금속의 화재이다. 금속화재에 대한 소화기의 적응 화재별 표시는 D로 표시하고 있으나 현재 국내의 규정에는 없다.
가스화재 (E급, 황색)	메탄, 에탄, 프로판, 암모니아, 아세틸렌, 수소 등 가연성가스의 화재이다. 가스화재에 대한 소화기의 적응 화재별 표시는 국제적으로 E로 표시하고 있으나 현재 국내에서는 유류화재(B급)에 준하여 사용하고 있다.

05 답 ①

정답해설
① 항공구조구급대는 소방청, 시·도 소방본부에 설치할 수 있다(「119 구조·구급에 관한 법률 시행령」 제15조).

오답해설
②·③·④ 소방서 단위에 설치하는 특수구조대에는 화학구조대, 산악구조대, 수난구조대, 고속국도구조대, 지하철구조대가 있다.

출제자의 Point!

특수구조대

종류	설치 장소
화학구조대	화학공장이 밀집한 지역
수난구조대	내수면지역
산악구조대	자연공원 등 산악지역
고속국도구조대	고속국도
지하철구조대	도시철도의 역사(驛舍) 및 역무시설

06 답 ①

정답해설
① 하인리히(H. W. Heinrich)는 사고발생의 도미노단계에서 3단계인 불안전한 행동·상태 즉, 직접원인을 제거하면 사고재해를 예방 가능하다고 주장하였다.

출제자의 Point!

하인리히 이론

사회적 환경 및 유전적 요소	무모, 완고, 탐욕, 기타 바람직하지 못한 성격은 유전에 의해서 계승되며, 환경은 바람직하지 못한 성격을 조장하고 교육을 방해할 것이다. 유전 및 환경은 모두 인적 결함의 원인이 된다.
개인적 결함	신경질, 무분별, 무지 등과 같은 선천적 또는 후천적인 인적 결함은 불안전한 행동을 일으키거나 또는 기계적, 물리적인 위험성이 존재하게 하는 데 밀접한 원인이 된다.
불안전한 행동 또는 불안전한 상태	매달려 있는 짐 아래에 서있다든지, 안전장치를 제거하는 등과 같은 사람의 불안전한 행동. 방호장치 없는 톱니바퀴, 난간이 없는 계단, 불충분한 조명 등과 같은 기계적 또는 물리적인 위험성은 직접적인 사고의 원인이 된다.
사고	물체의 낙하, 비래(飛來)물에 의한 타격 등과 같은 현상은 상해의 원인이 된다.
상해	좌상, 열상 등의 상해는 사고의 결과로서 생긴다.

07 답 ②

정답해설
② 물분무 소화효과에는 억제소화효과는 없다.

출제자의 Point!

물분무 소화설비의 소화효과
물분무 소화설비의 물의 방사입자가 분무상(안개상)이므로 소화효과는 다음과 같다.
1. 기화열을 이용한 냉각효과
2. 수증기의 급격한 팽창에 의해 산소농도를 감소시킨 질식효과
3. 유류 표면에 얇은 수막층(에멀전층)을 형성하여 공기공급을 차단시키는 유화효과
4. 수용성 가연물에 주수하여 농도의 희석으로 가연성증기의 발생을 억제시키는 희석효과

08 답 ①

정답해설
① 종교중립의 의무는 「국가공무원법」에 규정되어 있다.

오답해설
②·③·④ 「소방공무원법」상의 의무에는 거짓보고 등의 금지, 지휘권 남용 등의 금지, 제복착용의 의무가 규정되어 있다.

09 답 ①

정답해설
① 프랭크 버드(Frank Bird)의 재해 구성 비율은 1(중상) : 10(경상) : 30(무상해 사고) : 600(위험순간)이다.

10 답 ③

정답해설
③ 관할구역이 2개소 이상 걸친 화재에 있어서 화재범위가 2 이상의 관할구역에 걸친 화재에 대해서는 발화 소방대상물의 소재지를 관할하는 소방서에서 1건의 화재로 한다(「화재조사 및 보고규정」 제27조).

오답해설
① 건축·구조물의 소실정도는 입체면적에 대한 비율을 기준으로 구분한다. 자동차·철도차량, 선박 및 항공기 등의 소실정도도 이를 준용한다(「화재조사 및 보고규정」 제30조).
② 「화재조사 및 보고규정」 제29조
④ 「화재조사 및 보고규정」 제33조 제1항

11 답 ④

정답해설

④ 중앙119구조본부장의 직급은 중앙소방학교장과 동일한 소방감이다(「소방청과 그 소속기관 직제」 제18조 제1항).

오답해설

① 중앙119구조본부는 「소방공무원 임용령」에서 소방기관에 해당한다(「소방공무원 임용령」 제2조 제3호).

② 중앙119구조본부는 재난현장에 출동하여 인명구조 활동을 하는 소속기관으로 구조대원의 교육훈련 및 그 밖의 사항을 아울러 관장한다(「중앙119구조본부 운영 규정」 제3조).

③ 소방청장은 중앙119구조본부 소속 소방공무원 중 소방령에 대한 전보·휴직·직위해제·정직 및 복직에 관한 권한과 소방경 이하의 소방공무원에 대한 임용권(소방위의 소방경으로의 승진임용권은 제외한다)을 중앙119구조본부장에게 위임한다(「소방공무원 임용령」 제3조 제3항).

12 답 ④

정답해설

④ 불화단백포와 수성막포 소화약제의 공통점은 탱크 하부에서 주입하는 표면하주입방식이다.

오답해설

① 불화단백포와 수성막포는 저발포형이다.

② 수성막포는 열에 약하다.

③ 불화단백포와 수성막포는 수계 소화약제이다.

13 답 ②

오답해설

① 펌프의 성능은 체절운전 시 정격토출압력의 140%를 초과하지 아니하고, 정격토출량의 150%로 운전 시 정격토출압력의 65% 이상이 되도록 한다.

③ 성능시험배관은 펌프 토출측 개폐밸브 이전에서 분기하여 설치한다.

④ 유량측정장치는 성능시험배관의 직관부에 설치하되 펌프 정격토출량의 175% 이상 측정할 수 있는 성능이 되어야 한다.

14 답 ①

정답해설

① 연결송수관설비 설치순서로 건식의 경우 '송수구 – 자동배수밸브 – 체크밸브 – 자동배수밸브' 순이고 습식의 경우 '송수구 – 자동배수밸브 – 체크밸브' 순이다.

출제자의 Point!

송수구

1. 지면으로부터 높이가 0.5m 이상 ~ 1m 이하의 위치에 설치하여야 한다.
2. 구경은 65mm의 쌍구형으로 하여야 한다.
3. 송수구는 연결송수관이 수직배관마다 1개 이상 설치하여야 한다.
4. 송수구 부근에는 자동배수밸브 또는 체크밸브를 설치하여야 한다.

15 답 ②

오답해설

① 일반화재 – 백색 – 목재, 섬유, 종이

③ 전기화재 – 청색 – 통전 중인 전기시설물

④ 금속화재 – 무색 – 마그네슘, 나트륨

16 답 ①

정답해설

① 화재하중이란 건축물이나 구조물 등이 화재에서 화재 층의 단위면적당 가연물질의 질량을 말한다. 따라서 화재화중의 단위는 kg/m^2이고, 연소를 위한 필요에너지 단위는 mj(밀리줄, millijoule)이다.

출제자의 Point!

화재하중(Fire Load)

$$(Q) = \frac{\Sigma(G_t H_t)}{HA} [kg/m^2]$$

G_t : 가연물의 양
H : 목재단위발열량
H_t : 단위발열량
A : 화재실 바닥면적

1. 화재하중이란 단위면적당 가연물의 중량이다.
2. 일정구역 안에 있는 가연물 전체발열량을 목재의 단위질량당 발열량으로 나누면 목재의 질량으로 환산된다. 이를 다시 그 구역의 바닥 면적으로 나누면 단위면적당 가연물(목재)의 질량이 되는데 이를 화재하중이라 하고 주수시간을 결정하는 주요인이 된다.
3. 건물화재 시 발열량 및 화재의 위험성을 나타내는 용어이다.
4. 화재의 규모를 결정하는 데 사용한다.
5. 화재하중을 감소시키는 방법은 내장재의 불연화이다.

17 답 ③

정답해설
③ 구조 활동의 우선순위는 구명 - 신체구출 - 고통경감 - 재산보호이다.

18 답 ②

정답해설
② 발열반응에 정촉매작용을 하는 물질을 피한다.

출제자의 Point!

자연발화
1. 개념 : 자연발화는 밀폐된 공간 등에서 가연물이 외부로부터 열원(점화원)의 공급을 받지 않고 물질 자체적으로 열을 축적하여 온도가 서서히 상승하는 현상으로 유기물질이 대기에 노출되어 발화점 이상의 온도가 되면 산화해서 자연발화한다.
2. 자연발화에 영향을 주는 요인(실내 조건)
   ① 공기유통이 원활하지 않고 수분이 적당히 있는 공간에 열이 축적될수록 자연발화가 잘 된다.
   ② 밀폐되어 고온·다습하며 즉, 실내가 후덥지근하여 온도가 상승할수록 자연발화가 잘 된다.
3. 자연발화의 조건(가연물 자체의 조건)
   ① 열전도율은 작아야 한다.
   ② 주위의 온도, 발열량, 비표면적은 커야 한다.
   ③ 수분은 적당해야 한다.
4. 자연발화 방지법
   ① 실내에 창문 등을 열어서 공기유통이 잘 되게 한다. (→ 통풍을 잘 되게 하여 열을 분산시킨다).
   ② 저장실의 온도를 낮게 하고 실내에 가연물을 수납할 때 열이 축적되지 않게 한다.
   ③ 적당한 습기는 물질에 따라 촉매작용을 하여 자연발화하므로 습도가 높은 곳을 피한다.
   ④ 발열반응에 정촉매작용을 하는 물질을 피한다.
5. 대표적인 자연발화물질 : 제3류 위험물인 황린(주위 온도가 약 30℃ 이상이 되면 자연발화하므로 물속에 저장)

19 답 ①

정답해설
① 통합감시시설은 경보설비에 해당된다. 경보설비는 화재발생 사실을 통보하는 기계·기구 또는 설비로서 단독경보형 감지기, 비상경보설비(비상벨설비, 자동식사이렌설비), 시각경보기, 자동화재탐지설비, 비상방송설비, 자동화재속보설비, 통합감시시설, 누전경보기, 가스누설경보기 등이 있다.

오답해설
②·③·④ 연결살수설비, 무선통신보조설비, 연소방지설비는 소화활동설비에 해당된다. 소화활동설비는 화재를 진압하거나 인명구조활동을 위하여 사용하는 설비로서 제연설비, 연결송수관설비, 연결살수설비, 비상콘센트설비, 무선통신보조설비, 연소방지설비 등이 있다.

20 답 ③

정답해설
③ 현장응급의료소장(=관할보건소장)은 통제단장의 지휘를 받아 의료소의 운영 전반에 관하여 지휘·감독한다(「긴급구조 대응활동 및 현장지휘에 관한 규칙」 제20조 제6항)

현장응급의료소의 설치 등(「긴급구조 대응활동 및 현장지휘에 관한 규칙」 제20조)
① 통제단장은 재난현장에 출동한 응급의료관련자원을 총괄·지휘·조정·통제하고, 사상자를 분류·처치 또는 이송하기 위하여 사상자의 수에 따라 재난현장에 적정한 현장응급의료소(이하 "의료소"라 한다)를 설치·운영해야 한다.
② 통제단장은 법 제49조 제3항 및 제50조 제3항에 따라 「의료법」 제3조 제2항에 따른 종합병원과 「응급의료에 관한 법률」 제2조 제5호에 따른 응급의료기관에 응급의료기구의 지원과 의료인 등의 파견을 요청할 수 있다.
③ 통제단장은 법 제16조 제2항에 따른 지역대책본부장으로부터 의료소의 설치에 필요한 인력·시설·물품 및 장비 등을 지원받아 구급차의 접근이 용이하고 유독가스 등으로부터 안전한 장소에 의료소를 설치해야 한다.
④ 의료소에는 소장 1명과 분류반·응급처치반 및 이송반을 둔다.
⑤ 의료소의 소장(이하 "의료소장"이라 한다)은 의료소가 설치된 지역을 관할하는 보건소장이 된다. 다만, 관할 보건소장이 재난현장에 도착하기 전에는 다음 각 호의 어느 하나에 해당하는 사람 중에서 긴급구조대응계획이 정하는 사람이 의료소장의 업무를 대행할 수 있다.
   1. 「응급의료에 관한 법률」 제26조에 따른 권역응급의료센터의 장
   2. 「응급의료에 관한 법률」 제27조 제1항에 따른 응급의료지원센터의 장
   3. 「응급의료에 관한 법률」 제30조에 따른 지역응급의료센터의 장
   4. 삭제
⑥ 의료소장은 통제단장의 지휘를 받아 응급의료자원의 관리, 사상자의 분류·응급처치·이송 및 사상자 현황파악·보고 등 의료소의 운영 전반을 지휘·감독한다.
⑦ 분류반·응급처치반 및 이송반에는 반장을 두되, 반장은 의료소 요원중에서 의료소장이 임명한다.
⑧ 의료소장 및 제7항에 따른 각 반의 반원은 [별표 6의2]에 따른 복장을 착용해야 한다.
⑨ 의료소에는 응급의학 전문의를 포함한 의사 3명, 간호사 또는 1급 응급구조사 4명 및 지원요원 1명 이상으로 편성한다. 다만, 통제단장은 필요한 의료인 등의 수를 조정하여 편성하도록 요청할 수 있다.
⑩ 소방공무원은 제5항에도 불구하고 의료소장이 재난현장에 도착하여 의료소를 운영하기 전까지 임시의료소를 운영할 수 있다. 이 경우 의료소장이 재난현장에 도착하면 사상자 현황, 임시의료소에서 조치한 분류·응급처치·이송 현황 및 현장 상황 등을 의료소장에게 인계하고, 그 사실을 통제단장에게 보고해야 한다.
⑪ 제1항부터 제10항까지에서 규정한 사항 외에 의료소의 설치 등에 관한 세부사항은 제10조에 따른 재난현장 표준작전절차 및 긴급구조대응계획이 정하는 바에 따른다.

01	02	03	04	05	06	07	08	09	10
④	④	①	②	④	②	②	③	④	③
11	12	13	14	15	16	17	18	19	20
②	②	①	④	③	③	②	③	②	③

01

답 ④

정답해설

④ 식용유화재로서 물을 뿌려 냉각소화하는 방법은 화재를 더욱 확대시킨다. 따라서 식용유화재의 소화방법은 제1종 분말소화약제에 의한 비누화반응에 의한 질식소화가 적당하다.

출제자의 Point!

소화적응성에 따른 분류

구분	내용
일반화재 (A급, 백색)	• 목재, 섬유, 고무, 플라스틱 등과 같은 일반가연물의 화재이다. • 발생빈도나 피해액이 가장 큰 화재이다.
유류화재 (B급, 황색)	인화성 액체(제4류 위험물), 제1종 가연물(락카퍼티, 고무풀), 제2종 가연물(고체 파라핀, 송지)이나 페인트 등의 화재이다.
전기화재 (C급, 청색)	전류가 흐르고 있는 전기설비에서 불이 난 경우의 화재이다.
금속화재 (D급, 무색)	나트륨, 칼륨, 마그네슘과 같은 가연성 금속의 화재이다. 금속화재에 대한 소화기의 적응 화재별 표시는 D로 표시하고 있으나 현재 국내의 규정에는 없다.
가스화재 (E급, 황색)	메탄, 에탄, 프로판, 암모니아, 아세틸렌, 수소 등 가연성가스의 화재이다. 가스화재에 대한 소화기의 적응 화재별 표시는 국제적으로 E로 표시하고 있으나 현재 국내에서는 유류화재(B급)에 준하여 사용하고 있다.

02

답 ④

오답해설

①·②·③ 목재건축물의 화재원인은 비화, 복사열, 접염(화염의 접촉) 등이 있다. 이것은 목조건축물뿐만 아니라 고층건물에서의 화재확대원인이기도 하다.

03

답 ①

정답해설

① 계단실에는 노대 또는 부속실에 접하는 부분 외에는 건축물의 내부와 접하는 창문 등을 설치하지 아니하여야 한다(「건축물의 피난·방화구조 등의 기준에 관한 규칙」 제9조 제2항 제3호 바목).

오답해설

③ 완강기는 사용자의 몸무게에 따라 자동으로 내려올 수 있는 기구 중 사용자가 교대하여 연속적으로 사용할 수 있어야 한다. 반면 간이완강기는 연속하여 교대로 사용할 수 없다.

04 답 ②

정답해설

② 흡입 제연방식은 제연방식의 종류에 해당되지 않는다. 제연방식의 종류에는 밀폐 제연방식, 자연 제연방식, 스모그타워 제연방식, 기계 제연방식이 있다.

출제자의 Point!

제연방식

자연 제연방식	건물에 설치된 창문이나 전용의 배연구를 통하여 옥외로 연기가 배출되는 방식
밀폐 제연방식	화재가 발생하였을 때 밀폐가 잘되는 문 등으로 공간을 밀폐시켜서 일시적으로 연기의 유출 및 공기 등의 유입을 차단시켜 제연하는 방식
스모그타워 제연방식	굴뚝 또는 환기통을 설치하여 화재 시 온도 상승으로 공기가 부력이 생긴 경우 지붕 위에 설치된 루프모니터 등이 외부 바람에 의해 작동하면서 생긴 흡입력을 이용하여 제연하는 방식
기계(강제) 제연방식	• 제1종 기계 제연방식 : 화재발생장소에 기계 제연을 행하는 동시에 복도나 계단실을 통해서 기계력에 의하여 유입을 행하는 방식 • 제2종 기계 제연방식 : 복도, 계단부실, 계단실 등 피난통로로서 중요한 부분에 대하여 공기를 송풍기에 의해 유입시키고 그 부분의 압력을 화재장소보다 상대적으로 높여 연기의 침입을 방지하는 방식 • 제3종 기계 제연방식 : 화재로 인하여 발생된 연기를 방의 상부로부터 배연기에 의하여 흡입시켜 옥외로 배출하는 방식

05 답 ④

정답해설

④ 제5류 위험물인 자기연소성 물질은 건조사, 팽창질석 및 팽창진주암 등을 사용한 질식소화는 부적당하며 초기화재 시에 대량의 물로 냉각소화가 적당하다. 제2류 위험물의 경우 금속분, 철분, 마그네슘, 황화린 등은 물로 소화하면 분해에 의해 발생한 가연성 수소가스에 의하여 화재를 확대시키고 폭발할 수 있기 때문에 건조사(마른모래), 건조분말(팽창질석, 팽창진주암) 등으로 질식소화한다.

오답해설

① 제1류 위험물은 일반적으로 연소되고 있는 가연물의 산소 발생을 억제하기 위해 다량의 물에 의한 냉각소화가 적절하나 무기과산화물의 경우 물과 반응하여 산소와 열을 발생하므로 냉각소화가 부적당하다. 따라서 건조사 등을 이용한 질식소화가 유효하다.

② 제3류 위험물은 절대 주수를 엄금하며, 어떤 경우든 물에 의한 냉각소화는 불가능하나 황린은 제외한다.

06 답 ②

정답해설

② 환기가 잘되지 않는 후덥지근한 공간에 기름걸레가 자연발화를 일으키는 것은 산화열 축적에 의한 자연발화형태이다.

출제자의 Point!

자연발화에 의한 열

분해열	물질에 열이 축적되어 서서히 분해할 때 생기는 열 예 셀룰로이드, 니트로셀룰로오스, 니트로글리세린, 아세틸렌, 산화에틸렌, 에틸렌 등
산화열	가연물이 산화반응으로 발열 축적된 것으로 발화하는 현상 예 석탄, 기름종류(기름걸레, 건성유), 원면, 고무분말 등
미생물열	미생물 발효현상으로 발생되는 열(=발효열) 예 퇴비(두엄), 먼지, 곡물분 등
흡착열	가연물이 고온의 물질에서 방출하는 (복사)열을 흡수하는 현상 예 다공성 물질의 활성탄, 목탄(숯) 분말 등
중합열	작은 다량의 분자가 큰 분자량의 화합물로 결합할 때 발생하는 열(=중합반응에 의한 열) 예 시안화수소, 산화에틸렌 등

07 답 ②

정답해설

② 폭굉유도거리(DID)는 관경이 가늘고 길수록 짧다.

출제자의 Point!

폭굉유도거리가 짧아지는 조건
1. 압력이 높을수록 짧다.
2. 관경이 가늘고 길수록 짧다.
3. 점화원의 에너지가 강할수록 짧다.
4. 연소속도가 빠른 가스일수록 짧다.
5. 관벽이 거칠고 이물질이 있을수록 짧다.

08 답 ③

정답해설

③ 제5류 위험물은 물질 자체에 산소를 함유하고 있어 질식소화가 어렵다.

출제자의 **Point!**

제5류 위험물(자기 반응성 물질)의 성상 및 소화

1. 가연성물질이며, 산소함유물질이므로 자기연소(내부연소)를 일으키기 쉽다.
2. 연소속도가 매우 빨라서 폭발적이다.
3. 유기질화물이므로 가열, 충격, 마찰 또는 다른 약품과의 접촉에 의해서 폭발하는 것이 많다.
4. 오랜 시간이 경과함에 따라서 산화반응이 일어나 열분해가 진행되어 자연발화를 일으키는 경우도 있다.
5. 연소에 필요한 산소를 스스로 공급하고 있으므로 질식효과의 소화방법은 효과가 없으며, 다량의 물로서 냉각소화를 하여야 한다.

09 답 ④

정답해설

④ 질소(N_2)는 산소와는 반응을 하나 발열반응이 아닌 흡열반응을 하기 때문에 불연성 물질이다. 연료에 함유량이 많을수록 발열량이 감소된다. 질소와 같은 흡열반응 물질에는 아산화질소(N_2O), 일산화질소(NO), 이산화질소(NO_2), 삼산화질소(N_2O_3) 등의 질소산화물이 있다.

10 답 ③

정답해설

③ 연소범위는 압력이 상승하면 일반적으로 하한계는 변함이 없지만 상한계가 높아져 연소범위가 넓어진다.

오답해설

① 연소가 일어나기 위한 낮은 쪽의 한계를 하한계, 높은 쪽의 한계를 상한계라 한다. 상한계와 하한계의 사이를 연소범위라 한다.

11 답 ②

정답해설

② 중앙대책본부의 본부장(이하 "중앙대책본부장"이라 한다)은 행정안전부장관이 되며, 중앙대책본부장은 중앙대책본부의 업무를 총괄하고 필요하다고 인정하면 중앙재난안전대책본부회의를 소집할 수 있다(「재난 및 안전관리 기본법」 제14조 제3항).

오답해설

① 「재난 및 안전관리 기본법」 제14조 제1항
③ 「재난 및 안전관리 기본법」 제14조 제3항 단서
④ 「재난 및 안전관리 기본법」 제14조 제4항

12 답 ②

정답해설

② "무창층"(無窓層)이란 지상층 중 다음의 요건을 모두 갖춘 개구부(건축물에서 채광·환기·통풍 또는 출입 등을 위하여 만든 창·출입구, 그 밖에 이와 비슷한 것을 말한다)의 면적의 합계가 해당 층의 바닥면적(「건축법 시행령」 제119조 제1항 제3호에 따라 산정된 면적을 말한다. 이하 같다)의 30분의 1이하가 되는 층을 말한다(「화재예방, 소방시설 설치·유지 및 안전관리에 관한 법률 시행령」 제2조 제1호).

1. 크기는 지름 50센티미터 이상의 원이 내접(內接)할 수 있는 크기일 것
2. 해당 층의 바닥면으로부터 개구부 밑부분까지의 높이가 1.2미터 이내일 것
3. 도로 또는 차량이 진입할 수 있는 빈터를 향할 것
4. 화재 시 건축물로부터 쉽게 피난할 수 있도록 창살이나 그 밖의 장애물이 설치되지 아니할 것
5. 내부 또는 외부에서 쉽게 부수거나 열 수 있을 것

13 답 ①

정답해설

① 자동화재탐지설비의 경계구역은 다음과 같다.

1. 하나의 경계구역의 면적은 600m^2 이하로 하고 한 변의 길이는 50m 이하로 한다(「위험물 안전관리법 시행규칙」 [별표 17]).
2. 지하구의 경우 하나의 경계구역의 길이는 700m 이하로 한다(「자동화재탐지설비의 화재안전기준」 제4조 제1항 제4호).

14   답 ④

정답해설

④ 하명은 법률적 행정행위 중 명령적 행정행위에 속한다.

출제자의 Point!

행정행위

법률적 행정행위	• 명령적 행정행위 : 국민에게 의무를 명하거나 또는 그 의무를 면제하는 행정행위로 하명, 허가, 면제가 있다. • 형성적 행정행위 : 국민에게 특정한 권리, 능력, 포괄적 법률관계, 기타 법률상의 권리 능력을 발생, 변경, 소멸시키는 행정행위로서 특허와 인가 및 대리가 있다.
준법률적 행정행위	행위자의 의사에 상관없이 법률이 정하는 바에 따라 행정행위의 효과가 발생하는 것으로 확인, 공증, 통지, 수리가 있다.

15   답 ③

정답해설

③ 일산화탄소는 압력이 커질수록 연소범위가 좁아진다.

출제자의 Point!

연소범위의 특징

1. 연소범위는 가연성 가스와 공기가 혼합된 경우보다도 산소가 혼합되었을 경우 넓어지며, 연소위험성이 커진다.
2. 불연성 가스(이산화탄소, 질소 등)를 주입하면 연소범위는 좁아진다.
3. 가스의 온도가 높아지면 연소범위는 넓어진다.
4. 가스의 압력이 높아지면 하한계는 크게 변하지 않으나 상한계는 상승한다.
5. 가스의 압력이 상압(1기압)보다 낮아지면 연소범위는 좁아진다.
6. 가연성 가스의 연소범위가 커질수록 위험하다.
7. 압력이 높아지면 일반적으로 연소범위는 넓어진다. 단, 일산화탄소는 압력이 높아질수록 폭발범위가 좁아진다.
8. 수소는 10기압까지는 연소범위가 좁아지지만 그 이상의 압력에서는 연소범위가 점점 더 넓어진다.

16   답 ③

정답해설

①·②·④ 재해예방을 위한 4원칙으로는 예방 가능의 원칙, 손실 우연의 원칙, 원인 연계의 원칙, 대책 선정의 원칙이 있다.

출제자의 Point!

재해예방을 위한 4원칙

예방 가능의 원칙	천재지변을 제외한 모든 인재는 예방이 가능하다.
손실 우연의 원칙	사고의 경우 손실의 유무 또는 대소는 사고 당시의 조건에 따라 우연적으로 발생한다.
원인 연계의 원칙	사고에는 반드시 원인이 있고 원인은 대부분 복합적 연계 원인이다.
대책 선정의 원칙	사고의 원인이나 불안전요소가 발견되면 반드시 대책을 선정·실시하여야 하며, 대책 선정은 가능하다.

17   답 ②

정답해설

② 국가직 소방령 이상은 소방청장의 제청으로 국무총리를 거쳐 대통령이 임용한다(「소방공무원법」 제6조 제1항 제1호).

오답해설

① 「정부조직법」 제34조 제8항
③ 「소방공무원법」 제30조
④ 「소방공무원법」 제15조

출제자의 Point!

근속승진기간 개정(「소방공무원법」 제15조)

1. 소방사 → 소방교 : 4년
2. 소방교 → 소방장 : 5년
3. 소방장 → 소방위 : 6년 6개월
4. 소방위 → 소방경 : 8년

18 답 ③

정답해설

③ 화재조사는 방화자 및 소화활동의 평가, 배상과 보상, 방화자와 실화자의 처벌을 목적으로 하지 않는다.

화재조사의 목적

1. 화재에 의한 피해를 알리고 유사화재의 방지와 피해의 경감에 이바지한다.
2. 출화원인을 규명하고 예방행정의 자료로 활용하다.
3. 화재확대 및 연소원인을 규명하여 예방 및 진압대책상의 자료로 활용한다.
4. 사상자의 발생원인과 방화관리상황 등을 규명하여 인명구조 및 안전대책의 자료로 한다.
5. 화재의 발생상황, 원인, 손해상황 등을 통계화함으로써 널리 소방정보를 수집하고 행정시책의 자료로 한다.

19 답 ②

정답해설

② 중앙대책본부장은 대통령령으로 정하는 규모의 재난이 발생하여 국가의 안녕 및 사회질서의 유지에 중대한 영향을 미치거나 피해를 효과적으로 수습하기 위하여 특별한 조치가 필요하다고 인정하거나 「재난 및 안전관리 기본법」에 따른 지역대책본부장의 요청이 타당하다고 인정하는 경우에는 중앙위원회의 심의를 거쳐 해당 지역을 특별재난지역으로 선포할 것을 대통령에게 건의할 수 있다(「재난 및 안전관리 기본법」 제60조 제1항).

20 답 ③

정답해설

③ 소화활동설비는 화재의 초기소화보다는 화재의 본격적인 소화를 위한 설비로 연결송수관설비는 소화활동설비에 해당한다.

오답해설

①·②·④ 소방시설 중 소화설비는 화재의 초기소화를 목적으로 하는 설비이며, 옥내소화전설비·스프링클러설비·소화기구는 소화설비에 해당한다.

실패하는 사람들의 90%는 정말로 패배하는 것이
아니라 포기하는 것이다.

- 폴. J. 마이어(Paul J. Meyer) -

PART

2

정답 및 해설
소방관계법규

정답 및 해설

정답 체크

01	02	03	04	05	06	07	08	09	10
④	②	④	②	③	③	④	④	③	③
11	12	13	14	15	16	17	18	19	20
②	④	①	④	①	②	①	①	③	②

01

답 ④

정답해설

④ 소방대상물에 옥외에 연결송수구 및 옥내에 방수구가 부설된 옥내소화전설비, 스프링클러설비, 간이스프링클러설비 또는 연결살수설비를 화재안전기준에 적합하게 설치한 경우에는 연결송수관설비 설치를 면제한다.

> 「화재예방, 소방시설설치 유지 및 안전관리에 관한 법률」 시행령 [별표 6] 특정소방대상물의 소방시설 설치의 면제기준(제16조 관련)
> 1. 옥내소화전 – 소방본부장 또는 소방서장이 옥내소화전설비의 설치가 곤란하다고 인정하는 경우로서 호스릴 방식의 미분무소화설비 또는 옥외소화전설비를 화재안전기준에 적합하게 설치한 경우에는 그 설비의 유효범위에서 설치가 면제된다.
> 2. 간이스프링클러설비 – 스프링클러설비, 물분무소화설비 또는 미분무소화설비를 화재안전기준에 적합하게 설치한 경우에는 그 설비의 유효범위에서 설치가 면제된다.
> 3. 자동화재탐지설비 – 자동화재탐지설비의 기능(감지·수신·경보기능을 말한다)과 성능을 가진 스프링클러설비 또는 물분무등소화설비를 화재안전기준에 적합하게 설치한 경우에는 그 설비의 유효범위에서 설치가 면제된다.
> 4. 연결송수관설비 – 연결송수관설비를 설치하여야 하는 소방대상물에 옥외에 연결송수구 및 옥내에 방수구가 부설된 옥내소화전설비, 스프링클러설비, 간이스프링클러설비 또는 연결살수설비를 화재안전기준에 적합하게 설치한 경우에는 그 설비의 유효범위에서 설치가 면제된다. 다만, 지표면에서 최상층 방수구의 높이가 70m 이상인 경우에는 설치하여야 한다.

02

답 ②

정답해설

② 흡수관의 투입구가 사각형의 경우에는 한 변의 길이가 60센티미터 이상, 원형의 경우에는 지름이 60센티미터 이상일 것

> 「소방기본법 시행규칙」 [별표 3] 소방용수시설의 설치기준(제6조 제2항 관련)
> 2. 소방용수시설별 설치기준
>   가. 소화전의 설치기준 : 상수도와 연결하여 지하식 또는 지상식의 구조로 하고, 소방용호스와 연결하는 소화전의 연결금속구의 구경은 65밀리미터로 할 것
>   나. 급수탑의 설치기준 : 급수배관의 구경은 100밀리미터 이상으로 하고, 개폐밸브는 지상에서 1.5미터 이상 1.7미터 이하의 위치에 설치하도록 할 것
>   다. 저수조의 설치기준
>   (1) 지면으로부터의 낙차가 4.5미터 이하일 것
>   (2) 흡수부분의 수심이 0.5미터 이상일 것
>   (3) 소방펌프자동차가 쉽게 접근할 수 있도록 할 것
>   (4) 흡수에 지장이 없도록 토사 및 쓰레기 등을 제거할 수 있는 설비를 갖출 것
>   (5) 흡수관의 투입구가 사각형의 경우에는 한 변의 길이가 60센티미터 이상, 원형의 경우에는 지름이 60센티미터 이상일 것
>   (6) 저수조에 물을 공급하는 방법은 상수도에 연결하여 자동으로 급수되는 구조일 것

03

답 ④

정답해설

④ 농예용·축산용·수산용은 지정수량 20배 이하의 저장소는 시·도지사에게 허가를 받지 않고 설치를 할 수 있으며 시·도지사에게 신고를 하지 않고 품명, 수량 및 지정수량의 배수 등을 변경할 수 있다.

「위험물안전관리법」제6조(위험물시설의 설치 및 변경 등)
① 제조소등을 설치하고자 하는 자는 대통령령이 정하는 바에 따라 그 설치장소를 관할하는 특별시장·광역시장·특별자치시장·도지사 또는 특별자치도지사(이하 "시·도지사"라 한다)의 허가를 받아야 한다. 제조소등의 위치·구조 또는 설비 가운데 행정안전부령이 정하는 사항을 변경하고자 하는 때에도 또한 같다.
② 제조소등의 위치·구조 또는 설비의 변경없이 당해 제조소등에서 저장하거나 취급하는 위험물의 품명·수량 또는 지정수량의 배수를 변경하고자 하는 자는 변경하고자 하는 날의 1일 전까지 행정안전부령이 정하는 바에 따라 시·도지사에게 신고하여야 한다.
③ 제1항 및 제2항의 규정에 불구하고 다음 각 호의 어느 하나에 해당하는 제조소등의 경우에는 허가를 받지 아니하고 당해 제조소등을 설치하거나 그 위치·구조 또는 설비를 변경할 수 있으며, 신고를 하지 아니하고 위험물의 품명·수량 또는 지정수량의 배수를 변경할 수 있다.
  1. 주택의 난방시설(공동주택의 중앙난방시설을 제외한다)을 위한 저장소 또는 취급소
  2. 농예용·축산용 또는 수산용으로 필요한 난방시설 또는 건조시설을 위한 지정수량 20배 이하의 저장소

04

답 ②

정답해설

② 도서관, 직업훈련소는 교육연구시설에 해당된다.

오답해설

① 장례식장(장례시설), 봉안당(묘지관련시설)
③ 자동차검사장(항공기 및 자동차 관련시설), 여객자동차터미널(운수시설)
④ 치과의원(근린생활시설), 격리병원(의료시설), 요양병원(의료시설)

「화재예방, 소방시설 설치·유지 및 안전관리에 관한 법률 시행령」[별표 2] 특정소방대상물(제5조와 관련)
8. 교육연구시설
  가. 학교
    1) 초등학교, 중학교, 고등학교, 특수학교, 그 밖에 이에 준하는 학교 : 「학교시설사업 촉진법」제2조 제1호 나목의 교사(校舍)(교실·도서실 등 교수·학습활동에 직접 또는 간접적으로 필요한 시설물을 말하되, 병설유치원으로 사용되는 부분은 제외한다. 이하 같다), 체육관, 「학교급식법」제6조에 따른 급식시설, 합숙소(학교의 운동부, 기능선수 등이 집단으로 숙식하는 장소를 말한다. 이하 같다)
    2) 대학, 대학교, 그 밖에 이에 준하는 각종 학교 : 교사 및 합숙소
  나. 교육원(연수원, 그 밖에 이와 비슷한 것을 포함한다)
  다. 직업훈련소
  라. 학원(근린생활시설에 해당하는 것과 자동차운전학원·정비학원 및 무도학원은 제외한다)
  마. 연구소(연구소에 준하는 시험소와 계량계측소를 포함한다)
  바. 도서관

05

답 ③

정답해설

③ 〈보기〉는 3류 위험물인 자연발화성물질 및 금수성물질을 말한다.

「위험물안전관리법 시행령」[별표 1] 위험물 및 지정수량(제2조 및 제3조 관련)
9. "자연발화성물질 및 금수성물질"이라 함은 고체 또는 액체로서 공기 중에서 발화의 위험성이 있거나 물과 접촉하여 발화하거나 가연성가스를 발생하는 위험성이 있는 것을 말한다.

---

06 답 ③

정답해설

③ 소방시설 설치계획표는 첨부서류가 맞으나, "설계도서"에 해당하지 않는다.

> **「화재예방, 소방시설 설치·유지 및 안전관리에 관한 법률 시행규칙」 제4조(건축허가등의 동의요구)**
> ② 제1항 각 호의 어느 하나에 해당하는 기관은 영 제12조 제3항에 따라 건축허가등의 동의를 요구하는 때에는 동의요구서(전자문서로 된 요구서를 포함한다)에 다음 각 호의 서류(전자문서를 포함한다)를 첨부하여야 한다.
> 1. 「건축법 시행규칙」 제6조·제8조 및 제12조의 규정에 의한 건축허가신청서 및 건축허가서 또는 건축·대수선·용도변경 신고서 등 건축허가등을 확인할 수 있는 서류의 사본. 이 경우 동의 요구를 받은 담당공무원은 특별한 사정이 없는 한 「전자정부법」 제36조 제1항에 따른 행정정보의 공동이용을 통하여 건축허가서를 확인함으로써 첨부서류의 제출에 갈음하여야 한다.
> 2. 다음 각 목의 설계도서. 다만, 가목 및 다목의 설계도서는 「소방시설공사업법 시행령」 제4조에 따른 소방시설공사 착공신고대상에 해당되는 경우에 한한다.
>   가. 건축물의 단면도 및 주단면 상세도(내장재료를 명시한 것에 한한다)
>   나. 소방시설(기계·전기분야의 시설을 말한다)의 층별 평면도 및 층별 계통도(시설별 계산서를 포함한다)
>   다. 창호도
> 3. 소방시설 설치계획표
> 4. 임시소방시설 설치계획서(설치 시기·위치·종류·방법 등 임시소방시설의 설치와 관련한 세부사항을 포함한다)
> 5. 소방시설설계업등록증과 소방시설을 설계한 기술인력자의 기술자격증 사본
> 6. 「소방시설공사업법」 제21조의3 제2항에 따라 체결한 소방시설설계 계약서 사본 1부

07 답 ④

정답해설

④ 지위를 승계한 때는 반납사유에 해당되지 않는다.

> **「화재예방, 소방시설 설치·유지 및 안전관리에 관한 법률 시행규칙」 제23조(소방시설관리업의 등록증·등록수첩의 재교부 및 반납)**
> ④ 소방시설관리업자는 다음 각호의 1에 해당하는 때에는 지체없이 시·도지사에게 그 소방시설관리업등록증 및 등록수첩을 반납하여야 한다.
> 1. 법 제34조의 규정에 의하여 등록이 취소된 때
> 2. 소방시설관리업을 휴·폐업한 때
> 3. 제1항의 규정에 의하여 재교부를 받은 때. 다만, 등록증 또는 등록수첩을 잃어버리고 재교부를 받은 경우에는 이를 다시 찾은 때에 한한다.

08 답 ④

정답해설

④ 아파트는 지하층을 포함한 16층 미만의 경우 연면적의 합계에 관계없이 1명의 감리원이 5개 이내의 공사현장을 감리할 수 있다.

> **「소방시설공사업법 시행규칙」 제16조(감리원의 세부 배치 기준 등)**
> 2. 영 별표 3에 따른 일반 공사감리 대상인 경우
>   가. 기계분야의 감리원 자격을 취득한 사람과 전기분야의 감리원 자격을 취득한 사람 각 1명 이상을 감리원으로 배치할 것. 다만, 기계분야 및 전기분야의 감리원 자격을 함께 취득한 사람이 있는 경우에는 그에 해당하는 사람 1명 이상을 배치할 수 있다.
>   나. 별표 3에 따른 기간 동안 감리원을 배치할 것
>   다. 감리원은 주 1회 이상 소방공사감리현장에 배치되어 감리할 것
>   라. 1명의 감리원이 담당하는 소방공사감리현장은 5개 이하(자동화재탐지설비 또는 옥내소화전설비 중 어느 하나만 설치하는 2개의 소방공사감리현장이 최단 차량주행거리로 30킬로미터 이내에 있는 경우에는 1개의 소방공사감리현장으로 본다)로서 감리현장 연면적의 총 합계가 10만제곱미터 이하일 것. 다만, 일반 공사감리 대상인 아파트의 경우에는 연면적의 합계에 관계없이 1명의 감리원이 5개 이내의 공사현장을 감리할 수 있다.

09 답 ③

정답해설

③ 제4류 위험물과 혼재할 수 없는 것은 제1류 위험물과 제6류 위험물이다. 제4류 위험물과 혼재할 수 있는 것은 제2류 위험물, 제3류 위험물, 제5류 위험물이다.

출제자의 Point!

위험물의 구분

위험물의 구분	제1류	제2류	제3류	제4류	제5류	제6류
제1류		×	×	×	×	○
제2류	×		×	○	○	×
제3류	×	×		○	×	×
제4류	×	○	○		○	×
제5류	×	○	×	○		×
제6류	○	×	×	×	×	

10 정답 ③

정답해설

③ 소방시설공사가 설계도서와 관계 법령에 따라 적법하게 시공되는지를 확인하고, 품질·시공 관리에 대한 기술지도를 하는 영업을 하는 자는 소방시설설계업이 아니라 소방공사감리업이다.

> **「소방시설공사업법」제2조(정의)**
> ① 이 법에서 사용하는 용어의 뜻은 다음과 같다.
> 　1. "소방시설업"이란 다음 각 목의 영업을 말한다.
> 　　가. 소방시설설계업 : 소방시설공사에 기본이 되는 공사계획, 설계도면, 설계 설명서, 기술계산서 및 이와 관련된 서류(이하 "설계도서"라 한다)를 작성(이하 "설계"라 한다)하는 영업
> 　　나. 소방시설공사업 : 설계도서에 따라 소방시설을 신설, 증설, 개설, 이전 및 정비(이하 "시공"이라 한다)하는 영업
> 　　다. 소방공사감리업 : 소방시설공사에 관한 발주자의 권한을 대행하여 소방시설공사가 설계도서와 관계 법령에 따라 적법하게 시공되는지를 확인하고, 품질·시공 관리에 대한 기술지도를 하는(이하 "감리"라 한다) 영업
> 　　라. 방염처리업 : 「화재예방, 소방시설 설치·유지 및 안전관리에 관한 법률」제12조 제1항에 따른 방염대상물품에 대하여 방염처리(이하 "방염"이라 한다)하는 영업

11 정답 ②

정답해설

② 보상위원회는 위원장 1명을 포함하여 5명 이상 7명 이하의 위원으로 구성한다.

> **「소방기본법」시행령 제13조(손실보상심의위원회의 설치 및 구성)**
> ① 소방청장등은 법 제49조의2 제3항에 따라 손실보상청구 사건을 심사·의결하기 위하여 각각 손실보상심의위원회(이하 "보상위원회"라 한다)를 둔다.
> ② 보상위원회는 위원장 1명을 포함하여 5명 이상 7명 이하의 위원으로 구성한다.
> ④ 제3항에 따라 위촉되는 위원의 임기는 2년으로 하며, 한 차례만 연임할 수 있다.
> ⑤ 보상위원회의 사무를 처리하기 위하여 보상위원회에 간사 1명을 두되, 간사는 소속 소방공무원 중에서 소방청장등이 지명한다.

12 정답 ④

정답해설

④ 소방기술인력을 변경하였을 때는 해당하지 않는다.

> **「소방시설공사업법」제8조(소방시설업의 운영)**
> ③ 소방시설업자는 다음 각 호의 어느 하나에 해당하는 경우에는 소방시설공사등을 맡긴 특정소방대상물의 관계인에게 지체 없이 그 사실을 알려야 한다.
> 　1. 제7조에 따라 소방시설업자의 지위를 승계한 경우
> 　2. 제9조 제1항에 따라 소방시설업의 등록취소처분 또는 영업정지처분을 받은 경우
> 　3. 휴업하거나 폐업한 경우

13 정답 ①

정답해설

① 위반행위의 횟수에 따른 과태료의 부과기준은 최근 1년간을 기준으로 한다.

> **「소방기본법시행령」[별표 3](과태료 부과기준)**
> 위반행위의 횟수에 따른 과태료의 부과기준은 최근 1년간 같은 위반행위로 과태료를 부과받은 경우에 적용한다.

14 정답 ④

정답해설

④ 과태료부과권자는 소방청장, 시·도지사, 소방본부장, 소방서장이다.

> **「화재예방, 소방시설 설치·유지 및 안전관리에 관한 법률」제53조(벌칙)**
> ④ 제1항부터 제3항까지에 따른 과태료는 대통령령으로 정하는 바에 따라 소방청장, 관할 시·도지사, 소방본부장 또는 소방서장이 부과·징수한다.

15　　　　답 ①

정답해설

① 소방청장이 각 시·도지사에게 행정안전부령으로 정하는 바에 따라 소방력을 동원할 것을 요청할 수 있다.

> **「소방기본법」 제11조의2(소방력의 동원)**
> ① 소방청장은 해당 시·도의 소방력만으로는 소방활동을 효율적으로 수행하기 어려운 화재, 재난·재해, 그 밖의 구조·구급이 필요한 상황이 발생하거나 특별히 국가적 차원에서 소방활동을 수행할 필요가 인정될 때에는 각 시·도지사에게 행정안전부령으로 정하는 바에 따라 소방력을 동원할 것을 요청할 수 있다.
> ③ 소방청장은 시·도지사에게 제1항에 따라 동원된 소방력을 화재, 재난·재해 등이 발생한 지역에 지원·파견하여 줄 것을 요청하거나 필요한 경우 직접 소방대를 편성하여 화재진압 및 인명구조 등 소방에 필요한 활동을 하게 할 수 있다.
> ④ 제1항에 따라 동원된 소방대원이 다른 시·도에 파견·지원되어 소방활동을 수행할 때에는 특별한 사정이 없으면 화재, 재난·재해 등이 발생한 지역을 관할하는 소방본부장 또는 소방서장의 지휘에 따라야 한다. 다만, 소방청장이 직접 소방대를 편성하여 소방활동을 하게 하는 경우에는 소방청장의 지휘에 따라야 한다.
> ⑤ 제3항 및 제4항에 따른 소방활동을 수행하는 과정에서 발생하는 경비 부담에 관한 사항, 제3항 및 제4항에 따라 소방활동을 수행한 민간 소방 인력이 사망하거나 부상을 입었을 경우의 보상주체·보상기준 등에 관한 사항, 그 밖에 동원된 소방력의 운용과 관련하여 필요한 사항은 대통령령으로 정한다.

16　　　　답 ②

정답해설

② 하나의 간이탱크저장소에 설치하는 간이저장탱크는 그 수를 3 이하로 하고, 동일한 품질의 위험물의 간이저장탱크를 2 이상 설치하지 아니하여야 한다.

> **「위험물안전관리법 시행규칙」 [별표 9] 간이탱크저장소의 위치·구조 및 설비의 기준(제33조 관련)**
> 2. 하나의 간이탱크저장소에 설치하는 간이저장탱크는 그 수를 3 이하로 하고, 동일한 품질의 위험물의 간이저장탱크를 2 이상 설치하지 아니하여야 한다.
> 4. 간이저장탱크는 움직이거나 넘어지지 아니하도록 지면 또는 가설대에 고정시키되, 옥외에 설치하는 경우에는 그 탱크의 주위에 너비 1m 이상의 공지를 두고, 전용실안에 설치하는 경우에는 탱크와 전용실의 벽과의 사이에 0.5m 이상의 간격을 유지하여야 한다.
> 5. 간이저장탱크의 용량은 600L 이하이어야 한다.
> 6. 간이저장탱크는 두께 3.2mm 이상의 강판으로 흠이 없도록 제작하여야 하며, 70kPa의 압력으로 10분간의 수압시험을 실시하여 새거나 변형되지 아니하여야 한다.
> 7. 간이저장탱크의 외면에는 녹을 방지하기 위한 도장을 하여야 한다. 다만, 탱크의 재질이 부식의 우려가 없는 스테인레스 강판 등인 경우에는 그러하지 아니하다.
> 8. 간이저장탱크에는 다음 각 목의 구분에 따른 기준에 적합한 밸브 없는 통기관 또는 대기밸브부착 통기관을 설치하여야 한다.
>   가. 밸브 없는 통기관
>   1) 통기관의 지름은 25mm 이상으로 할 것
>   2) 통기관은 옥외에 설치하되, 그 선단의 높이는 지상 1.5m 이상으로 할 것

17 답 ①

정답해설

① 옥내저장소는 10개 이하인 경우에 1인의 안전관리자를 중복하여 선임할 수 있다.

> **「위험물안전관리법 시행규칙」 제56조(1인의 안전관리자를 중복하여 선임할 수 있는 저장소 등)**
> ① 영 제12조 제1항 제3호에서 "행정안전부령이 정하는 저장소"라 함은 다음 각호의 1에 해당하는 저장소를 말한다.
> 1. 10개 이하의 옥내저장소
> 2. 30개 이하의 옥외탱크저장소
> 3. 옥내탱크저장소
> 4. 지하탱크저장소
> 5. 간이탱크저장소
> 6. 10개 이하의 옥외저장소
> 7. 10개 이하의 암반탱크저장소

18 답 ①

정답해설

① 안전원장은 소방안전관리(조조)자에 대한 실무교육을 6개월 이내에, 그 후에는 2년마다 1회 이상 실시하되, 매년 소방청장의 승인을 얻어 교육실시 30일 전까지 교육대상자에게 통보하여야 한다.

> **「화재예방, 소방시설 설치·유지 및 안전관리에 관한 법률 시행규칙」 제36조(소방안전관리자 및 소방안전관리보조자의 실무교육 등)**
> ① 안전원장은 법 제41조 제1항에 따른 소방안전관리자 및 소방안전관리보조자에 대한 실무교육의 교육대상, 교육일정 등 실무교육에 필요한 계획을 수립하여 매년 소방청장의 승인을 얻어 교육실시 30일 전까지 교육대상자에게 통보하여야 한다.
> ② 소방안전관리자는 그 선임된 날부터 6개월 이내에 법 제41조제1항에 따른 실무교육을 받아야 하며, 그 후에는 2년마다(최초 실무교육을 받은 날을 기준일로 하여 매 2년이 되는 해의 기준일과 같은 날 전까지를 말한다) 1회 이상 실무교육을 받아야 한다. 다만, 소방안전관리 강습교육 또는 실무교육을 받은 후 1년 이내에 소방안전관리자로 선임된 사람은 해당 강습교육 또는 실무교육을 받은 날에 실무교육을 받은 것으로 본다.

19 답 ③

정답해설

③ 시·도지사는 소방시설업의 지위승계 신고의 확인 사실을 보고받은 날부터 3일 이내에 협회를 경유하여 지위승계인에게 등록증 및 등록수첩을 발급하여야 한다.

> **「소방시설공사업법 시행규칙」 제7조(지위승계 신고 등)**
> ① 법 제7조 제3항에 따라 소방시설업자 지위 승계를 신고하려는 자는 그 지위를 승계한 날부터 30일 이내에 다음 각 호의 구분에 따른 서류(전자문서를 포함한다)를 협회에 제출하여야 한다.
> ③ 제1항에 따른 지위승계 신고 서류를 제출받은 협회는 접수일부터 7일 이내에 지위를 승계한 사실을 확인한 후 그 결과를 시·도지사에게 보고하여야 한다.
> ④ 시·도지사는 제3항에 따라 소방시설업의 지위승계 신고의 확인 사실을 보고받은 날부터 3일 이내에 협회를 경유하여 법 제7조 제1항에 따른 지위승계인에게 등록증 및 등록수첩을 발급하여야 한다.

20 답 ②

정답해설

② 옥외소화전설비는 터널에 설치하는 대상이 아니다. ① 소화기구는 모든 터널에 ③ 비상콘센트는 터널이 길이 500m 이상에 ④ 연결송수관 설비는 터널의 길이 1,000m 이상에 설치한다.

출제자의 Point!

터널의 길이에 따른 소방시설

㉠ 모든 터널 : 소화기구
㉡ 터널길이 500m 이상 : 비상경보설비, 비상조명등, 비상콘센트설비, 무선통신보조설비
㉢ 터널길이 1,000m 이상 : 옥내소화전설비, 자동화재탐지설비, 연결송수관설비
㉣ 예상교통량, 경사도를 고려하여 설치하여야 하는 소방시설 : 옥내소화전설비, 물분무소화설비, 제연설비

01
답 ②

정답해설

> 「소방기본법」 제1조(목적)
> 이 법은 화재를 예방·경계하거나 진압하고 화재, 재난·재해, 그 밖의 위급한 상황에서의 구조·구급 활동 등을 통하여 국민의 생명·신체 및 재산을 보호함으로써 공공의 안녕 및 질서유지와 복리증진에 이바지함을 목적으로 한다.

02
답 ③

정답해설

③ 방수구는 행정안전부령으로 정하는 소방용품으로 형식승인이 아니라 성능인증의 대상이다.

오답해설

①·②·④ 대통령령으로 정하는 소방용품으로 소방청장의 형식승인 대상이다.

> 「소방시설법 시행령」 [별표 3] 소방용품
> 1. 소화설비를 구성하는 제품 또는 기기
>   가. [별표 1] 제1호 가목의 소화기구(소화약제 외의 것을 이용한 간이소화용구는 제외한다)
>   나. [별표 1] 제1호 나목의 자동소화장치
>   다. 소화설비를 구성하는 소화전, 관창(菅槍), 소방호스, 스프링클러헤드, 기동용 수압개폐장치, 유수제어밸브 및 가스관선택밸브
> 2. 경보설비를 구성하는 제품 또는 기기
>   가. 누전경보기 및 가스누설경보기
>   나. 경보설비를 구성하는 발신기, 수신기, 중계기, 감지기 및 음향장치(경종만 해당한다)
> 3. 피난구조설비를 구성하는 제품 또는 기기
>   가. 피난사다리, 구조대, 완강기(간이완강기 및 지지대를 포함한다)
>   나. 공기호흡기(충전기를 포함한다)
>   다. 피난구유도등, 통로유도등, 객석유도등 및 예비 전원이 내장된 비상조명등
> 4. 소화용으로 사용하는 제품 또는 기기
>   가. 소화약제(별표 1 제1호 나목 2)와 3)의 자동소화장치와 같은 호 마목 3)부터 8)까지의 소화설비용만 해당한다)
>   나. 방염제(방염액·방염도료 및 방염성물질을 말한다)
> 5. 그 밖에 행정안전부령으로 정하는 소방 관련 제품 또는 기기

03
답 ①

정답해설

① 건축허가 등의 동의대상물의 범위로 「정신보건법」 제3조 제3호에 따른 정신의료기관은 300m² 이상이다.

> 「소방시설법 시행령」 제12조(건축허가등의 동의대상물의 범위 등)
> ① 법 제7조 제1항에 따라 건축허가등을 할 때 미리 소방본부장 또는 소방서장의 동의를 받아야 하는 건축물 등의 범위는 다음 각 호와 같다.
>   1. 연면적(「건축법 시행령」 제119조 제1항 제4호에 따라 산정된 면적을 말한다. 이하 같다)이 400제곱미터 이상인 건축물. 다만, 다음 각 목의 어느 하나에 해당하는 시설은 해당 목에서 정한 기준 이상인 건축물로 한다.
>   가. 「학교시설사업 촉진법」 제5조의2 제1항에 따라 건축등을 하려는 학교시설 : 100제곱미터
>   나. 노유자시설(老幼者施設) 및 수련시설 : 200제곱미터
>   다. 「정신건강증진 및 정신질환자 복지서비스 지원에 관한 법률」 제3조 제5호에 따른 정신의료기관(입원실이 없는 정신건강의학과 의원은 제외하며, 이하 "정신의료기관"이라 한다) : 300제곱미터
>   라. 「장애인복지법」 제58조 제1항 제4호에 따른 장애인 의료재활시설(이하 "의료재활시설"이라 한다) : 300제곱미터
>   1의2. 층수(「건축법 시행령」 제119조 제1항 제9호에 따라 산정된 층수를 말한다. 이하 같다)가 6층 이상인 건축물
>   2. 차고·주차장 또는 주차용도로 사용되는 시설로서 다음 각 목의 어느 하나에 해당하는 것
>   가. 차고·주차장으로 사용되는 바닥면적이 200제곱미터 이상인 층이 있는 건축물이나 주차시설
>   나. 승강기 등 기계장치에 의한 주차시설로서 자동차 20대 이상을 주차할 수 있는 시설

3. 항공기격납고, 관망탑, 항공관제탑, 방송용 송수신탑

4. 지하층 또는 무창층이 있는 건축물로서 바닥면적이 150제곱미터(공연장의 경우에는 100제곱미터) 이상인 층이 있는 것

5. [별표 2]의 특정소방대상물 중 조산원, 산후조리원, 위험물 저장 및 처리 시설, 발전시설 중 전기저장시설, 지하구

6. 제1호에 해당하지 않는 노유자시설 중 다음 각 목의 어느 하나에 해당하는 시설. 다만, 나목부터 바목까지의 시설 중 「건축법 시행령」 별표 1의 단독주택 또는 공동주택에 설치되는 시설은 제외한다.

　가. 노인 관련 시설(「노인복지법」 제31조 제3호 및 제5호에 따른 노인여가복지시설 및 노인보호전문기관은 제외한다)

　나. 「아동복지법」 제52조에 따른 아동복지시설(아동상담소, 아동전용시설 및 지역아동센터는 제외한다)

　다. 「장애인복지법」 제58조 제1항 제1호에 따른 장애인 거주시설

　라. 정신질환자 관련 시설(「정신건강증진 및 정신질환자 복지서비스 지원에 관한 법률」 제27조 제1항 제2호에 따른 공동생활가정을 제외한 재활훈련시설과 같은 법 시행령 제16조 제3호에 따른 종합시설 중 24시간 주거를 제공하지 아니하는 시설은 제외한다)

　마. 별표 2 제9호 마목에 따른 노숙인 관련 시설 중 노숙인자활시설, 노숙인재활시설 및 노숙인요양시설

　바. 결핵환자나 한센인이 24시간 생활하는 노유자시설

7. 「의료법」 제3조 제2항 제3호 라목에 따른 요양병원(이하 "요양병원"이라 한다). 다만, 정신의료기관 중 정신병원(이하 "정신병원"이라 한다)과 의료재활시설은 제외한다.

04　답 ①

정답해설

① 연료탱크는 보일러본체로부터 수평거리 1m 이상의 간격을 두어 설치할 것

> **「소방기본법 시행령」 [별표 1] 보일러 등의 위치·구조 및 관리와 화재예방을 위하여 불의 사용에 있어서 지켜야 하는 사항**
>
> 1. 가연성 벽·바닥 또는 천장과 접촉하는 증기기관 또는 연통의 부분은 규조토·석면 등 난연성 단열재로 덮어씌워야 한다.
> 2. 경유·등유 등 액체연료를 사용하는 경우에는 다음 각목의 사항을 지켜야 한다.
>
> 　가. 연료탱크는 보일러본체로부터 수평거리 1미터 이상의 간격을 두어 설치할 것
>
> 　나. 연료탱크에는 화재 등 긴급상황이 발생하는 경우 연료를 차단할 수 있는 개폐밸브를 연료탱크로부터 0.5미터 이내에 설치할 것
>
> 　다. 연료탱크 또는 연료를 공급하는 배관에는 여과장치를 설치할 것
>
> 　라. 사용이 허용된 연료 외의 것을 사용하지 아니할 것
>
> 　마. 연료탱크에는 불연재료(「건축법 시행령」 제2조 제10호의 규정에 의한 것을 말한다. 이하 이 표에서 같다)로 된 받침대를 설치하여 연료탱크가 넘어지지 아니하도록 할 것

05　답 ③

정답해설

③ 강의실·교무실·상담실·실습실·휴게실 용도로 쓰이는 특정소방대상물은 바닥면적의 합계를 $1.9m^2$로 나누어 얻은 수를 합한 수이다.

> **「소방시설법 시행령」 [별표 4] 수용인원의 산정 방법**
>
> 1. 숙박시설이 있는 특정소방대상물
>
> 　가. 침대가 있는 숙박시설 : 해당 특정소방물의 종사자 수에 침대 수(2인용 침대는 2개로 산정한다)를 합한 수
>
> 　나. 침대가 없는 숙박시설 : 해당 특정소방대상물의 종사자 수에 숙박시설 바닥면적의 합계를 $3m^2$로 나누어 얻은 수를 합한 수
>
> 2. 제1호 외의 특정소방대상물
>
> 　가. 강의실·교무실·상담실·실습실·휴게실 용도로 쓰이는 특정소방대상물 : 해당 용도로 사용하는 바닥면적의 합계를 $1.9m^2$로 나누어 얻은 수
>
> 　나. 강당, 문화 및 집회시설, 운동시설, 종교시설 : 해당 용도로 사용하는 바닥면적의 합계를 $4.6m^2$로 나누어 얻은 수(관람석이 있는 경우 고정식 의자를 설치한 부분은 그 부분의 의자 수로 하고, 긴 의자의 경우에는 의자의 정면너비를 0.45m로 나누어 얻은 수로 한다)
>
> 　다. 그 밖의 특정소방대상물 : 해당 용도로 사용하는 바닥면적의 합계를 $3m^2$로 나누어 얻은 수
>
> ※ 비고
>
> 1. 위 표에서 바닥면적을 산정할 때에는 복도(「건축법 시행령」 제2조 제11호에 따른 준불연재료 이상의 것을 사용하여 바닥에서 천장까지 벽으로 구획한 것을 말한다), 계단 및 화장실의 바닥면적을 포함하지 않는다.
>
> 2. 계산 결과 소수점 이하의 수는 반올림한다.

06 답 ④

정답해설

④ 정당한 사유 없이 소방대의 생활안전활동을 방해한 자는 100만 원 이하의 벌금에 처한다.

오답해설

① · ③ 200만 원 이하의 과태료에 처한다.

② 500만 원 이하의 과태료에 처한다.

「소방기본법」 제56조(과태료)

① 제19조 제1항을 위반하여 화재 또는 구조 · 구급이 필요한 상황을 거짓으로 알린 사람에게는 500만 원 이하의 과태료를 부과한다.

② 다음 각 호의 어느 하나에 해당하는 자에게는 200만 원 이하의 과태료를 부과한다.

1. 제13조 제4항에 따른 소방용수시설, 소화기구 및 설비 등의 설치명령을 위반한 자
2. 제15조 제1항에 따른 불을 사용할 때 지켜야 하는 사항 및 같은 조 제2항에 따른 특수가연물의 저장 및 취급 기준을 위반한 자

2의2. 제17조의6 제5항을 위반하여 한국119청소년단 또는 이와 유사한 명칭을 사용한 자

3. 삭제

3의2. 제21조 제3항을 위반하여 소방자동차의 출동에 지장을 준 자

4. 제23조 제1항을 위반하여 소방활동구역을 출입한 사람
5. 제30조 제1항에 따른 명령을 위반하여 보고 또는 자료 제출을 하지 아니하거나 거짓으로 보고 또는 자료 제출을 한 자
6. 제44조의3을 위반하여 한국소방안전원 또는 이와 유사한 명칭을 사용한 자

③ 제21조의2 제2항을 위반하여 전용구역에 차를 주차하거나 전용구역에의 진입을 가로막는 등의 방해행위를 한 자에게는 100만 원 이하의 과태료를 부과한다.

④ 제1항부터 제3항까지에 따른 과태료는 대통령령으로 정하는 바에 따라 관할 시 · 도지사, 소방본부장 또는 소방서장이 부과 · 징수한다.

---

07 답 ①

정답해설

① 각 시 · 도지사에게 소방력 동원요청은 소방청장의 권한이다.

오답해설

② · ③ · ④는 소방본부장 또는 소방서장의 권한과 임무에 해당한다.

08 답 ④

정답해설

④ 소방업무를 수행하는 데 필요한 소방력에 관한 기준과 소방장비의 분류, 표준화, 관리 등에 관한 사항은 행정안전부령으로 정하는 게 아니라 따로 법률로 정한다.

「소방기본법」 제8조(소방력의 기준 등)

① 소방기관이 소방업무를 수행하는 데에 필요한 인력과 장비 등[이하 "소방력"(消防力)이라 한다]에 관한 기준은 행정안전부령으로 정한다.

② 시 · 도지사는 제1항에 따른 소방력의 기준에 따라 관할구역의 소방력을 확충하기 위하여 필요한 계획을 수립하여 시행하여야 한다.

③ 소방자동차 등 소방장비의 분류 · 표준화와 그 관리 등에 필요한 사항은 따로 법률에서 정한다.

---

09 답 ①

정답해설

① 국고보조 대상 사업의 범위와 기준보조율에 관한 기준은 대통령령으로 정한다.

오답해설

② · ③ · ④는 행정안전부령으로 정한다.

10 답 ④

정답해설

④ 정수장, 수영장, 목욕장은 화재안전기준을 적용하기 어려운 특정소방대상물에 해당한다.

> 「소방시설법 시행령」[별표 7] 소방시설을 설치하지 아니할 수 있는 특정소방대상물 및 소방시설의 범위

구분	특정소방대상물	소방시설
1. 화재 위험도가 낮은 특정소방대상물	석재, 불연성금속, 불연성 건축재료 등의 가공공장·기계조립공장·주물공장 또는 불연성 물품을 저장하는 창고	옥외소화전 연결살수설비
	「소방기본법」제2조제5호에 따른 소방대(消防隊)가 조직되어 24시간 근무하고 있는 청사 및 차고	옥내소화전설비 스프링클러설비 물분무등소화설비 비상방송설비 피난기구 소화용수설비 연결송수관설비 연결살수설비
2. 화재안전기준을 적용하기 어려운 특정소방대상물	펄프공장의 작업장, 음료수 공장의 세정 또는 충전을 하는 작업장, 그 밖에 이와 비슷한 용도로 사용하는 것	스프링클러설비 상수도소화용수설비 연결살수설비
	정수장, 수영장, 목욕장, 농예·축산·어류양식용 시설, 그 밖에 이와 비슷한 용도로 사용되는 것	자동화재탐지설비 상수도소화용수설비 연결살수설비
3. 화재안전기준을 달리 적용하여야 하는 특수한 용도 또는 구조를 가진 특정소방대상물	원자력발전소, 핵폐기물처리시설	연결송수관설비 연결살수설비
4. 「위험물 안전관리법」제19조에 따른 자체소방대가 설치된 특정소방대상물	자체소방대가 설치된 위험물 제조소등에 부속된 사무실	옥내소화전설비 소화용수설비 연결살수설비 연결송수관설비

11 답 ①

정답해설

① 문화 및 집회·종교·운동시설로 무대부의 바닥면적은 200m² 이상에 제연설비를 설치한다.

> 「소방시설법 시행령」[별표 5] 특정소방대상물의 관계인이 특정소방대상물의 규모·용도 및 수용인원 등을 고려하여 갖추어야 하는 소방시설의 종류
>
> 5. 소화활동설비
>
> 가. 제연설비를 설치하여야 하는 특정소방대상물은 다음의 어느 하나와 같다.
>
> 1) 문화 및 집회시설, 종교시설, 운동시설로서 무대부의 바닥면적이 200m² 이상 또는 문화 및 집회시설 중 영화상영관으로서 수용인원 100명 이상인 것
> 2) 지하층이나 무창층에 설치된 근린생활시설, 판매시설, 운수시설, 숙박시설, 위락시설, 의료시설, 노유자시설 또는 창고시설(물류터미널만 해당한다)로서 해당 용도로 사용되는 바닥면적의 합계가 1천m² 이상인 층
> 3) 운수시설 중 시외버스정류장, 철도 및 도시철도 시설, 공항시설 및 항만시설의 대합실 또는 휴게시설로서 지하층 또는 무창층의 바닥면적이 1천m² 이상인 것
> 4) 지하가(터널은 제외한다)로서 연면적 1천m² 이상인 것
> 5) 지하가 중 예상 교통량, 경사도 등 터널의 특성을 고려하여 행정안전부령으로 정하는 터널
> 6) 특정소방대상물(편복도형 아파트등은 제외한다)에 부설된 특별피난계단 또는 비상용 승강기의 승강장

12 답 ③

정답해설

> 「소방시설공사업법」제9조(등록취소와 영업정지 등)
>
> 소방시설업자가 등록을 한 후 정당한 사유 없이 1년이 지날 때까지 영업을 개시하지 아니하거나 계속하여 1년 이상 휴업한 때는 6개월 이내의 기간을 정하여 시정이나 그 영업의 정지를 명할 수 있다.

13

답 ②

정답해설

② 특정·준특정옥외탱크저장소의 관계인은 특정·준특정옥외탱크저장소의 설치허가에 따른 완공검사필증을 발급받은 날부터 12년 이내에 정기검사를 받아야 한다.

> **「위험물안전관리법 시행규칙」 제70조(정기검사의 시기)**
> ① 법 제18조 제2항에 따라 정기검사를 받아야 하는 특정·준특정옥외탱크저장소의 관계인은 다음 각 호에 규정한 기간 이내에 정기검사를 받아야 한다. 다만, 재난 그 밖의 비상사태의 발생, 안전유지상의 필요 또는 사용상황 등의 변경으로 해당 시기에 정기검사를 실시하는 것이 적당하지 아니하다고 인정되는 때에는 소방서장의 직권 또는 관계인의 신청에 따라 소방서장이 따로 지정하는 시기에 정기검사를 받을 수 있다.
> 1. 특정·준특정옥외탱크저장소의 설치허가에 따른 완공검사필증을 발급받은 날부터 12년
> 2. 최근의 정기검사를 받은 날부터 11년
> ③ 법 제18조 제2항에 따라 정기검사를 받아야 하는 특정·준특정옥외탱크저장소의 관계인은 제1항에도 불구하고 정기검사를 제65조 제1항에 따른 구조안전점검을 실시하는 때에 함께 받을 수 있다.

14

답 ②

정답해설

② 시·도지사에게 공통적으로 제출해야 할 서류는 소방시설업의 등록수첩이다.

> **「소방시설공사업법 시행규칙」 제6조(등록사항의 변경신고 등)**
> ① 법 제6조에 따라 소방시설업자는 제5조 각 호의 어느 하나에 해당하는 등록사항이 변경된 경우에는 변경일부터 30일 이내에 별지 제7호 서식의 소방시설업 등록사항 변경신고서(전자문서로 된 소방시설업 등록사항 변경신고서를 포함한다)에 변경사항별로 다음 각 호의 구분에 따른 서류(전자문서를 포함한다)를 첨부하여 협회에 제출하여야 한다. 다만, 「전자정부법」 제36조 제1항에 따른 행정정보의 공동이용을 통하여 첨부서류에 대한 정보를 확인할 수 있는 경우에는 그 확인으로 첨부서류를 갈음할 수 있다.
> 1. 상호(명칭) 또는 영업소 소재지가 변경된 경우 : 소방시설업 등록증 및 등록수첩
> 2. 대표자가 변경된 경우 : 다음 각 목의 서류
>   가. 소방시설업 등록증 및 등록수첩
>   나. 변경된 대표자의 성명, 주민등록번호 및 주소지 등의 인적사항이 적힌 서류
>   다. 외국인인 경우에는 제2조 제1항 제5호 각 목의 어느 하나에 해당하는 서류
> 3. 기술인력이 변경된 경우: 다음 각 목의 서류
>   가. 소방시설업 등록수첩
>   나. 기술인력 증빙서류

15

답 ③

정답해설

③ 소방시설감리업이 아니라 소방공사감리업이다.

> **「소방시설공사업법」 제2조(정의)**
> ① 이 법에서 사용하는 용어의 뜻은 다음과 같다.
> 1. "소방시설업"이란 다음 각 목의 영업을 말한다.
>   가. 소방시설설계업 : 소방시설공사에 기본이 되는 공사계획, 설계도면, 설계 설명서, 기술계산서 및 이와 관련된 서류(이하 "설계도서"라 한다)를 작성(이하 "설계"라 한다)하는 영업
>   나. 소방시설공사업 : 설계도서에 따라 소방시설을 신설, 증설, 개설, 이전 및 정비(이하 "시공"이라 한다)하는 영업
>   다. 소방공사감리업 : 소방시설공사에 관한 발주자의 권한을 대행하여 소방시설공사가 설계도서와 관계 법령에 따라 적법하게 시공되는지를 확인하고, 품질·시공 관리에 대한 기술지도를 하는(이하 "감리"라 한다) 영업
>   라. 방염처리업 : 「화재예방, 소방시설 설치·유지 및 안전관리에 관한 법률」 제12조 제1항에 따른 방염대상물품에 대하여 방염처리(이하 "방염"이라 한다)하는 영업
> 2. "소방시설업자"란 소방시설업을 경영하기 위하여 제4조에 따라 소방시설업을 등록한 자를 말한다.
> 3. "감리원"이란 소방공사감리업자에 소속된 소방기술자로서 해당 소방시설공사를 감리하는 사람을 말한다.
> 4. "소방기술자"란 제28조에 따라 소방기술 경력 등을 인정받은 사람과 다음 각 목의 어느 하나에 해당하는 사람으로서 소방시설업과 「화재예방, 소방시설 설치·유지 및 안전관리에 관한 법률」에 따른 소방시설관리업의 기술인력으로 등록된 사람을 말한다.
>   가. 「화재예방, 소방시설 설치·유지 및 안전관리에 관한 법률」에 따른 소방시설관리사
>   나. 국가기술자격 법령에 따른 소방기술사, 소방설비기사, 소방설비산업기사, 위험물기능장, 위험물산업기사, 위험물기능사
> 5. "발주자"란 소방시설의 설계, 시공, 감리 및 방염(이하 "소방시설공사등"이라 한다)을 소방시설업자에게 도급하는 자를 말한다. 다만, 수급인으로서 도급받은 공사를 하도급하는 자는 제외한다.

16 답 ④

정답해설

④ 내화구조로 된 연결통로가 벽이 없는 구조로서 길이가 10m 이하가 아니라 6m 이하인 경우이다.

> **「소방시설법 시행령」[별표 2] 특정소방대상물**
>
> 2. 둘 이상의 특정소방대상물이 다음 각 목의 어느 하나에 해당되는 구조의 복도 또는 통로(이하 이 표에서 "연결통로"라 한다)로 연결된 경우에는 이를 하나의 소방대상물로 본다.
>   가. 내화구조로 된 연결통로가 다음의 어느 하나에 해당되는 경우
>   1) 벽이 없는 구조로서 그 길이가 6m 이하인 경우
>   2) 벽이 있는 구조로서 그 길이가 10m 이하인 경우. 다만, 벽 높이가 바닥에서 천장까지의 높이의 2분의 1 이상인 경우에는 벽이 있는 구조로 보고, 벽 높이가 바닥에서 천장까지의 높이의 2분의 1 미만인 경우에는 벽이 없는 구조로 본다.
>   나. 내화구조가 아닌 연결통로로 연결된 경우
>   다. 컨베이어로 연결되거나 플랜트설비의 배관 등으로 연결되어 있는 경우
>   라. 지하보도, 지하상가, 지하가로 연결된 경우
>   마. 방화셔터 또는 갑종 방화문이 설치되지 않은 피트로 연결된 경우
>   바. 지하구로 연결된 경우
> 3. 제2호에도 불구하고 연결통로 또는 지하구와 소방대상물의 양쪽에 다음 각 목의 어느 하나에 적합한 경우에는 각각 별개의 소방대상물로 본다.
>   가. 화재 시 경보설비 또는 자동소화설비의 작동과 연동하여 자동으로 닫히는 방화셔터 또는 갑종 방화문이 설치된 경우
>   나. 화재 시 자동으로 방수되는 방식의 드렌처설비 또는 개방형 스프링클러헤드가 설치된 경우

17 답 ②

정답해설

② 보조기술인력으로 1인 이상이 아니라 2인 이상을 필요로 한다.

> **「소방시설공사업법 시행령」[별표 1] 소방시설업의 업종별 등록기준 및 영업범위**
>
> | 항목 / 업종별 | 기술인력 | 자본금 (자산평가액) | 영업범위 |
> |---|---|---|---|
> | 전문 소방 시설 공사업 | 가. 주된 기술인력 : 소방기술사 또는 기계분야와 전기분야의 소방설비기사 각 1명(기계분야 및 전기분야의 자격을 함께 취득한 사람 1명) 이상
 나. 보조기술인력 : 2명 이상 | 가. 법인 : 1억 원 이상
 나. 개인 : 자산 평가액 1억 원 이상 | 특정소방대상물에 설치되는 기계분야 및 전기분야 소방시설의 공사·개설·이전 및 정비 |

18 답 ④

정답해설

④ 내부에서 쉽게 부수거나 열 수 있을 것이 아니라 내부 또는 외부에서 쉽게 부수거나 열 수 있을 것이 무창층의 개구부 조건에 해당한다.

> **「소방시설법 시행령」제2조(정의)**
>
> 이 영에서 사용하는 용어의 뜻은 다음과 같다.
> 1. "무창층"(無窓層)이란 지상층 중 다음 각 목의 요건을 모두 갖춘 개구부(건축물에서 채광·환기·통풍 또는 출입 등을 위하여 만든 창·출입구, 그 밖에 이와 비슷한 것을 말한다)의 면적의 합계가 해당 층의 바닥면적(「건축법 시행령」제119조 제1항 제3호에 따라 산정된 면적을 말한다. 이하 같다)의 30분의 1 이하가 되는 층을 말한다.
>   가. 크기는 지름 50센티미터 이상의 원이 내접(內接)할 수 있는 크기일 것
>   나. 해당 층의 바닥면으로부터 개구부 밑부분까지의 높이가 1.2미터 이내일 것
>   다. 도로 또는 차량이 진입할 수 있는 빈터를 향할 것
>   라. 화재 시 건축물로부터 쉽게 피난할 수 있도록 창살이나 그 밖의 장애물이 설치되지 아니할 것
>   마. 내부 또는 외부에서 쉽게 부수거나 열 수 있을 것
> 2. "피난층"이란 곧바로 지상으로 갈 수 있는 출입구가 있는 층을 말한다.

19 답 ③

정답해설

③ 관리업의 등록취소 및 영업정지는 시·도지사의 행정처분에 해당하므로 시·도지사가 청문을 하여야 한다.

오답해설

①·②·④는 소방청장의 행정처분에 해당하므로 소방청장이 청문을 하여야 한다.

「소방시설법」 제44조(청문)

소방청장 또는 시·도지사는 다음 각 호의 어느 하나에 해당하는 처분을 하려면 청문을 하여야 한다. (→ 1, 3, 3의2, 4, 5호는 소방청장이 청문을 실시하고, 2호는 시·도지사가 청문을 실시하여야 한다.)
1. 제28조에 따른 관리사 자격의 취소 및 정지
2. 제34조 제1항에 따른 관리업의 등록취소 및 영업정지
3. 제38조에 따른 소방용품의 형식승인 취소 및 제품검사 중지
3의2. 제39조의3에 따른 성능인증의 취소
4. 제40조 제5항에 따른 우수품질인증의 취소
5. 제43조에 따른 전문기관의 지정취소 및 업무정지

---

20 답 ②

정답해설

② 아파트를 제외한 연면적이 1만5천제곱미터 이상인 특정소방대상물이 소방안전관리보조자를 두어야 하는 특정소방대상물

「소방시설법 시행령」 제22조의2(소방안전관리보조자를 두어야 하는 특정소방대상물)

① 법 제20조 제2항에 따라 소방안전관리보조자를 선임하여야 하는 특정소방대상물은 제22조에 따라 소방안전관리자를 두어야 하는 특정소방대상물 중 다음 각 호의 어느 하나에 해당하는 특정소방대상물(이하 "보조자선임대상 특정소방대상물"이라 한다)로 한다. 다만, 제3호에 해당하는 특정소방대상물로서 해당 특정소방대상물이 소재하는 지역을 관할하는 소방서장이 야간이나 휴일에 해당 특정소방대상물이 이용되지 아니한다는 것을 확인한 경우에는 소방안전관리보조자를 선임하지 아니할 수 있다.
1. 「건축법 시행령」 별표 1 제2호 가목에 따른 아파트(300세대 이상인 아파트만 해당한다)
2. 제1호에 따른 아파트를 제외한 연면적이 1만5천제곱미터 이상인 특정소방대상물
3. 제1호 및 제2호에 따른 특정소방대상물을 제외한 특정소방대상물 중 다음 각 목의 어느 하나에 해당하는 특정소방대상물 (암기 : 기·수·의 노·숙)
   가. 공동주택 중 기숙사
   나. 의료시설
   다. 노유자시설
   라. 수련시설
   마. 숙박시설(숙박시설로 사용되는 바닥면적의 합계가 1천500제곱미터 미만이고 관계인이 24시간 상시 근무하고 있는 숙박시설은 제외한다)
② 보조자선임대상 특정소방대상물의 관계인이 선임하여야 하는 소방안전관리보조자의 최소 선임기준은 다음 각 호와 같다.
1. 제1항 제1호의 경우 : 1명. 다만, 초과되는 300세대마다 1명 이상을 추가로 선임하여야 한다.
2. 제1항 제2호의 경우 : 1명. 다만, 초과되는 연면적 1만5천제곱미터(특정소방대상물의 방재실에 자위소방대가 24시간 상시 근무하고 「소방장비관리법 시행령」 [별표 1] 제1호 가목에 따른 소방자동차 중 소방펌프차, 소방물탱크차, 소방화학차 또는 무인방수차를 운용하는 경우에는 3만제곱미터로 한다)마다 1명 이상을 추가로 선임해야 한다.
3. 제1항 제3호의 경우 : 1명

01

답 ①

정답해설

① 불을 사용할 때 지켜야 하는 사항은 대통령령으로 정한다.

> 「소방기본법」 제15조(불을 사용하는 설비 등의 관리와 특수가연물의 저장·취급)
> ① 보일러, 난로, 건조설비, 가스·전기시설, 그 밖에 화재 발생 우려가 있는 설비 또는 기구 등의 위치·구조 및 관리와 화재 예방을 위하여 불을 사용할 때 지켜야 하는 사항은 대통령령으로 정한다.
> ② 화재가 발생하는 경우 불길이 빠르게 번지는 고무류·면화류·석탄 및 목탄 등 대통령령으로 정하는 특수가연물(特殊可燃物)의 저장 및 취급 기준은 대통령령으로 정한다.

02

답 ③

정답해설

③ 소방용품의 성능을 검증받지 아니한 것은 판매, 진열, 공사에 사용할 수 있고 나머지는 사용할 수 없다.

> 「화재예방, 소방시설 설치·유지 및 안전관리에 관한 법률」 제36조
> 누구든지 다음 각 호의 어느 하나에 해당하는 소방용품을 판매하거나 판매 목적으로 진열하거나 소방시설공사에 사용할 수 없다.
> 1. 형식승인을 받지 아니한 것
> 2. 형상등을 임의로 변경한 것
> 3. 제품검사를 받지 아니하거나 합격표시를 하지 아니한 것

03

답 ③

정답해설

③ 소방청장은 각 시·도지사에게 소방력 동원을 요청하는 경우 동원 요청 사실과 필요한 사항을 팩스 또는 전화 등의 방법으로 통지하여야 한다. 다만, 긴급을 요하는 경우에는 시·도 소방 119종합상황실장 또는 소방서 119종합상황실장에게 직접 요청할 수 있다.

> 「소방기본법」 제11조의2(소방력의 동원)
> ① 소방청장은 해당 시·도의 소방력만으로는 소방활동을 효율적으로 수행하기 어려운 화재, 재난·재해, 그 밖의 구조·구급이 필요한 상황이 발생하거나 특별히 국가적 차원에서 소방활동을 수행할 필요가 인정될 때에는 각 시·도지사에게 행정안전부령으로 정하는 바에 따라 소방력을 동원할 것을 요청할 수 있다.
> ② 제1항에 따라 동원 요청을 받은 시·도지사는 정당한 사유 없이 요청을 거절하여서는 아니 된다.
> ③ 소방청장은 시·도지사에게 제1항에 따라 동원된 소방력을 화재, 재난·재해 등이 발생한 지역에 지원·파견하여 줄 것을 요청하거나 필요한 경우 직접 소방대를 편성하여 화재진압 및 인명구조 등 소방에 필요한 활동을 하게 할 수 있다.
> ④ 제1항에 따라 동원된 소방대원이 다른 시·도에 파견·지원되어 소방활동을 수행할 때에는 특별한 사정이 없으면 화재, 재난·재해 등이 발생한 지역을 관할하는 소방본부장 또는 소방서장의 지휘에 따라야 한다. 다만, 소방청장이 직접 소방대를 편성하여 소방활동을 하게 하는 경우에는 소방청장의 지휘에 따라야 한다.
> ⑤ 제3항 및 제4항에 따른 소방활동을 수행하는 과정에서 발생하는 경비 부담에 관한 사항, 제3항 및 제4항에 따라 소방활동을 수행한 민간 소방 인력이 사망하거나 부상을 입었을 경우의 보상주체·보상기준 등에 관한 사항, 그 밖에 동원된 소방력의 운용과 관련하여 필요한 사항은 대통령령으로 정한다.

> 「소방기본법」 제8조의2(소방력의 동원 요청)
> ① 소방청장은 법 제11조의2제1항에 따라 각 시·도지사에게 소방력 동원을 요청하는 경우 동원 요청 사실과 다음 각 호의 사항을 팩스 또는 전화 등의 방법으로 통지하여야 한다. 다만, 긴급을 요하는 경우에는 시·도 소방본부 또는 소방서의 종합상황실장에게 직접 요청할 수 있다.
>   1. 동원을 요청하는 인력 및 장비의 규모
>   2. 소방력 이송 수단 및 집결장소
>   3. 소방활동을 수행하게 될 재난의 규모, 원인 등 소방활동에 필요한 정보
> ② 제1항에서 규정한 사항 외에 그 밖의 시·도 소방력 동원에 필요한 사항은 소방청장이 정한다.

04

답 ①

정답해설

① 소방산업공제조합은 소방특별조사를 할 수 있는 합동조사반에 해당하지 않는다.

> 「화재예방, 소방시설설치유지 및 안전관리에 관한 법률시행령」 제9조 (소방특별조사의 방법)
> ② 소방청장, 소방본부장 또는 소방서장은 필요하면 다음 각 호의 기관의 장과 합동조사반을 편성하여 소방특별조사를 할 수 있다.
> 1. 관계 중앙행정기관 및 시(행정시를 포함한다)·군·자치구
> 2. 「소방기본법」 제40조에 따른 한국소방안전원
> 3. 「소방산업의 진흥에 관한 법률」 제14조에 따른 한국소방산업기술원
> 4. 「화재로 인한 재해보상과 보험가입에 관한 법률」 제11조에 따른 한국화재보험협회
> 5. 「고압가스 안전관리법」 제28조에 따른 한국가스안전공사
> 6. 「전기사업법」 제74조에 따른 한국전기안전공사
> 7. 그 밖에 소방청장이 정하여 고시한 소방 관련 단체

05

답 ④

정답해설

④ 경매 또는 양도·양수 등의 사유로 소유권이 변동되어 조치명령 기간에 시정이 불가능 한 경우는 소방특별조사 연기신청사유가 아니라 조치명령 등의 연기신청사유에 해당된다.

> 「화재예방, 소방시설 설치·유지 및 안전관리에 관한 법률 시행령」 제8조(소방특별조사의 연기)
> ① 법 제4조의3 제3항에서 "대통령령으로 정하는 사유"란 다음 각 호의 어느 하나에 해당하는 사유를 말한다.
> 1. 태풍, 홍수 등 재난(「재난 및 안전관리 기본법」 제3조 제1호에 해당하는 재난을 말한다)이 발생하여 소방대상물을 관리하기가 매우 어려운 경우
> 2. 관계인이 질병, 장기출장 등으로 소방특별조사에 참여할 수 없는 경우
> 3. 권한 있는 기관에 자체점검기록부, 교육·훈련일지 등 소방특별조사에 필요한 장부·서류 등이 압수되거나 영치(領置)되어 있는 경우

06

답 ②

정답해설

② 전문교육과정 8주 이상 이수한 자가 화재조사에 관한 시험에 응시 가능하다.

> 「소방기본법」 제12조(화재조사전담부서의 설치·운영 등)
> ③ 화재조사전담부서의 장은 소속 소방공무원 가운데 다음 각 호의 어느 하나에 해당하는 자로서 소방청장이 실시하는 화재조사에 관한 시험에 합격한 자로 하여금 화재조사를 실시하도록 하여야 한다. 다만, 화재조사에 관한 시험에 합격한 자가 없는 경우에는 소방공무원 중 「국가기술자격법」에 따른 건축·위험물·전기·안전관리 (가스·소방·소방설비·전기안전·화재감식평가 종목에 한한다) 분야 산업기사 이상의 자격을 취득한 자 또는 소방공무원으로서 화재조사분야에서 1년 이상 근무한 자로 하여금 화재조사를 실시하도록 할 수 있다.
> 1. 소방교육기관(중앙·지방소방학교 및 시·도에서 설치·운영하는 소방교육대를 말한다. 이하 같다)에서 8주 이상 화재조사에 관한 전문교육을 이수한 자
> 2. 국립과학수사연구원 또는 외국의 화재조사관련 기관에서 8주 이상 화재조사에 관한 전문교육을 이수한 자

07

답 ①

정답해설

① 정부지원금은 안전원의 운영 경비의 재원에 해당하지 않는다.

> 소방기본법 제44조(안전원의 운영 경비)
> 안전원의 운영 및 사업에 소요되는 경비는 다음 각 호의 재원으로 충당한다.
> ㉠ 제41조 제1호 및 제4호의 업무 수행에 따른 수입금
> ㉡ 제42조에 따른 회원의 회비
> ㉢ 자산운영수익금
> ㉣ 그 밖의 부대수입

08 답 ②

정답해설

② 주택용 소방시설의 설치기준 및 자율적인 안전관리 등에 관한 사항은 특별시·광역시·특별자치시·도 또는 특별자치도의 조례로 정한다.

> **「소방시설법」 제8조(주택에 설치하는 소방시설)**
> ① 다음 각 호의 주택의 소유자는 **소화기 및 단독경보형감지기** 설치하여야 한다.
> 　1. 「건축법」 제2조 제2항 제1호의 단독주택
> 　2. 「건축법」 제2조 제2항 제2호의 공동주택(기숙사와 아파트는 제외)
> ② 국가 및 지방자치단체는 제1항에 따라 주택에 설치하여야 하는 소방시설(이하 "주택용 소방시설"이라 한다)의 설치 및 국민의 자율적인 안전관리를 촉진하기 위하여 필요한 시책을 마련하여야 한다.
> ③ 주택용 소방시설의 설치기준 및 자율적인 안전관리 등에 관한 사항은 특별시·광역시·특별자치시·도 또는 특별자치도의 조례로 정한다.

09 답 ③

정답해설

① 시·도지사가 아니라 소방청장, 소방본부장 또는 소방서장은 소방공무원이 소방활동, 소방지원활동, 생활안전활동으로 인하여 민·형사상 책임과 관련된 소송을 수행할 경우 변호인 선임 등 소송수행에 필요한 지원을 할 수 있다.

> **「소방기본법」 제16조의4(소방자동차의 보험 가입 등)**
> ① 시·도지사는 소방자동차의 공무상 운행 중 교통사고가 발생한 경우 그 운전자의 법률상 분쟁에 소요되는 비용을 지원할 수 있는 보험에 가입하여야 한다.
> ② 국가는 제1항에 따른 보험 가입비용의 일부를 지원할 수 있다.
>
> **제16조의5(소방활동에 대한 면책)**
> 소방공무원이 제16조 제1항에 따른 소방활동으로 인하여 타인을 사상(死傷)에 이르게 한 경우 그 소방활동이 불가피하고 소방공무원에게 고의 또는 중대한 과실이 없는 때에는 그 정상을 참작하여 사상에 대한 형사책임을 감경하거나 면제할 수 있다.
>
> **제16조의6(소송지원)**
> 소방청장, 소방본부장 또는 소방서장은 소방공무원이 제16조 제1항에 따른 소방활동, 제16조의2 제1항에 따른 소방지원활동, 제16조의3 제1항에 따른 생활안전활동으로 인하여 민·형사상 책임과 관련된 소송을 수행할 경우 변호인 선임 등 소송수행에 필요한 지원을 할 수 있다.

10 답 ③

정답해설

③ 과징금의 최대 부과 금액은 3천만 원 이하, 부과권자는 시·도지사이다.

> **「화재예방, 소방시설 설치·유지 및 안전관리에 관한 법률」 제35조 (과징금처분)**
> ① 시·도지사는 제34조제1항에 따라 영업정지를 명하는 경우로서 그 영업정지가 국민에게 심한 불편을 주거나 그 밖에 공익을 해칠 우려가 있을 때에는 영업정지처분을 갈음하여 3천만원 이하의 과징금을 부과할 수 있다.
> ② 제1항에 따른 과징금을 부과하는 위반행위의 종류와 위반 정도 등에 따른 과징금의 금액, 그 밖의 필요한 사항은 행정안전부령으로 정한다.
> ③ 시·도지사는 제1항에 따른 과징금을 내야 하는 자가 납부기한까지 내지 아니하면「지방행정제재·부과금의 징수 등에 관한 법률」에 따라 징수한다.

11 답 ③

정답해설

③ 건축물의 옥내에 있는 문화집회시설, 종교시설, 운동시설(수영장 제외)

> **「소방시설법 시행령」 제19조(방염성능기준 이상의 실내장식물 등을 설치하여야 하는 특정소방대상물)**
> 법 제12조 제1항에서 "대통령령으로 정하는 특정소방대상물"이란 다음 각 호의 어느 하나에 해당하는 것을 말한다.
> 1. 근린생활시설 중 체력단련장, 의원, 공연장, 종교집회장
> 2. 숙박시설, 방송통신시설 중 방송국 및 촬영소
> 3. 건축물의 옥내에 있는 시설로서 다음 각 목의 시설
> 　가. 문화 및 집회시설
> 　나. 종교시설
> 　다. 운동시설(수영장은 제외한다)
> 4. 의료시설
> 5. 노유자시설 및 숙박이 가능한 수련시설
> 6. 「다중이용업소의 안전관리에 관한 특별법」제2조 제1항 제1호에 따른 다중이용업의 영업장
> 7. 제1호부터 제4호까지의 시설에 해당하지 아니하는 것으로서 층수(「건축법 시행령」제119조 제1항 제9호에 따라 산정한 층수를 말한다. 이하 같다)가 11층 이상인 것(아파트는 제외한다)
> 8. [별표 2] 제8호에 따른 교육연구시설 중 합숙소

12

답 ①

정답해설

① 「소방기본법」 제20조(관계인의 소방활동) 관계인은 소방대상물에 화재, 재난·재해, 그 밖의 위급한 상황이 발생한 경우에는 소방대가 현장에 도착할 때까지 경보를 울리거나 대피를 유도하는 등의 방법으로 사람을 구출하는 조치 또는 불을 끄거나 불이 번지지 아니하도록 필요한 조치를 하여야 한다. ☞ 위반 시 벌칙 : 100만 원 이하의 벌금에 처한다.

13

답 ③

정답해설

③ 제조소 등의 정기점검의 구분에서 위험물탱크 안전성능시험자의 구조안전점검은 50만L 이상의 옥외탱크저장시설을 대상으로 한다.

> **「위험물안전관리법 시행규칙」 제65조(특정·준특정옥외탱크저장소의 정기점검)**
> ① 법 제18조 제1항에 따라 옥외탱크저장소 중 저장 또는 취급하는 액체위험물의 최대수량이 50만리터 이상인 것(이하 "특정·준특정옥외탱크저장소"라 한다)에 대해서는 제64조에 따른 정기점검 외에 다음 각 호의 어느 하나에 해당하는 기간 이내에 1회 이상 특정·준특정옥외저장탱크(특정·준특정옥외탱크저장소의 탱크)의 구조 등에 관한 안전점검(이하 "구조안전점검"이라 한다)을 해야 한다. 다만, 해당 기간 이내에 특정·준특정옥외저장탱크의 사용중단 등으로 구조안전점검을 실시하기가 곤란한 경우에는 별지 제39호의2 서식에 따라 관할소방서장에게 구조안전점검의 실시기간 연장신청(전자문서에 의한 신청을 포함한다)을 할 수 있으며, 그 신청을 받은 소방서장은 1년(특정·준특정옥외저장탱크의 사용을 중지한 경우에는 사용중지기간)의 범위에서 실시기간을 연장할 수 있다.
> 1. 특정·준특정옥외탱크저장소의 설치허가에 따른 완공검사합격확인증을 발급받은 날부터 12년
> 2. 제70조 제1항 제1호에 따른 최근의 정밀정기검사를 받은 날부터 11년
> 3. 제2항에 따라 특정·준특정옥외저장탱크에 안전조치를 한 후 제71조 제2항에 따라 구조안전점검시기 연장신청을 하여 해당 안전조치가 적정한 것으로 인정받은 경우에는 제70조 제1항 제1호에 따른 최근의 정밀정기검사를 받은 날부터 13년

14

답 ②

정답해설

② 소방시설 관리업은 소방시설업에 해당되지 않는다.

> **「소방시설공사업법」 제2조(정의)**
> 소방시설업의 종류에는 소방시설설계업, 소방시설공사업, 소방공사감리업, 방염처리업이 있다.

15

답 ④

정답해설

④ 경질플라스틱제의 운반용기 등은 제조된 때로부터 5년 이내의 것으로 하여야 한다.

위험물의 적재수납에 관한 기준
1. 경질플라스틱제의 운반용기 등은 제조된 때로부터 5년 이내의 것으로 할 것
2. 액제위험물은 수납하는 경우에는 55도의 온도에서 증기압이 130kPa 이하가 되도록 수납할 것.
3. 하나의 외장용기에는 다른 종류의 위험물을 수납하지 아니할 것
4. 고체위험물은 운방용기 내용적의 95% 이하의 수납률로 수납할 것
5. 액체위험물은 운반용기 내용적의 98% 이하의 수납률로 수납하되, 55℃의 온도에서 누설되지 아니하도록 충분한 공간용적을 유지하도록 할 것
6. 제3류 위험물 중 자연발화성 물질인 알킬알루미늄 등은 운반용기의 내용적의 90% 이하의 수납률로 수납하되, 50℃의 온도에서 5% 이상의 공간용적을 유지하도록 할 것

16

답 ②

정답해설

② 등록을 한 후 정당한 사유 없이 1년이 지날 때까지 영업을 시작하지 아니하거나 계속하여 1년 이상 휴업한 때는 영업정지사유에 해당된다.

> **「소방시설공사업법」 제9조(등록취소와 영업정지 등)**
> ① 시·도지사는 소방시설업자가 다음 각 호의 어느 하나에 해당하면 행정안전부령으로 정하는 바에 따라 그 등록을 취소하거나 6개월 이내의 기간을 정하여 시정이나 그 영업의 정지를 명할 수 있다. 다만, 제1호·제3호 또는 제7호에 해당하는 경우에는 그 등록을 취소하여야 한다.
> 1. 거짓이나 그 밖의 부정한 방법으로 등록한 경우
> 2. 제4조 제1항에 따른 등록기준에 미달하게 된 후 30일이 경과한 경우. 다만, 자본금기준에 미달한 경우 중 「채무자 회생 및 파산에 관한 법률」에 따라 법원이 회생절차의 개시의 결정을 하고 그 절차가 진행 중인 경우 등 대통령령으로 정하는 경우는 30일이 경과한 경우에도 예외로 한다.
> 3. 제5조 각 호의 등록 결격사유에 해당하게 된 경우
> 4. 등록을 한 후 정당한 사유 없이 1년이 지날 때까지 영업을 시작하지 아니하거나 계속하여 1년 이상 휴업한 때
> 5. 삭제 〈2013.5.22.〉
> 6. 제8조 제1항을 위반하여 다른 자에게 등록증 또는 등록수첩을 빌려준 경우
> 7. 제8조 제2항을 위반하여 영업정지 기간 중에 소방시설공사등을 한 경우

17   답 ④

정답해설

④ 국가와 지방자치단체의 책무는 소방시설공사업법 목적에 규정되어 있지 않다.

> **「소방시설공사업법」 제1조(목적)**
> 이 법은 소방시설공사 및 소방기술의 관리에 필요한 사항을 규정함으로써 소방시설업을 건전하게 발전시키고 소방기술을 진흥시켜 화재로부터 공공의 안전을 확보하고 국민경제에 이바지함을 목적으로 한다.

18   답 ④

정답해설

④ 「광산안전법」의 적용을 받는 일반취급소는 자체소방대의 설치 제외대상이다.

> **「위험물안전관리법시행규칙」 제73조(자체소방대의 설치 제외대상인 일반취급소)**
> 영 제18조 제1항 단서에서 "행정안전부령이 정하는 일반취급소"라 함은 다음 각호의 1에 해당하는 일반취급소를 말한다.
> 1. 보일러, 버너 그 밖에 이와 유사한 장치로 위험물을 소비하는 일반취급소
> 2. 이동저장탱크 그 밖에 이와 유사한 것에 위험물을 주입하는 일반취급소
> 3. 용기에 위험물을 옮겨 담는 일반취급소
> 4. 유압장치, 윤활유순환장치 그 밖에 이와 유사한 장치로 위험물을 취급하는 일반취급소
> 5. 「광산안전법」의 적용을 받는 일반취급소

19   답 ②

정답해설

② 공사업자가 대통령령으로 정하는 소방시설공사를 할 때는 그 공사의 내용, 시공 및 장소 등을 소방본부장 또는 소방서장에게 신고하여야 한다.

> **「소방시설공사업법」 제13조(착공신고)**
> ① 공사업자는 대통령령으로 정하는 소방시설공사를 하려면 행정안전부령으로 정하는 바에 따라 그 공사의 내용, 시공 장소, 그 밖에 필요한 사항을 소방본부장이나 소방서장에게 신고하여야 한다.
> ② 공사업자가 제1항에 따라 신고한 사항 가운데 행정안전부령으로 정하는 중요한 사항을 변경하였을 때에는 행정안전부령으로 정하는 바에 따라 변경신고를 하여야 한다. 이 경우 중요한 사항에 해당하지 아니하는 변경 사항은 다음 각 호의 어느 하나에 해당하는 서류에 포함하여 소방본부장이나 소방서장에게 보고하여야 한다.
>   1. 제14조 제1항 또는 제2항에 따른 완공검사 또는 부분완공검사를 신청하는 서류
>   2. 제20조에 따른 공사감리 결과보고서
> ③ 소방본부장 또는 소방서장은 제1항 또는 제2항 전단에 따른 착공신고 또는 변경신고를 받은 날부터 2일 이내에 신고수리 여부를 신고인에게 통지하여야 한다.
> ④ 소방본부장 또는 소방서장이 제3항에서 정한 기간 내에 신고수리 여부 또는 민원 처리 관련 법령에 따른 처리기간의 연장을 신고인에게 통지하지 아니하면 그 기간(민원처리 관련 법령에 따라 처리기간이 연장 또는 재연장된 경우에는 해당 처리기간을 말한다)이 끝난 날의 다음 날에 신고를 수리한 것으로 본다.

20

답 ①

정답해설

① 배관의 외면과 지표면과의 거리는 산이나 들에 있어서는 0.9m 이
상, 그 밖의 지역에 있어서는 1.2m 이상으로 할 것. 다만, 당해
배관을 각각의 깊이로 매설하는 경우와 동등 이상의 안전성이 확
보되는 견고하고 내구성이 있는 구조물(이하 "방호구조물"이라
한다)안에 설치하는 경우에는 그러하지 아니하다.

이송취급소의 배관을 지하에 매설하는 경우에 설치 기준

1) 배관은 그 외면으로부터 건축물・지하가・터널 또는 수도시설
   까지 각각 다음의 규정에 의한 안전거리를 둘 것
   다만, ② 또는 ③의 공작물에 있어서는 적절한 누설확산방지조
   치를 하는 경우에 그 안전거리를 2분의 1의 범위 안에서 단축할
   수 있다.
   ① 건축물(지하가내의 건축물을 제외한다) : 1.5m 이상
   ② 지하가 및 터널 : 10m 이상
   ③ 「수도법」에 의한 수도시설(위험물의 유입우려가 있는 것에
      한한다) : 300m 이상
2) 배관은 그 외면으로부터 다른 공작물에 대하여 0.3m 이상의 거
   리를 보유할 것
   다만, 0.3m 이상의 거리를 보유하기 곤란한 경우로서 당해 공작
   물의 보전을 위하여 필요한 조치를 하는 경우에는 그러하지 아니
   하다.
3) 배관의 외면과 지표면과의 거리
   ① 산이나 들에 있어서는 0.9m 이상
   ② 그 밖의 지역에 있어서는 1.2m 이상으로 할 것
   ③ 다만, 당해 배관을 각각의 깊이로 매설하는 경우와 동등 이상
      의 안전성이 확보되는 견고하고 내구성이 있는 구조물("방호
      구조물")안에 설치하는 경우에는 그러하지 아니하다.
4) 배관은 지반의 동결로 인한 손상을 받지 아니하는 적절한 깊이로
   매설할 것
5) 성토 또는 절토를 한 경사면의 부근에 배관을 매설하는 경우에는
   경사면의 붕괴에 의한 피해가 발생하지 아니하도록 매설할 것
6) 배관의 입상부, 지반의 급변부 등 지지조건이 급변하는 장소에
   있어서는 굽은관을 사용하거나 지반개량 그 밖에 필요한 조치를
   강구할 것
7) 배관의 하부에는 사질토 또는 모래로 20cm(자동차 등의 하중이
   없는 경우에는 10cm) 이상 채울 것
8) 배관의 상부에는 사질토 또는 모래로 30cm(자동차 등의 하중에
   없는 경우에는 20cm) 이상 채울 것

정답 체크

01	02	03	04	05	06	07	08	09	10
③	②	②	②	①	④	④	②	①	④
11	12	13	14	15	16	17	18	19	20
④	③	③	③	④	①	③	①	②	①

01

답 ③

정답해설

③ 지정수량의 150배 이상의 옥내저장소를 말한다. 옥내탱크저장소
는 예방규정을 정하여야 하는 제조소등에 해당되지 않는다.

> **「위험물안전관리법 시행령」 제15조(관계인이 예방규정을 정하여야
> 하는 제조소등)**
> 법 제17조 제1항에서 "대통령령이 정하는 제조소등"이라 함은 다음
> 각호의 1에 해당하는 제조소등을 말한다.
> 1. 지정수량의 10배 이상의 위험물을 취급하는 제조소
> 2. 지정수량의 100배 이상의 위험물을 저장하는 옥외저장소
> 3. 지정수량의 150배 이상의 위험물을 저장하는 옥내저장소
> 4. 지정수량의 200배 이상의 위험물을 저장하는 옥외탱크저장소
> 5. 암반탱크저장소
> 6. 이송취급소
> 7. 지정수량의 10배 이상의 위험물을 취급하는 일반취급소. 다만,
>   제4류 위험물(특수인화물을 제외한다)만을 지정수량의 50배 이
>   하로 취급하는 일반취급소(제1석유류 · 알코올류의 취급량이 지
>   정수량의 10배 이하인 경우에 한한다)로서 다음 각목의 어느 하
>   나에 해당하는 것을 제외한다.
>   가. 보일러 · 버너 또는 이와 비슷한 것으로서 위험물을 소비하
>   는 장치로 이루어진 일반취급소
>   나. 위험물을 용기에 옮겨 담거나 차량에 고정된 탱크에 주입하
>   는 일반취급소

02

답 ②

정답해설

② 비상소화장치를 설치 · 유지 · 관리할 사람은 소방본부장 또는 소
방서장이 아니라 시 · 도지사이다.

> **「소방기본법」 제10조(소방용수시설의 설치 및 관리 등)**
> ① 시 · 도지사는 소방활동에 필요한 소화전(消火栓) · 급수탑(給
> 水塔) · 저수조(貯水槽)(이하 "소방용수시설"이라 한다)를 설치하
> 고 유지 · 관리하여야 한다. 다만, 「수도법」 제45조에 따라 소화전
> 을 설치하는 일반수도사업자는 관할 소방서장과 사전협의를 거친
> 후 소화전을 설치하여야 하며, 설치 사실을 관할 소방서장에게 통지
> 하고, 그 소화전을 유지 · 관리하여야 한다.
> ② 시 · 도지사는 제21조 제1항에 따른 소방자동차의 진입이 곤란한
> 지역 등 화재발생 시에 초기 대응이 필요한 지역으로서 대통령령으
> 로 정하는 지역에 소방호스 또는 호스 릴 등을 소방용수시설에 연결
> 하여 화재를 진압하는 시설이나 장치(이하 "비상소화장치"라 한다)
> 를 설치하고 유지 · 관리할 수 있다.
> ③ 제1항에 따른 소방용수시설과 제2항에 따른 비상소화장치의 설
> 치기준은 행정안전부령으로 정한다.

03

답 ②

정답해설

② 젖은 볏짚이 아니라 마른 볏짚을 말한다. 볏짚류란 마른 볏짚, 마
른 북데기와 이들의 제품 및 건초를 말한다.

> **「소방기본법 시행령」 [별표 2] 특수가연물**
> 비고
> 1. "면화류"라 함은 불연성 또는 난연성이 아닌 면상 또는 팽이모양
>   의 섬유와 마사(麻絲) 원료를 말한다.
> 2. 넝마 및 종이부스러기는 불연성 또는 난연성이 아닌 것(동식물유
>   가 깊이 스며들어 있는 옷감 · 종이 및 이들의 제품을 포함한다)
>   에 한한다.
> 3. "사류"라 함은 불연성 또는 난연성이 아닌 실(실부스러기와 솜털
>   을 포함한다)과 누에고치를 말한다.
> 4. "볏짚류"라 함은 마른 볏짚 · 마른 북데기와 이들의 제품 및 건초
>   를 말한다.
> 5. "가연성고체류"라 함은 고체로서 다음 각목의 것을 말한다.
>   가. 인화점이 섭씨 40도 이상 100도 미만인 것

나. 인화점이 섭씨 100도 이상 200도 미만이고, 연소열량이 1그램당 8킬로칼로리 이상인 것

다. 인화점이 섭씨 200도 이상이고 연소열량이 1그램당 8킬로칼로리 이상인 것으로서 융점이 100도 미만인 것

라. 1기압과 섭씨 20도 초과 40도 이하에서 액상인 것으로서 인화점이 섭씨 70도 이상 섭씨 200도 미만이거나 나목 또는 다목에 해당하는 것

6. 석탄·목탄류에는 코크스, 석탄가루를 물에 갠 것, 조개탄, 연탄, 석유코크스, 활성탄 및 이와 유사한 것을 포함한다.

7. "가연성액체류"라 함은 다음 각목의 것을 말한다.

가. 1기압과 섭씨 20도 이하에서 액상인 것으로서 가연성 액체량이 40중량퍼센트 이하이면서 인화점이 섭씨 40도 이상 섭씨 70도 미만이고 연소점이 섭씨 60도 이상인 물품

나. 1기압과 섭씨 20도에서 액상인 것으로서 가연성 액체량이 40중량퍼센트 이하이고 인화점이 섭씨 70도 이상 섭씨 250도 미만인 물품

다. 동물의 기름기와 살코기 또는 식물의 씨나 과일의 살로부터 추출한 것으로서 다음의 1에 해당하는 것

(1) 1기압과 섭씨 20도에서 액상이고 인화점이 250도 미만인 것으로서 「위험물안전관리법」 제20조 제1항의 규정에 의한 용기기준과 수납·저장기준에 적합하고 용기외부에 물품명·수량 및 "화기엄금" 등의 표시를 한 것

(2) 1기압과 섭씨 20도에서 액상이고 인화점이 섭씨 250도 이상인 것

8. "합성수지류"라 함은 불연성 또는 난연성이 아닌 고체의 합성수지제품, 합성수지반제품, 원료합성수지 및 합성수지 부스러기(불연성 또는 난연성이 아닌 고무제품, 고무반제품, 원료고무 및 고무 부스러기를 포함한다)를 말한다. 다만, 합성수지의 섬유·옷감·종이 및 실과 이들의 넝마와 부스러기를 제외한다.

04
답 ②

정답해설

② 화재조사는 관계 공무원이 화재사실을 인지하는 즉시 실시되어야 한다.

「소방기본법 시행규칙」 제11조(화재조사의 방법 등)
① 법 제29조 제1항에 따른 화재조사는 관계 공무원이 화재사실을 인지하는 즉시 제12조 제4항에 따른 장비를 활용하여 실시되어야 한다.

05
답 ①

정답해설

① 상가지역은 화재경계지구 지정대상지역이 아니다.

「소방기본법」 제13조(화재경계지구의 지정 등)
① 시·도지사는 다음 각 호의 어느 하나에 해당하는 지역 중 화재가 발생할 우려가 높거나 화재가 발생하는 경우 그로 인하여 피해가 클 것으로 예상되는 지역을 화재경계지구(火災警戒地區)로 지정할 수 있다.
1. 시장지역
2. 공장·창고가 밀집한 지역
3. 목조건물이 밀집한 지역
4. 위험물의 저장 및 처리 시설이 밀집한 지역
5. 석유화학제품을 생산하는 공장이 있는 지역
6. 「산업입지 및 개발에 관한 법률」 제2조 제8호에 따른 산업단지
7. 소방시설·소방용수시설 또는 소방출동로가 없는 지역
8. 그 밖에 제1호부터 제7호까지에 준하는 지역으로서 소방청장·소방본부장 또는 소방서장이 화재경계지구로 지정할 필요가 있다고 인정하는 지역

06
답 ④

정답해설

④ 관리업의 등록이 취소된 날부터 2년이 경과한 경우는 관리업을 등록 할 수 있다.

「소방시설법」 제30조(등록의 결격사유)
다음 각 호의 어느 하나에 해당하는 자는 관리업의 등록을 할 수 없다.
1. 피성년후견인
2. 이 법, 「소방기본법」, 「소방시설공사업법」 또는 「위험물 안전관리법」에 따른 금고 이상의 실형을 선고받고 그 집행이 끝나거나(집행이 끝난 것으로 보는 경우를 포함한다) 집행이 면제된 날부터 2년이 지나지 아니한 사람
3. 이 법, 「소방기본법」, 「소방시설공사업법」 또는 「위험물 안전관리법」에 따른 금고 이상의 형의 집행유예를 선고받고 그 유예기간 중에 있는 사람
4. 제34조 제1항에 따라 관리업의 등록이 취소(제30조 제1호에 해당하여 등록이 취소된 경우는 제외한다)된 날부터 2년이 지나지 아니한 자
5. 임원 중에 제1호부터 제4호까지의 어느 하나에 해당하는 사람이 있는 법인

07 탭 ④

정답해설

④ 제연설비는 내진설계 대상이 아니다.

> **「화재예방, 소방시설 설치·유지 및 안전관리에 관한 법률」 제9조의2(소방시설의 내진설계기준)**
> 「지진·화산재해대책법」 제14조 제1항 각 호의 시설 중 대통령령으로 정하는 특정소방대상물에 대통령령으로 정하는 소방시설을 설치하려는 자는 지진이 발생할 경우 소방시설이 정상적으로 작동될 수 있도록 소방청장이 정하는 내진설계기준에 맞게 소방시설을 설치하여야 한다.
>
> **「화재예방, 소방시설 설치·유지 및 안전관리에 관한 법률 시행령」 제15조의2(소방시설의 내진설계)**
> ① 법 제9조의2에서 "대통령령으로 정하는 특정소방대상물"이란 「건축법」 제2조 제1항 제2호에 따른 건축물로서 「지진·화산재해대책법 시행령」 제10조 제1항 각 호에 해당하는 시설을 말한다.
> ② 법 제9조의2에서 "대통령령으로 정하는 소방시설"이란 소방시설 중 옥내소화전설비, 스프링클러설비, 물분무등소화설비를 말한다.

08 탭 ②

정답해설

② 물분무등소화설비[호스릴(Hose Reel) 방식의 물분무등소화설비만을 설치한 경우는 제외한다]가 설치된 연면적 5,000m² 이상인 특정소방대상물(위험물 제조소등은 제외한다)

> **「화재예방, 소방시설 설치·유지 및 안전관리에 관한 법률 시행규칙」 [별표 1] 소방시설등의 자체점검의 구분과 그 대상, 점검자의 자격, 점검 방법·횟수 및 시기**
> 종합정밀점검은 다음의 구분에 따라 실시한다.
> 가. 종합정밀점검은 다음의 어느 하나에 해당하는 특정소방대상물을 대상으로 한다.
>   1) 스프링클러설비가 설치된 특정소방대상물
>   2) 물분무등소화설비[호스릴(Hose Reel) 방식의 물분무등소화설비만을 설치한 경우는 제외한다]가 설치된 연면적 5,000m² 이상인 특정소방대상물(위험물 제조소등은 제외한다)
>   3) 「다중이용업소의 안전관리에 관한 특별법 시행령」 제2조 제1호 나목, 같은 조 제2호(비디오물소극장업은 제외한다)·제6호·제7호·제7호의2 및 제7호의5의 다중이용업의 영업장이 설치된 특정소방대상물로서 연면적이 2,000m² 이상인 것
>   4) 제연설비가 설치된 터널
>   5) 「공공기관의 소방안전관리에 관한 규정」 제2조에 따른 공공기관 중 연면적(터널·지하구의 경우 그 길이와 평균폭을 곱하여 계산된 값을 말한다)이 1,000m² 이상인 것으로서 옥내소화전설비 또는 자동화재탐지설비가 설치된 것. 다만, 「소방기본법」 제2조 제5호에 따른 소방대가 근무하는 공공기관은 제외한다.

09 탭 ①

정답해설

① 소방용품 성능시험 취소가 아니라 소방용품의 형식승인취소 및 제품검사 중지가 청문사유에 해당한다.

> **「화재예방, 소방시설 설치·유지 및 안전관리에 관한 법률」 제44조 (청문)**
> 소방청장 또는 시·도지사는 다음 각 호의 어느 하나에 해당하는 처분을 하려면 청문을 하여야 한다.
> 1. 제28조에 따른 관리사 자격의 취소 및 정지
> 2. 제34조 제1항에 따른 관리업의 등록취소 및 영업정지
> 3. 제38조에 따른 소방용품의 형식승인 취소 및 제품검사 중지
> 3의2. 제39조의3에 따른 성능인증의 취소
> 4. 제40조 제5항에 따른 우수품질인증의 취소
> 5. 제43조에 따른 전문기관의 지정취소 및 업무정지

10 탭 ④

정답해설

④ 영업변경처분은 소방특별조사 결과에 따른 조치명령에 해당되지 않는다.

> **「화재예방, 소방시설 설치·유지 및 안전관리에 관한 법률」 제5조 (소방특별조사 결과에 따른 조치명령)**
> ① 소방청장, 소방본부장 또는 소방서장은 소방특별조사 결과 소방대상물의 위치·구조·설비 또는 관리의 상황이 화재나 재난·재해 예방을 위하여 보완될 필요가 있거나 화재가 발생하면 인명 또는 재산의 피해가 클 것으로 예상되는 때에는 행정안전부령으로 정하는 바에 따라 관계인에게 그 소방대상물의 개수(改修)·이전·제거, 사용의 금지 또는 제한, 사용폐쇄, 공사의 정지 또는 중지, 그 밖의 필요한 조치를 명할 수 있다.

11 답 ④

정답해설

④ 비상콘센트설비는 소화활동설비에 해당된다.

오답해설

①·②·③은 경보설비이다.

> **「화재예방, 소방시설 설치·유지 및 안전관리에 관한 법률 시행령」[별표 1]**
> **소방시설**
> 2. 경보설비 : 화재발생 사실을 통보하는 기계·기구 또는 설비로서 다음 각 목의 것
> 가. 단독경보형 감지기
> 나. 비상경보설비
>   1) 비상벨설비
>   2) 자동식사이렌설비
> 다. 시각경보기
> 라. 자동화재탐지설비
> 마. 비상방송설비
> 바. 자동화재속보설비
> 사. 통합감시시설
> 아. 누전경보기
> 자. 가스누설경보기

12 답 ③

정답해설

③ 공사현장에 설치된 착공시험 신고는 소방공사감리업자 업무에 해당되지 않는다.

> **「소방시설공사업법」제16조(감리)**
> ① 제4조 제1항에 따라 소방공사감리업을 등록한 자(이하 "감리업자"라 한다)는 소방공사를 감리할 때 다음 각 호의 업무를 수행하여야 한다.
> 1. 소방시설등의 설치계획표의 적법성 검토
> 2. 소방시설등 설계도서의 적합성(적법성과 기술상의 합리성을 말한다. 이하 같다) 검토
> 3. 소방시설등 설계 변경 사항의 적합성 검토
> 4. 「화재예방, 소방시설 설치·유지 및 안전관리에 관한 법률」제2조 제1항 제4호의 소방용품의 위치·규격 및 사용 자재의 적합성 검토
> 5. 공사업자가 한 소방시설등의 시공이 설계도서와 화재안전기준에 맞는지에 대한 지도·감독
> 6. 완공된 소방시설등의 성능시험
> 7. 공사업자가 작성한 시공 상세 도면의 적합성 검토
> 8. 피난시설 및 방화시설의 적법성 검토
> 9. 실내장식물의 불연화(不燃化)와 방염 물품의 적법성 검토

13 답 ③

정답해설

③ 자동화재탐지설비는 3년의 기간에 해당된다.

오답해설

①·②·④는 2년의 기간이다.

> **「소방시설공사업법 시행령」제6조(하자보수 대상 소방시설과 하자보수 보증기간)**
> 법 제15조 제1항에 따라 하자를 보수하여야 하는 소방시설과 소방시설별 하자보수 보증기간은 다음 각 호의 구분과 같다.
> 1. 피난기구, 유도등, 유도표지, 비상경보설비, 비상조명등, 비상방송설비 및 무선통신보조설비 : 2년
> 2. 자동소화장치, 옥내소화전설비, 스프링클러설비, 간이스프링클러설비, 물분무등소화설비, 옥외소화전설비, 자동화재탐지설비, 상수도소화용수설비 및 소화활동설비(무선통신보조설비는 제외한다) : 3년

14 답 ③

정답해설

③ 감리업자는 공사업자가 시정 또는 보완을 하지 않고 그 공사를 계속할 경우 소방본부장 또는 소방서장에게 그 사실을 보고한다. 공사업자가 시정 또는 보완을 하지 않을 경우 공사를 중지시킨다는 조항은 없다.

> **「소방시설공사업법」제19조(위반사항에 대한 조치)**
> ① 감리업자는 감리를 할 때 소방시설공사가 설계도서나 화재안전기준에 맞지 아니할 때에는 관계인에게 알리고, 공사업자에게 그 공사의 시정 또는 보완 등을 요구하여야 한다.
> ② 공사업자가 제1항에 따른 요구를 받았을 때에는 그 요구에 따라야 한다.
> ③ 감리업자는 공사업자가 제1항에 따른 요구를 이행하지 아니하고 그 공사를 계속할 때에는 행정안전부령으로 정하는 바에 따라 소방본부장이나 소방서장에게 그 사실을 보고하여야 한다.
> ④ 관계인은 감리업자가 제3항에 따라 소방본부장이나 소방서장에게 보고한 것을 이유로 감리계약을 해지하거나 감리의 대가 지급을 거부하거나 지연시키거나 그 밖의 불이익을 주어서는 아니 된다.

15 답 ④

정답해설

④ 파산선고를 받고 복권되지 않는 자도 소방시설업을 등록할 수 있다.

「소방시설공사업법」제5조(등록의 결격사유)

다음 각 호의 어느 하나에 해당하는 자는 소방시설업을 등록할 수 없다.

1. 피성년후견인
3. 이 법, 「소방기본법」, 「화재예방, 소방시설 설치·유지 및 안전관리에 관한 법률」 또는 「위험물안전관리법」에 따른 금고 이상의 실형을 선고받고 그 집행이 끝나거나(집행이 끝난 것으로 보는 경우를 포함한다) 면제된 날부터 2년이 지나지 아니한 사람
4. 이 법, 「소방기본법」, 「화재예방, 소방시설 설치·유지 및 안전관리에 관한 법률」 또는 「위험물안전관리법」에 따른 금고 이상의 형의 집행유예를 선고받고 그 유예기간 중에 있는 사람
5. 등록하려는 소방시설업 등록이 취소(제1호에 해당하여 등록이 취소된 경우는 제외한다)된 날부터 2년이 지나지 아니한 자
6. 법인의 대표자가 제1호부터 제5호까지의 규정에 해당하는 경우 그 법인
7. 법인의 임원이 제3호부터 제5호까지의 규정에 해당하는 경우 그 법인

---

16 답 ①

정답해설

① 옥외탱크저장소의 밸브 없는 통기관의 직경은 30mm 이상이어야 한다.

「위험물안전관리법 시행규칙」[별표 6] 옥외탱크저장소의 위치·구조 및 설비의 기준

7. 옥외저장탱크중 압력탱크(최대상용압력이 부압 또는 정압 5kPa을 초과하는 탱크를 말한다)외의 탱크(제4류 위험물의 옥외저장탱크에 한한다)에 있어서는 밸브없는 통기관 또는 대기밸브부착 통기관을 다음 각목에 정하는 바에 의하여 설치하여야 하고, 압력탱크에 있어서는 별표 4 Ⅷ 제4호의 규정에 의한 안전장치를 설치하여야 한다.

   가. 밸브없는 통기관
      1) 지름은 30mm 이상일 것
      2) 끝부분은 수평면보다 45도 이상 구부려 빗물 등의 침투를 막는 구조로 할 것
      3) 인화점이 38℃ 미만인 위험물만을 저장 또는 취급하는 탱크에 설치하는 통기관에는 화염방지장치를 설치하고, 그 외의 탱크에 설치하는 통기관에는 40메쉬(mesh) 이상의 구리망 또는 동등 이상의 성능을 가진 인화방지장치를 설치할 것. 다만, 인화점이 70℃ 이상인 위험물만을 해당 위험물의 인화점 미만의 온도로 저장 또는 취급하는 탱크에 설치하는 통기관에는 인화방지장치를 설치하지 않을 수 있다.
      4) 가연성의 증기를 회수하기 위한 밸브를 통기관에 설치하는 경우에 있어서는 당해 통기관의 밸브는 저장탱크에 위험물을 주입하는 경우를 제외하고는 항상 개방되어 있는 구조로 하는 한편, 폐쇄하였을 경우에 있어서는 10kPa 이하의 압력에서 개방되는 구조로 할 것. 이 경우 개방된 부분의 유효단면적은 777.15mm² 이상이어야 한다.
   나. 대기밸브부착 통기관
      1) 5kPa 이하의 압력차이로 작동할 수 있을 것
      2) 가목 3)의 기준에 적합할 것

---

17   답 ③

정답해설

③ 위험물의 임시저장은 시·도 조례가 정하는 바에 따라 관할 소방서장의 승인을 받아 지정수량 이상의 위험물 90일 이내의 기간동안 임시로 저장·취급할 수 있다.

> **「위험물안전관리법」 제5조(위험물의 저장 및 취급의 제한)**
> ① 지정수량 이상의 위험물을 저장소가 아닌 장소에서 저장하거나 제조소등이 아닌 장소에서 취급하여서는 아니된다.
> ② 제1항의 규정에 불구하고 다음 각 호의 어느 하나에 해당하는 경우에는 제조소등이 아닌 장소에서 지정수량 이상의 위험물을 취급할 수 있다. 이 경우 임시로 저장 또는 취급하는 장소에서의 저장 또는 취급의 기준과 임시로 저장 또는 취급하는 장소의 위치·구조 및 설비의 기준은 시·도의 조례로 정한다.
> 　1. 시·도의 조례가 정하는 바에 따라 관할소방서장의 승인을 받아 지정수량 이상의 위험물을 90일 이내의 기간동안 임시로 저장 또는 취급하는 경우
> 　2. 군부대가 지정수량 이상의 위험물을 군사목적으로 임시로 저장 또는 취급하는 경우

18   답 ①

정답해설

① 무기과산화물의 지정수량은 50kg으로 바르게 연결되어 있다. [「위험물안전관리법 시행령」 [별표 1] 위험물 및 지정수량(제2조 및 제3조 관련)]

오답해설

② 질산염류 – 300kg
③ 적린 – 100kg
④ 금속분 – 500kg

19   답 ②

정답해설

② 이동탱크저장소의 경우에는 이동저장탱크를 완공하고 상치장소를 확보한 후에 한다.

> **「위험물안전관리법 시행규칙」 제20조(완공검사의 신청시기)**
> 법 제9조 제1항의 규정에 의한 제조소등의 완공검사 신청시기는 다음 각호의 구분에 의한다.
> 1. 지하탱크가 있는 제조소등의 경우 : 당해 지하탱크를 매설하기 전
> 2. 이동탱크저장소의 경우 : 이동저장탱크를 완공하고 상치장소를 확보한 후
> 3. 이송취급소의 경우 : 이송배관 공사의 전체 또는 일부를 완료한 후. 다만, 지하·하천 등에 매설하는 이송배관의 공사의 경우에는 이송배관을 매설하기 전
> 4. 전체 공사가 완료된 후에는 완공검사를 실시하기 곤란한 경우 : 다음 각목에서 정하는 시기
> 　가. 위험물설비 또는 배관의 설치가 완료되어 기밀시험 또는 내압시험을 실시하는 시기
> 　나. 배관을 지하에 설치하는 경우에는 시·도지사, 소방서장 또는 기술원이 지정하는 부분을 매몰하기 직전
> 　다. 기술원이 지정하는 부분의 비파괴시험을 실시하는 시기
> 5. 제1호 내지 제4호에 해당하지 아니하는 제조소등의 경우 : 제조소등의 공사를 완료한 후

20   답 ①

정답해설

① 이상기상의 예보 또는 특보가 있을 때에 화재에 관한 경보를 발령하고 그에 따른 조치를 할 수 있는 사람은 소방본부장 또는 소방서장이다. 소방청장은 해당되지 않는다.

> **「소방기본법」 제14조(화재에 관한 위험경보)**
> 소방본부장이나 소방서장은 「기상법」 제13조 제1항에 따른 이상기상(異常氣象)의 예보 또는 특보가 있을 때에는 화재에 관한 경보를 발령하고 그에 따른 조치를 할 수 있다.

정답 체크

01	02	03	04	05	06	07	08	09	10
④	①	④	③	②	①	①	②	④	③
11	12	13	14	15	16	17	18	19	20
②	④	③	③	②	①	①	④	④	②

01

답 ④

정답해설

④ 가스계(이산화탄소·할론·할로겐화합물 및 불활성기체소화약제) 소화설비(호스릴소화설비는 제외한다)가 설치되는 것은 현장확인 완공검사대상에서 삭제되었다.

> **「소방시설공사업법 시행령」 제5조(완공검사를 위한 현장확인 대상 특정소방대상물의 범위)**
>
> 법 제14조 제1항 단서에서 "대통령령으로 정하는 특정소방대상물"이란 특정소방대상물 중 다음 각 호의 대상물을 말한다. 〈개정 2019.12.10.〉
> 1. 문화 및 집회시설, 종교시설, 판매시설, 노유자(老幼者)시설, 수련시설, 운동시설, 숙박시설, 창고시설, 지하상가 및 「다중이용업소의 안전관리에 관한 특별법」에 따른 다중이용업소
> 2. 다음 각 목의 어느 하나에 해당하는 설비가 설치되는 특정소방대상물
>   가. 스프링클러설비등
>   나. 물분무등소화설비(호스릴 방식의 소화설비는 제외한다)
> 3. 연면적 1만 제곱미터 이상이거나 11층 이상인 특정소방대상물(아파트는 제외한다)
> 4. 가연성가스를 제조·저장 또는 취급하는 시설 중 지상에 노출된 가연성 가스탱크의 저장용량 합계가 1천 톤 이상인 시설

02

답 ①

정답해설

① 비상경보설비는 감리자를 지정해야하는 대상에 해당하지 않는다.

> **「소방시설공사업법 시행령」 제10조(공사감리자 지정대상 특정소방대상물의 범위)**
>
> ① 법 제17조 제1항 본문에서 "대통령령으로 정하는 특정소방대상물"이란 「화재예방, 소방시설 설치·유지 및 안전관리에 관한 법률」 제2조 제1항 제3호의 특정소방대상물을 말한다.
> ② 법 제17조 제1항 본문에서 "자동화재탐지설비, 옥내소화전설비 등 대통령령으로 정하는 소방시설을 시공할 때"란 다음 각 호의 어느 하나에 해당하는 소방시설을 시공할 때를 말한다. 〈개정 2019.12.10.〉
> 1. 옥내소화전설비를 신설·개설 또는 증설할 때
> 2. 스프링클러설비등(캐비닛형 간이스프링클러설비는 제외한다)을 신설·개설하거나 방호·방수 구역을 증설할 때
> 3. 물분무등소화설비(호스릴 방식의 소화설비는 제외한다)를 신설·개설하거나 방호·방수 구역을 증설할 때
> 4. 옥외소화전설비를 신설·개설 또는 증설할 때
> 5. 자동화재탐지설비를 신설 또는 개설할 때
> 5의2. 비상방송설비를 신설 또는 개설할 때
> 6. 통합감시시설을 신설 또는 개설할 때
> 6의2. 비상조명등을 신설 또는 개설할 때
> 7. 소화용수설비를 신설 또는 개설할 때
> 8. 다음 각 목에 따른 소화활동설비에 대하여 각 목에 따른 시공을 할 때
>   가. 제연설비를 신설·개설하거나 제연구역을 증설할 때
>   나. 연결송수관설비를 신설 또는 개설할 때
>   다. 연결살수설비를 신설·개설하거나 송수구역을 증설할 때
>   라. 비상콘센트설비를 신설·개설하거나 전용회로를 증설할 때
>   마. 무선통신보조설비를 신설 또는 개설할 때
>   바. 연소방지설비를 신설·개설하거나 살수구역을 증설할 때

03
답 ④

정답해설

④
> 「소방기본법」 제56조(과태료)
> ① 다음 각 호의 어느 하나에 해당하는 자에게는 200만 원 이하의 과태료를 부과한다.
>   3의2. 제21조 제3항을 위반하여 다음과 같이 소방자동차의 출동에 지장을 준 자
>   ㉠ 소방자동차에 진로를 양보하지 아니하는 행위
>   ㉡ 소방자동차 앞에 끼어들거나 소방자동차를 가로막는 행위
>   ㉢ 그 밖에 소방자동차의 출동에 지장을 주는 행위

04
답 ③

정답해설

③ 안전원에 임원으로 원장 1명을 포함한 9명 이내의 이사와 1명의 감사를 둔다.

> 「소방기본법」 제44조의2(안전원의 임원)
> ① 안전원에 임원으로 원장 1명을 포함한 9명 이내의 이사와 1명의 감사를 둔다.
> ② 원장과 감사는 소방청장이 임명한다.

05
답 ②

정답해설

② 층수가 6층 이상인 건축물은 건축허가등의 동의 특정소방대상물에 해당된다.

> 「화재예방, 소방시설 설치유지 및 안전관리에 관한 법률 시행령」 제12조(건축허가등의 동의대상물의 범위 등)
> ① 법 제7조 제1항에 따라 건축허가등을 할 때 미리 소방본부장 또는 소방서장의 동의를 받아야 하는 건축물 등의 범위는 다음 각 호와 같다. 〈개정 2019.8.6.〉
>   1. 연면적(「건축법 시행령」 제119조 제1항 제4호에 따라 산정된 면적을 말한다. 이하 같다)이 400제곱미터 이상인 건축물. 다만, 다음 각 목의 어느 하나에 해당하는 시설은 해당 목에서 정한 기준 이상인 건축물로 한다.
>   가. 「학교시설사업 촉진법」 제5조의2 제1항에 따라 건축등을 하려는 학교시설 : 100제곱미터
>   나. 노유자시설(老幼者施設) 및 수련시설 : 200제곱미터
>   다. 「정신건강증진 및 정신질환자 복지서비스 지원에 관한 법률」 제3조 제5호에 따른 정신의료기관(입원실이 없는 정신건강의학과 의원은 제외하며, 이하 "정신의료기관"이라 한다) : 300제곱미터
>   라. 「장애인복지법」 제58조 제1항 제4호에 따른 장애인 의료재활시설(이하 "의료재활시설"이라 한다) : 300제곱미터
>   1의2. 층수(「건축법 시행령」 제119조 제1항 제9호에 따라 산정된 층수를 말한다. 이하 같다)가 6층 이상인 건축물
>   2. 차고·주차장 또는 주차용도로 사용되는 시설로서 다음 각 목의 어느 하나에 해당하는 것
>   가. 차고·주차장으로 사용되는 바닥면적이 200제곱미터 이상인 층이 있는 건축물이나 주차시설
>   나. 승강기 등 기계장치에 의한 주차시설로서 자동차 20대 이상을 주차할 수 있는 시설
>   3. 항공기격납고, 관망탑, 항공관제탑, 방송용 송수신탑
>   4. 지하층 또는 무창층이 있는 건축물로서 바닥면적이 150제곱미터(공연장의 경우에는 100제곱미터) 이상인 층이 있는 것
>   5. 별표 2의 특정소방대상물 중 조산원, 산후조리원, 위험물 저장 및 처리 시설, 발전시설 중 전기저장시설, 지하구
>   6. 제1호에 해당하지 않는 노유자시설 중 다음 각 목의 어느 하나에 해당하는 시설. 다만, 나목부터 바목까지의 시설 중 「건축법 시행령」 별표 1의 단독주택 또는 공동주택에 설치되는 시설은 제외한다.
>   가. 노인 관련 시설(「노인복지법」 제31조 제3호 및 제5호에 따른 노인여가복지시설 및 노인보호전문기관은 제외한다)
>   나. 「아동복지법」 제52조에 따른 아동복지시설(아동상담소, 아동전용시설 및 지역아동센터는 제외한다)
>   다. 「장애인복지법」 제58조 제1항 제1호에 따른 장애인 거주시설
>   라. 정신질환자 관련 시설(「정신건강증진 및 정신질환자 복지서비스 지원에 관한 법률」 제27조 제1항 제2호에 따른 공동생활가정을 제외한 재활훈련시설과 같은 법 시행령 제16조제3호에 따른 종합시설 중 24시간 주거를 제공하지 아니하는 시설은 제외한다)
>   마. 별표 2 제9호 마목에 따른 노숙인 관련 시설 중 노숙인자활시설, 노숙인재활시설 및 노숙인요양시설
>   바. 결핵환자나 한센인이 24시간 생활하는 노유자시설
>   7. 「의료법」 제3조 제2항 제3호 라목에 따른 요양병원(이하 "요양병원"이라 한다). 다만, 정신의료기관 중 정신병원(이하 "정신병원"이라 한다)과 의료재활시설은 제외한다.

06

답 ①

정답해설

① 소방용 기계·기구의 형식승인은 한국소방산업기술원의 업무에 해당된다.

> **「소방기본법」 제41조(안전원의 업무)**
> 안전원은 다음 각 호의 업무를 수행한다.
> 1. 소방기술과 안전관리에 관한 교육 및 조사·연구
> 2. 소방기술과 안전관리에 관한 각종 간행물 발간
> 3. 화재 예방과 안전관리의식 고취를 위한 대국민 홍보
> 4. 소방업무에 관하여 행정기관이 위탁하는 업무
> 5. 소방안전에 관한 국제협력
> 6. 그 밖에 회원에 대한 기술지원 등 정관으로 정하는 사항

07

답 ①

정답해설

① 연 1회 이상 종합정밀점검 대상에서 아파트는 연면적 5,000㎡ 이상이고 11층 이상인 것은 삭제되었다.

> **「화재예방, 소방시설 설치·유지 및 안전관리에 관한 법률 시행규칙」 [별표 1] 소방시설등의 자체점검의 구분과 그 대상, 점검자의 자격, 점검 방법·횟수 및 시기(제18조 제1항 관련)**
> 3. 종합정밀점검은 다음의 구분에 따라 실시한다.
>   가. 종합정밀점검은 다음의 어느 하나에 해당하는 특정소방대상물을 대상으로 한다.
>   1) 스프링클러설비가 설치된 특정소방대상물
>   2) 물분무등소화설비[호스릴(Hose Reel) 방식의 물분무등소화설비만을 설치한 경우는 제외한다]가 설치된 연면적 5,000㎡ 이상인 특정소방대상물(위험물 제조소등은 제외한다)
>   3) 「다중이용업소의 안전관리에 관한 특별법 시행령」 제2조 제1호 나목, 같은 조 제2호(비디오물소극장업은 제외한다)·제6호·제7호·제7호의2 및 제7호의5의 다중이용업의 영업장이 설치된 특정소방대상물로서 연면적이 2,000㎡ 이상인 것
>   4) 제연설비가 설치된 터널
>   5) 「공공기관의 소방안전관리에 관한 규정」 제2조에 따른 공공기관 중 연면적(터널·지하구의 경우 그 길이와 평균 폭을 곱하여 계산된 값을 말한다)이 1,000㎡ 이상인 것으로서 옥내소화전설비 또는 자동화재탐지설비가 설치된 것. 다만, 「소방기본법」 제2조 제5호에 따른 소방대가 근무하는 공공기관은 제외한다.

08

답 ②

정답해설

② ㉠ - 10일, ㉡ - 30일이다.

> **「소방기본법 시행령」 제12조(손실보상의 지급절차 및 방법)**
> ④ 소방청장등은 제2항 또는 제3항에 따른 결정일부터 10일 이내에 행정안전부령으로 정하는 바에 따라 결정 내용을 청구인에게 통지하고, 보상금을 지급하기로 결정한 경우에는 특별한 사유가 없으면 통지한 날부터 30일 이내에 보상금을 지급하여야 한다.

09

답 ④

정답해설

④ 물분무등소화설비에 고체에어로졸소화설비가 해당된다.

오답해설

① 분말자동소화장치 - 자동소화장치에 해당된다.
② 에어로졸식 소화용구 - 간이소화용구에 해당된다.
③ 연결살수설비 - 소화활동설비에 해당된다.

> **「화재예방, 소방시설 설치·유지 및 안전관리에 관한 법률 시행령」 [별표 1] 소방시설**
> 마. 물분무등소화설비
>   1) 물 분무 소화설비
>   2) 미분무소화설비
>   3) 포소화설비
>   4) 이산화탄소소화설비
>   5) 할론소화설비
>   6) 할로겐화합물 및 불활성기체 소화설비
>   7) 분말소화설비
>   8) 강화액소화설비
>   9) 고체에어로졸소화설비

10

답 ③

정답해설

③ 방호복이 아니라 방화복이 인명구조기구에 해당된다.

> **「화재예방, 소방시설 설치·유지 및 안전관리에 관한 법률 시행령」 [별표 1] 소방시설**
> 3. 피난구조설비 : 화재가 발생할 경우 피난하기 위하여 사용하는 기구 또는 설비로서 다음 각 목의 것
>   나. 인명구조기구
>   1) 방열복, 방화복(안전모, 보호장갑 및 안전화를 포함한다)
>   2) 공기호흡기
>   3) 인공소생기

11 답 ②

정답해설

② 문제 〈보기〉의 내용에 공통적으로 해당되는 것은 자동화재속보설비이다.

「화재예방, 소방시설 설치·유지 및 안전관리에 관한 법률 시행령」
[별표 5] 특정소방대상물의 관계인이 특정소방대상물의 규모·용도 및 수용인원 등을 고려하여 갖추어야 하는 소방시설의 종류(제15조 관련)

마. 자동화재속보설비를 설치하여야 하는 특정소방대상물은 다음의 어느 하나와 같다.

1) 업무시설, 공장, 창고시설, 교정 및 군사시설 중 국방·군사시설, 발전시설(사람이 근무하지 않는 시간에는 무인경비시스템으로 관리하는 시설만 해당한다)로서 바닥면적이 1천5백㎡ 이상인 층이 있는 것. 다만, 사람이 24시간 상시 근무하고 있는 경우에는 자동화재속보설비를 설치하지 않을 수 있다.

2) 노유자 생활시설

3) 2)에 해당하지 않는 노유자시설로서 바닥면적이 500㎡ 이상인 층이 있는 것. 다만, 사람이 24시간 상시 근무하고 있는 경우에는 자동화재속보설비를 설치하지 않을 수 있다.

4) 수련시설(숙박시설이 있는 건축물만 해당한다)로서 바닥면적이 500㎡ 이상인 층이 있는 것. 다만, 사람이 24시간 상시 근무하고 있는 경우에는 자동화재속보설비를 설치하지 않을 수 있다.

5) 「문화재보호법」 제23조에 따라 보물 또는 국보로 지정된 목조건축물. 다만, 사람이 24시간 상시 근무하고 있는 경우에는 자동화재속보설비를 설치하지 않을 수 있다.

6) 근린생활시설 중 다음의 어느 하나에 해당하는 시설
가) 의원, 치과의원 및 한의원으로서 입원실이 있는 시설
나) 조산원 및 산후조리원

7) 의료시설 중 다음의 어느 하나에 해당하는 것
가) 종합병원, 병원, 치과병원, 한방병원 및 요양병원(정신병원과 의료재활시설은 제외한다)
나) 정신병원 및 의료재활시설로 사용되는 바닥면적의 합계가 500㎡ 이상인 층이 있는 것

8) 판매시설 중 전통시장

9) 1)에 해당하지 않는 발전시설 중 전기저장시설

10) 1)부터 9)까지에 해당하지 않는 특정소방대상물 중 층수가 30층 이상인 것

---

12 답 ④

정답해설

④ ㉠·㉡·㉢·㉣·㉤·㉥·㉦ 모두 방염대상물품을 갖추어야 하는 특정소방대상물에 해당된다.

「화재예방, 소방시설 설치·유지 및 안전관리에 관한 법률 시행령」
제19조(방염성능기준 이상의 실내장식물 등을 설치하여야 하는 특정소방대상물)

법 제12조 제1항에서 "대통령령으로 정하는 특정소방대상물"이란 다음 각 호의 어느 하나에 해당하는 것을 말한다. 〈개정 2019.8.6.〉

1. 근린생활시설 중 의원, 조산원, 산후조리원, 체력단련장, 공연장 및 종교집회장

2. 건축물의 옥내에 있는 시설로서 다음 각 목의 시설
가. 문화 및 집회시설
나. 종교시설
다. 운동시설(수영장은 제외한다)

3. 의료시설

4. 교육연구시설 중 합숙소

5. 노유자시설

6. 숙박이 가능한 수련시설

7. 숙박시설

8. 방송통신시설 중 방송국 및 촬영소

9. 다중이용업소

10. 제1호부터 제9호까지의 시설에 해당하지 않는 것으로서 층수가 11층 이상인 것(아파트는 제외한다)

---

13 답 ③

정답해설

③ 제조소등의 용도를 폐지한 날부터 14일 이내에 시·도지사에게 신고하여야 한다.

「위험물안전관리법」 제11조(제조소등의 폐지)

제조소등의 관계인(소유자·점유자 또는 관리자를 말한다. 이하 같다)은 당해 제조소등의 용도를 폐지(장래에 대하여 위험물시설로서의 기능을 완전히 상실시키는 것을 말한다)한 때에는 행정안전부령이 정하는 바에 따라 제조소등의 용도를 폐지한 날부터 14일 이내에 시·도지사에게 신고하여야 한다.

---

14 답 ③

정답해설

③ 7일 전까지가 아니라 변경하고자 하는 날의 1일 전까지 행정안전
부령이 정하는 바에 따라 시·도지사에게 신고하여야 한다.

「위험물 안전관리법」 제6조(위험물시설의 설치 및 변경 등)
① 제조소등을 설치하고자 하는 자는 대통령령이 정하는 바에 따라
그 설치장소를 관할하는 특별시장·광역시장·특별자치시장·도
지사 또는 특별자치도지사(이하 "시·도지사"라 한다)의 허가를 받
아야 한다. 제조소등의 위치·구조 또는 설비 가운데 행정안전부령
이 정하는 사항을 변경하고자 하는 때에도 또한 같다.
② 제조소등의 위치·구조 또는 설비의 변경없이 당해 제조소등에
서 저장하거나 취급하는 위험물의 품명·수량 또는 지정수량의 배
수를 변경하고자 하는 자는 변경하고자 하는 날의 1일 전까지 행정
안전부령이 정하는 바에 따라 시·도지사에게 신고하여야 한다.
③ 제1항 및 제2항의 규정에 불구하고 다음 각 호의 어느 하나에 해
당하는 제조소등의 경우에는 허가를 받지 아니하고 당해 제조소등
을 설치하거나 그 위치·구조 또는 설비를 변경할 수 있으며, 신고
를 하지 아니하고 위험물의 품명·수량 또는 지정수량의 배수를 변
경할 수 있다.
  1. 주택의 난방시설(공동주택의 중앙난방시설을 제외한다)을 위
    한 저장소 또는 취급소
  2. 농예용·축산용 또는 수산용으로 필요한 난방시설 또는 건조
    시설을 위한 지정수량 20배 이하의 저장소

---

15 답 ②

정답해설

② "주유 중 엔진정지"는 황색바탕에 흑색문자로 표시한다.

오답해설

「위험물안전관리법 시행규칙」 [별표 13] 주유취급소의 위치·구조
및 설비의 기준(제37조 관련)에 따른다.

① 주유취급소의 고정주유설비(펌프기기 및 호스기기로 되어 위험물
을 자동차등에 직접 주유하기 위한 설비로서 현수식의 것을 포함
한다. 이하 같다)의 주위에는 주유를 받으려는 자동차 등이 출입
할 수 있도록 너비 15m 이상, 길이 6m 이상의 콘크리트 등으로
포장한 공지(이하 "주유공지"라 한다)를 보유하여야 한다.

③ 주유취급소의 주위에는 자동차 등이 출입하는 쪽외의 부분에 높
이 2m 이상의 내화구조 또는 불연재료의 담 또는 벽을 설치하여
야 한다.

④ 고정주유설비 또는 고정급유설비의 주유관의 길이 5m 이내로
한다.

16 답 ①

정답해설

① 지정수량 10배 이상의 위험물을 취급하는 제조소의 경우 예방규
정을 정하여 시·도지사에게 제출하여야 한다. 참고로 옥내탱크
저장소는 예방규정을 정하여야하는 제조소등에 해당되지 않는다.

「위험물안전관리법 시행령」 제15조(관계인이 예방규정을 정하여야
하는 제조소등)
법 제17조 제1항에서 "대통령령이 정하는 제조소등"이라 함은 다음
각호의 1에 해당하는 제조소등을 말한다.
1. 지정수량의 10배 이상의 위험물을 취급하는 제조소
2. 지정수량의 100배 이상의 위험물을 저장하는 옥외저장소
3. 지정수량의 150배 이상의 위험물을 저장하는 옥내저장소
4. 지정수량의 200배 이상의 위험물을 저장하는 옥외탱크저장소
5. 암반탱크저장소
6. 이송취급소
7. 지정수량의 10배 이상의 위험물을 취급하는 일반취급소. 다만,
  제4류 위험물(특수인화물을 제외한다)만을 지정수량의 50배 이
  하로 취급하는 일반취급소(제1석유류·알코올류의 취급량이 지
  정수량의 10배 이하인 경우에 한한다)로서 다음 각목의 어느 하
  나에 해당하는 것을 제외한다.
  가. 보일러·버너 또는 이와 비슷한 것으로서 위험물을 소비하
    는 장치로 이루어진 일반취급소
  나. 위험물을 용기에 옮겨 담거나 차량에 고정된 탱크에 주입하
    는 일반취급소

---

17 답 ①

정답해설

① 소방교육·훈련의 종류에 관한 사항은 시·도간 소방업무의 상호
응원협정에 포함되지 않는다.

「소방기본법 시행규칙」 제8조(소방업무의 상호응원협정)
법 제11조 제4항의 규정에 의하여 시·도지사는 이웃하는 다른 시
·도지사와 소방업무에 관하여 상호응원협정을 체결하고자 하는
때에는 다음 각호의 사항이 포함되도록 하여야 한다.
1. 다음 각목의 소방활동에 관한 사항
  가. 화재의 경계·진압활동
  나. 구조·구급업무의 지원
  다. 화재조사활동
2. 응원출동대상지역 및 규모
3. 다음 각목의 소요경비의 부담에 관한 사항
  가. 출동대원의 수당·식사 및 피복의 수선
  나. 소방장비 및 기구의 정비와 연료의 보급
  다. 그 밖의 경비
4. 응원출동의 요청방법
5. 응원출동훈련 및 평가

---

18 답 ④

정답해설

④

> **「소방시설공사업법」 제2조(정의)**
> ① 이 법에서 사용하는 용어의 뜻은 다음과 같다.
> 1. "소방시설업"이란 다음 각 목의 영업을 말한다.
>   가. 소방시설설계업 : 소방시설공사에 기본이 되는 공사계획, 설계도면, 설계 설명서, 기술계산서 및 이와 관련된 서류(이하 "설계도서"라 한다)를 작성(이하 "설계"라 한다)하는 영업
>   나. 소방시설공사업 : 설계도서에 따라 소방시설을 신설, 증설, 개설, 이전 및 정비(이하 "시공"이라 한다)하는 영업
>   다. 소방공사감리업 : 소방시설공사에 관한 발주자의 권한을 대행하여 소방시설공사가 설계도서와 관계 법령에 따라 적법하게 시공되는지를 확인하고, 품질·시공 관리에 대한 기술지도를 하는(이하 "감리"라 한다) 영업
>   라. 방염처리업 : 「화재예방, 소방시설 설치·유지 및 안전관리에 관한 법률」 제12조 제1항에 따른 방염대상물품에 대하여 방염처리(이하 "방염"이라 한다)하는 영업

19 답 ④

정답해설

④ 소방시설업을 지위승계한 경우는 도급계약의 해지기준에 해당하지 않는다.

> **「소방시설공사업법」 제23조(도급계약의 해지)**
> 특정소방대상물의 관계인 또는 발주자는 해당 도급계약의 수급인이 다음 각 호의 어느 하나에 해당하는 경우에는 도급계약을 해지할 수 있다.
> 1. 소방시설업이 등록취소되거나 영업정지된 경우
> 2. 소방시설업을 휴업하거나 폐업한 경우
> 3. 정당한 사유 없이 30일 이상 소방시설공사를 계속하지 아니하는 경우
> 4. 제22조의2 제2항에 따른 요구에 정당한 사유 없이 따르지 아니하는 경우
> (참조) 제22조의2 제2항 : 발주자는 하도급 적정성을 심사한 결과 하수급인의 시공 및 수행능력 또는 하도급계약 내용이 적정하지 아니한 경우에는 그 사유를 분명하게 밝혀 수급인에게 하수급인 또는 하도급계약 내용의 변경을 요구할 수 있다.

20 답 ②

정답해설

② 옥내탱크저장소, 간이탱크저장소, 판매취급소는 정기점검대상에 해당하지 않는다.

> **「위험물안전관리법 시행령」 제16조(정기점검의 대상인 제조소등)**
> 법 제18조 제1항에서 "대통령령이 정하는 제조소등"이라 함은 다음 각호의 1에 해당하는 제조소등을 말한다.
> 1. 제15조 각호의 1에 해당하는 제조소등(= 예방규정을 정하여야 하는 제조소등)
>   ㉠ 지정수량의 10배 이상의 위험물을 취급하는 제조소
>   ㉡ 지정수량의 100배 이상의 위험물을 저장하는 옥외저장소
>   ㉢ 지정수량의 150배 이상의 위험물을 저장하는 옥내저장소
>   ㉣ 지정수량의 200배 이상의 위험물을 저장하는 옥외탱크저장소
>   ㉤ 암반탱크저장소
>   ㉥ 이송취급소
>   ㉦ 지정수량의 10배 이상의 위험물을 취급하는 일반취급소
> 2. 지하탱크저장소
> 3. 이동탱크저장소
> 4. 위험물을 취급하는 탱크로서 지하에 매설된 탱크가 있는 제조소·주유취급소 또는 일반취급소

정답 체크

01	02	03	04	05	06	07	08	09	10
②	④	①	①	③	②	③	③	④	①
11	12	13	14	15	16	17	18	19	20
④	②	④	②	②	①	②	①	③	②

01

답 ②

정답해설

② 주유취급소에 있는 고정주유설비의 주위에는 주유를 받으려는 자동차 등이 출입할 수 있도록 너비 15m 이상, 길이 6m 이상의 콘크리트 등으로 포장한 공지를 보유하여야 한다.

> **「위험물안전관리법 시행규칙」 [별표 13] 주유취급소의 위치·구조 및 설비의 기준(제37조 관련)**
> Ⅰ. 주유공지 및 급유공지
> 1. 주유취급소의 고정주유설비[펌프기기 및 호스기기로 되어 위험물을 자동차등에 직접 주유하기 위한 설비로서 현수식(매달림식)의 것을 포함한다. 이하 같다]의 주위에는 주유를 받으려는 자동차 등이 출입할 수 있도록 너비 15m 이상, 길이 6m 이상의 콘크리트 등으로 포장한 공지(이하 "주유공지"라 한다)를 보유하여야 하고, 고정급유설비(펌프기기 및 호스기기로 되어 위험물을 용기에 옮겨 담거나 이동저장탱크에 주입하기 위한 설비로서 현수식의 것을 포함한다. 이하 같다)를 설치하는 경우에는 고정급유설비의 호스기기의 주위에 필요한 공지(이하 "급유공지"라 한다)를 보유하여야 한다.

02

답 ④

정답해설

④ 시·도지사는 제조소등에 대한 사용의 정지가 그 이용자에게 심한 불편을 주거나 그 밖에 공익을 해칠 우려가 있는 때에는 사용정지처분에 갈음하여 2억 원 이하의 과징금을 부과할 수 있다.

> **과징금처분(「위험물안전관리법」 제13조)**
> ① 시·도지사는 제12조 각 호의 어느 하나에 해당하는 경우로서 제조소등에 대한 사용의 정지가 그 이용자에게 심한 불편을 주거나 그 밖에 공익을 해칠 우려가 있는 때에는 사용정지처분에 갈음하여 2억 원 이하의 과징금을 부과할 수 있다.
> ② 제1항의 규정에 따른 과징금을 부과하는 위반행위의 종별·정도 등에 따른 과징금의 금액 그 밖의 필요한 사항은 행정안전부령으로 정한다.
> ③ 시·도지사는 제1항의 규정에 따른 과징금을 납부하여야 하는 자가 납부기한까지 이를 납부하지 아니한 때에는 「지방행정제재·부과금의 징수 등에 관한 법률」에 따라 징수한다.

03

답 ①

정답해설

① 빈칸에 들어갈 내용은 ㉠ 3, ㉡ 14이다.

> **사용 중지 등(「위험물안전관리법」 제11조의2)**
> ① 제조소등의 관계인은 제조소등의 사용을 중지(경영상 형편, 대규모 공사 등의 사유로 3개월 이상 위험물을 저장하지 아니하거나 취급하지 아니하는 것을 말한다. 이하 같다)하려는 경우에는 위험물의 제거 및 제조소등에의 출입통제 등 행정안전부령으로 정하는 안전조치를 하여야 한다. 다만, 제조소등의 사용을 중지하는 기간에도 제15조 제1항 본문에 따른 위험물안전관리자가 계속하여 직무를 수행하는 경우에는 안전조치를 아니할 수 있다.
> ② 제조소등의 관계인은 제조소등의 사용을 중지하거나 중지한 제조소등의 사용을 재개하려는 경우에는 해당 제조소등의 사용을 중지하려는 날 또는 재개하려는 날의 14일 전까지 행정안전부령으로 정하는 바에 따라 제조소등의 사용 중지 또는 재개를 시·도지사에게 신고하여야 한다.
> ③ 시·도지사는 제2항에 따라 신고를 받으면 제조소등의 관계인이 제1항 본문에 따른 안전조치를 적합하게 하였는지 또는 제15조 제1항 본문에 따른 위험물안전관리자가 직무를 적합하게 수행하는지를 확인하고 위해 방지를 위하여 필요한 안전조치의 이행을 명할 수 있다.
> ④ 제조소등의 관계인은 제2항의 사용 중지신고에 따라 제조소등의 사용을 중지하는 기간 동안에는 제15조 제1항 본문에도 불구하고 위험물안전관리자를 선임하지 아니할 수 있다.

04 답 ①

정답해설

① 관계인은 안전관리교육대상자에 해당되지 않는다. 안전관리자로 선임된 자·탱크시험자의 기술 인력으로 종사하는 자·위험물운반자·위험물운송자로 종사하는 자는 해당 업무에 관한 능력의 습득 또는 향상을 위하여 소방청장이 실시하는 교육을 받아야 한다.

> **「위험물안전관리법」 제28조(안전교육)**
> ① 안전관리자·탱크시험자·위험물운반자·위험물운송자 등 위험물의 안전관리와 관련된 업무를 수행하는 자로서 대통령령이 정하는 자는 해당 업무에 관한 능력의 습득 또는 향상을 위하여 소방청장이 실시하는 교육을 받아야 한다.
> ② 제조소등의 관계인은 제1항의 규정에 따른 교육대상자에 대하여 필요한 안전교육을 받게 하여야 한다.
> ③ 제1항의 규정에 따른 교육의 과정 및 기간과 그 밖에 교육의 실시에 관하여 필요한 사항은 행정안전부령으로 정한다.
> ④ 시·도지사, 소방본부장 또는 소방서장은 제1항의 규정에 따른 교육대상자가 교육을 받지 아니한 때에는 그 교육대상자가 교육을 받을 때까지 이 법의 규정에 따라 그 자격으로 행하는 행위를 제한할 수 있다.

05 답 ③

정답해설

③ 소방안전관리자 자격의 취소 및 정지는 청문사유에 해당하지 않는다.

> **청문(「화재예방, 소방시설 설치·유지 및 안전관리에 관한 법률」 제44조)**
> 소방청장 또는 시·도지사는 다음 각 호의 어느 하나에 해당하는 처분을 하려면 청문을 하여야 한다.
> 1. 제28조에 따른 관리사 자격의 취소 및 정지
> 2. 제34조 제1항에 따른 관리업의 등록취소 및 영업정지
> 3. 제38조에 따른 소방용품의 형식승인 취소 및 제품검사 중지
> 4. 제40조 제5항에 따른 우수품질인증의 취소
> 5. 제43조에 따른 전문기관의 지정취소 및 업무정지

06 답 ②

정답해설

② 아파트를 제외한 연면적이 3만 제곱미터가 아니라 1만5천 제곱미터 이상인 특정소방대상물이다.

> **소방안전관리보조자를 두어야 하는 특정소방대상물(「화재예방, 소방시설 설치·유지 및 안전관리에 관한 법률 시행령」 제22조의2)**
> ① 법 제20조 제2항에 따라 소방안전관리보조자를 선임하여야 하는 특정소방대상물은 제22조에 따라 소방안전관리자를 두어야 하는 특정소방대상물 중 다음 각 호의 어느 하나에 해당하는 특정소방대상물(이하 "보조자선임대상 특정소방대상물"이라 한다)로 한다. 다만, 제3호에 해당하는 특정소방대상물로서 해당 특정소방대상물이 소재하는 지역을 관할하는 소방서장이 야간이나 휴일에 해당 특정소방대상물이 이용되지 아니한다는 것을 확인한 경우에는 소방안전관리보조자를 선임하지 아니할 수 있다.
> 1. 「건축법 시행령」 별표 1 제2호 가목에 따른 아파트(300세대 이상인 아파트만 해당한다)
> 2. 제1호에 따른 아파트를 제외한 연면적이 1만5천제곱미터 이상인 특정소방대상물
> 3. 제1호 및 제2호에 따른 특정소방대상물을 제외한 특정소방대상물 중 다음 각 목의 어느 하나에 해당하는 특정소방대상물
>   가. 공동주택 중 기숙사
>   나. 의료시설
>   다. 노유자시설
>   라. 수련시설
>   마. 숙박시설(숙박시설로 사용되는 바닥면적의 합계가 1천 500제곱미터 미만이고 관계인이 24시간 상시 근무하고 있는 숙박시설은 제외한다)
> ② 보조자선임대상 특정소방대상물의 관계인이 선임하여야 하는 소방안전관리보조자의 최소 선임기준은 다음 각 호와 같다.
> 1. 제1항 제1호의 경우 : 1명. 다만, 초과되는 300세대마다 1명 이상을 추가로 선임하여야 한다.
> 2. 제1항 제2호의 경우 : 1명. 다만, 초과되는 연면적 1만5천제곱미터(특정소방대상물의 방재실에 자위소방대가 24시간 상시 근무하고 「소방장비관리법 시행령」 별표 1 제1호 가목에 따른 소방자동차 중 소방펌프차, 소방물탱크차, 소방화학차 또는 무인방수차를 운용하는 경우에는 3만제곱미터로 한다)마다 1명 이상을 추가로 선임해야 한다.
> 3. 제1항 제3호의 경우 : 1명

07 답 ③

정답해설

③ 소방기술민원센터는 소방청장 또는 소방본부장이 설치·운영할 수 있다. 소방서장은 해당하지 않는다.

> **소방기술민원센터의 설치·운영(「소방기본법」 제4조의2)**
> ① 소방청장 또는 소방본부장은 소방시설, 소방공사 및 위험물 안전관리 등과 관련된 법령해석 등의 민원을 종합적으로 접수하여 처리할 수 있는 기구(이하 이 조에서 "소방기술민원센터"라 한다)를 설치·운영할 수 있다.
> ② 소방기술민원센터의 설치·운영 등에 필요한 사항은 대통령령으로 정한다.

08 달 ③

정답해설

③ 영업소소재지는 착공신고 후 중요변경신고사항에 해당하지 않는다.

①·②·④는 착공신고 후 중요변경신고 사항에 해당된다.

> **착공신고 등(「소방시설공사업법 시행규칙」 제12조)**
> ② 법 제13조 제2항에서 "행정안전부령으로 정하는 중요한 사항"이란 다음 각 호의 어느 하나에 해당하는 사항을 말한다.
>   1. 시공자
>   2. 설치되는 소방시설의 종류
>   3. 책임시공 및 기술관리 소방기술자

09 답 ④

정답해설

④ 빈칸에 들어갈 내용은 ㉠ 옥외탱크저장소, ㉡ 50이다.

> **자체소방대를 설치하여야 하는 사업소(「위험물안전관리법 시행령」 제18조)**
> ① 법 제19조에서 "대통령령이 정하는 제조소등"이란 다음 각 호의 어느 하나에 해당하는 제조소등을 말한다.
>   1. 제4류 위험물을 취급하는 제조소 또는 일반취급소. 다만, 보일러로 위험물을 소비하는 일반취급소 등 행정안전부령으로 정하는 일반취급소는 제외한다.
>   2. 제4류 위험물을 저장하는 옥외탱크저장소
> ② 법 제19조에서 "대통령령이 정하는 수량 이상"이란 다음 각 호의 구분에 따른 수량을 말한다.
>   1. 제1항 제1호에 해당하는 경우 : 제조소 또는 일반취급소에서 취급하는 제4류 위험물의 최대수량의 합이 지정수량의 3천배 이상
>   2. 제1항 제2호에 해당하는 경우 : 옥외탱크저장소에 저장하는 제4류 위험물의 최대수량이 지정수량의 50만배 이상
> ③ 법 제19조의 규정에 의하여 자체소방대를 설치하는 사업소의 관계인은 별표 8의 규정에 의하여 자체소방대에 화학소방자동차 및 자체소방대원을 두어야 한다. 다만, 화재 그 밖의 재난발생시 다른 사업소 등과 상호응원에 관한 협정을 체결하고 있는 사업소에 있어서는 행정안전부령이 정하는 바에 따라 별표 8의 범위 안에서 화학소방자동차 및 인원의 수를 달리할 수 있다.

10 답 ①

정답해설

① 사상자정보 및 사상발생 원인은 화재피해조사(인명피해조사)에 해당된다.

> **화재조사의 종류 및 조사의 범위(「소방기본법 시행규칙」 별표 5)**
> 1. 화재원인조사
>
> | 종류 | 조사범위 |
> | --- | --- |
> | 가. 발화원인 조사 | 화재가 발생한 과정, 화재가 발생한 지점 및 불이 붙기 시작한 물질 |
> | 나. 발견·통보 및 초기 소화상황 조사 | 화재의 발견·통보 및 초기소화 등 일련의 과정 |
> | 다. 연소상황 조사 | 화재의 연소경로 및 확대원인 등의 상황 |
> | 라. 피난상황 조사 | 피난경로, 피난상의 장애요인 등의 상황 |
> | 마. 소방시설 등 조사 | 소방시설의 사용 또는 작동 등의 상황 |
>
> 2. 화재피해조사
>
> | 종류 | 조사범위 |
> | --- | --- |
> | 가. 인명피해조사 | (1) 소방활동중 발생한 사망자 및 부상자
(2) 그 밖에 화재로 인한 사망자 및 부상자 |
> | 나. 재산피해조사 | (1) 열에 의한 탄화, 용융, 파손 등의 피해
(2) 소화활동중 사용된 물로 인한 피해
(3) 그 밖에 연기, 물품반출, 화재로 인한 폭발 등에 의한 피해 |

11

답 ④

정답해설

④ 비상경보설비를 설치하여야 하는 특정소방대상물은 해당되지 않는다.

공사감리자 지정대상 특정소방대상물의 범위(「소방시설공사업법 시행령」 제10조)

① 법 제17조 제1항에서 "대통령령으로 정하는 특정소방대상물"이란 「화재예방, 소방시설 설치·유지 및 안전관리에 관한 법률」 제2조 제1항 제3호의 특정소방대상물을 말한다.

② 법 제17조 제1항에서 "자동화재탐지설비, 옥내소화전설비 등 대통령령으로 정하는 소방시설을 시공할 때"란 다음 각 호의 어느 하나에 해당하는 소방시설을 시공할 때를 말한다. 〈개정 2019.12.10., 2021.6.1.〉

1. 옥내소화전설비를 신설·개설 또는 증설할 때
2. 스프링클러설비등(캐비닛형 간이스프링클러설비는 제외한다)을 신설·개설하거나 방호·방수 구역을 증설할 때
3. 물분무등소화설비(호스릴 방식의 소화설비는 제외한다)를 신설·개설하거나 방호·방수 구역을 증설할 때
4. 옥외소화전설비를 신설·개설 또는 증설할 때
5. 자동화재탐지설비를 신설 또는 개설할 때
5의2. 비상방송설비를 신설 또는 개설할 때
6. 통합감시시설을 신설 또는 개설할 때
6의2. 비상조명등을 신설 또는 개설할 때
7. 소화용수설비를 신설 또는 개설할 때
8. 다음 각 목에 따른 소화활동설비에 대하여 각 목에 따른 시공을 할 때
   가. 제연설비를 신설·개설하거나 제연구역을 증설할 때
   나. 연결송수관설비를 신설 또는 개설할 때
   다. 연결살수설비를 신설·개설하거나 송수구역을 증설할 때
   라. 비상콘센트설비를 신설·개설하거나 전용회로를 증설할 때
   마. 무선통신보조설비를 신설 또는 개설할 때
   바. 연소방지설비를 신설·개설하거나 살수구역을 증설할 때
9. 삭제 〈2017.12.12.〉

12

답 ②

정답해설

② 완공검사를 위한 현장확인 대상 특정소방대상물의 범위는 연면적 1만m² 이상 특정소방대상물이다.

완공검사를 위한 현장확인 대상 특정소방대상물의 범위(「소방시설공사업법 시행령」 제5조)

법 제14조 제1항 단서에서 "대통령령으로 정하는 특정소방대상물"이란 특정소방대상물 중 다음 각 호의 대상물을 말한다.

1. 문화 및 집회시설, 종교시설, 판매시설, 노유자(老幼者)시설, 수련시설, 운동시설, 숙박시설, 창고시설, 지하상가 및 「다중이용업소의 안전관리에 관한 특별법」에 따른 다중이용업소
2. 다음 각 목의 어느 하나에 해당하는 설비가 설치되는 특정소방대상물
   가. 스프링클러설비등
   나. 물분무등소화설비(호스릴 방식의 소화설비는 제외한다)
3. 연면적 1만제곱미터 이상이거나 11층 이상인 특정소방대상물(아파트는 제외한다)
4. 가연성가스를 제조·저장 또는 취급하는 시설 중 지상에 노출된 가연성가스탱크의 저장용량 합계가 1천톤 이상인 시설

13

답 ④

정답해설

④ 「위험물 안전관리법」에 따른 자위소방대가 아니라 자체소방대가 설치된 특정소방대상물이 소방시설 설치를 면제할 수 있는 기준에 해당된다.

출제자의 Point!

특정소방대상물 가운데 대통령령으로 정하는 소방시설을 설치하지 아니할 수 있는 경우(「화재예방, 소방시설 설치·유지 및 안전관리에 관한 법률」 제11조)

㉠ 화재 위험도가 낮은 특정소방대상물
㉡ 화재안전기준을 적용하기 어려운 특정소방대상물
㉢ 화재안전기준을 다르게 적용하여야 하는 특수한 용도 또는 구조를 가진 특정소방대상물
㉣ 「위험물 안전관리법」에 따른 자체소방대가 설치된 특정소방대상물

14   답 ②

정답해설

② 소방자동차 보험가입은 시·도지사이다.

> **소방자동차의 보험 가입 등(「소방기본법」 제16조의4)**
> ① 시·도지사는 소방자동차의 공무상 운행 중 교통사고가 발생한 경우 그 운전자의 법률상 분쟁에 소요되는 비용을 지원할 수 있는 보험에 가입하여야 한다.
> ② 국가는 제1항에 따른 보험 가입비용의 일부를 지원할 수 있다.

15   답 ②

정답해설

② 충수·수압검사는 위험물을 저장 또는 취급하는 탱크에 배관 그 밖의 부속설비를 부착하기 전에 신청한다.

> **탱크안전성능검사의 신청 등(「위험물안전관리법 시행규칙」 제18조)**
> ④ 제1항의 규정에 의한 탱크안전성능검사의 신청시기는 다음 각 호의 구분에 의한다.
> 1. 기초·지반검사 : 위험물탱크의 기초 및 지반에 관한 공사의 개시 전
> 2. 충수·수압검사 : 위험물을 저장 또는 취급하는 탱크에 배관 그 밖의 부속설비를 부착하기 전
> 3. 용접부검사 : 탱크본체에 관한 공사의 개시 전
> 4. 암반탱크검사 : 암반탱크의 본체에 관한 공사의 개시 전

16   답 ①

정답해설

① 복합건축물로서 연면적이 5천제곱미터 이상인 것 또는 층수가 5층 이상인 것이 공동소방안전관리자를 선임해야 하는 특정소방대상물이다.

> **공동 소방안전관리(「화재예방, 소방시설 설치·유지 및 안전관리에 관한 법률」 제21조)**
> 다음 각 호의 어느 하나에 해당하는 특정소방대상물로서 그 관리의 권원(權原)이 분리되어 있는 것 가운데 소방본부장이나 소방서장이 지정하는 특정소방대상물의 관계인은 행정안전부령으로 정하는 바에 따라 대통령령으로 정하는 자를 공동 소방안전관리자로 선임하여야 한다.
> 1. 고층 건축물(지하층을 제외한 층수가 11층 이상인 건축물만 해당한다)
> 2. 지하가(지하의 인공구조물 안에 설치된 상점 및 사무실, 그 밖에 이와 비슷한 시설이 연속하여 지하도에 접하여 설치된 것과 그 지하도를 합한 것을 말한다)
> 3. 그 밖에 대통령령으로 정하는 특정소방대상물
>
> **공동 소방안전관리자 선임대상 특정소방대상물(「화재예방, 소방시설 설치·유지 및 안전관리에 관한 법률 시행령」 제25조)**
> 법 제21조 제3호에서 "대통령령으로 정하는 특정소방대상물"이란 다음 각 호의 어느 하나에 해당하는 특정소방대상물을 말한다.
> 1. 별표 2에 따른 복합건축물로서 연면적이 5천제곱미터 이상인 것 또는 층수가 5층 이상인 것
> 2. 별표 2에 따른 판매시설 중 도매시장, 소매시장 및 전통시장
> 3. 제22조 제1항에 따른 특정소방대상물 중 소방본부장 또는 소방서장이 지정하는 것

17

답 ②

정답해설

② 연면적 200m² 미만인 단독주택 또는 공동주택에 설치한 학대피해노인 전용쉼터는 건축허가등의 동의대상이 아니다.

오답해설

①·③·④는 건축허가등의 동의대상에 해당된다.

> **건축허가등의 동의대상물의 범위 등(「화재예방, 소방시설 설치·유지 및 안전관리에 관한 법률」 제12조)**
> ① 법 제7조 제1항에 따라 건축물 등의 신축·증축·개축·재축(再築)·이전·용도변경 또는 대수선(大修繕)의 허가·협의 및 사용승인(이하 "건축허가등"이라 한다)을 할 때 미리 소방본부장 또는 소방서장의 동의를 받아야 하는 건축물 등의 범위는 다음 각 호와 같다.
> 　1. 연면적(「건축법 시행령」 제119조 제1항 제4호에 따라 산정된 면적을 말한다. 이하 같다)이 400제곱미터 이상인 건축물. 다만, 다음 각 목의 어느 하나에 해당하는 시설은 해당 목에서 정한 기준 이상인 건축물로 한다.
> 　　가. 「학교시설사업 촉진법」 제5조의2 제1항에 따라 건축등을 하려는 학교시설 : 100제곱미터
> 　　나. 노유자시설(老幼者施設) 및 수련시설 : 200제곱미터
> 　　다. 「정신건강증진 및 정신질환자 복지서비스 지원에 관한 법률」 제3조 제5호에 따른 정신의료기관(입원실이 없는 정신건강의학과 의원은 제외하며, 이하 "정신의료기관"이라 한다) : 300제곱미터
> 　　라. 「장애인복지법」 제58조 제1항 제4호에 따른 장애인 의료재활시설(이하 "의료재활시설"이라 한다) : 300제곱미터
> 　1의2. 층수(「건축법 시행령」 제119조 제1항 제9호에 따라 산정된 층수를 말한다. 이하 같다)가 6층 이상인 건축물
> 　2. 차고·주차장 또는 주차용도로 사용되는 시설로서 다음 각 목의 어느 하나에 해당하는 것
> 　　가. 차고·주차장으로 사용되는 바닥면적이 200제곱미터 이상인 층이 있는 건축물이나 주차시설
> 　　나. 승강기 등 기계장치에 의한 주차시설로서 자동차 20대 이상을 주차할 수 있는 시설
> 　3. 항공기격납고, 관망탑, 항공관제탑, 방송용 송수신탑
> 　4. 지하층 또는 무창층이 있는 건축물로서 바닥면적이 150제곱미터(공연장의 경우에는 100제곱미터) 이상인 층이 있는 것
> 　5. 별표 2의 특정소방대상물 중 조산원, 산후조리원, 위험물 저장 및 처리 시설, 발전시설 중 전기저장시설, 지하구
> 　6. 제1호에 해당하지 않는 노유자시설 중 다음 각 목의 어느 하나에 해당하는 시설. 다만, 가목 2) 및 나목부터 바목까지의 시설 중 「건축법 시행령」 별표 1의 단독주택 또는 공동주택에 설치되는 시설은 제외한다.
> 　　가. 별표 2 제9호 가목에 따른 노인 관련 시설 중 다음의 어느 하나에 해당하는 시설
> 　　　1) 「노인복지법」 제31조 제1호·제2호 및 제4호에 따른 노인주거복지시설·노인의료복지시설 및 재가노인복지시설
> 　　　3) 「노인복지법」 제31조 제7호에 따른 학대피해노인 전용쉼터
> 　　나. 「아동복지법」 제52조에 따른 아동복지시설(아동상담소, 아동전용시설 및 지역아동센터는 제외한다)
> 　　다. 「장애인복지법」 제58조 제1항 제1호에 따른 장애인 거주시설
> 　　라. 정신질환자 관련 시설(「정신건강증진 및 정신질환자 복지서비스 지원에 관한 법률」 제27조 제1항 제2호에 따른 공동생활가정을 제외한 재활훈련시설과 같은 법 시행령 제16조 제3호에 따른 종합시설 중 24시간 주거를 제공하지 아니하는 시설은 제외한다)
> 　　마. 별표 2 제9호 마목에 따른 노숙인 관련 시설 중 노숙인자활시설, 노숙인재활시설 및 노숙인요양시설
> 　　바. 결핵환자나 한센인이 24시간 생활하는 노유자시설
> 　7. 「의료법」 제3조 제2항 제3호 라목에 따른 요양병원(이하 "요양병원"이라 한다). 다만, 정신의료기관 중 정신병원(이하 "정신병원"이라 한다)과 의료재활시설은 제외한다.

18

답 ①

정답해설

① 소방시설공사업자의 시공능력평가 및 공시권자는 소방청장이다.

> **시공능력 평가 및 공시(「소방시설공사업법」 제26조)**
> ① 소방청장은 관계인 또는 발주자가 적절한 공사업자를 선정할 수 있도록 하기 위하여 공사업자의 신청이 있으면 그 공사업자의 소방시설공사 실적, 자본금 등에 따라 시공능력을 평가하여 공시할 수 있다.
> ② 제1항에 따른 평가를 받으려는 공사업자는 전년도 소방시설공사 실적, 자본금, 그 밖에 행정안전부령으로 정하는 사항을 소방청장에게 제출하여야 한다.
> ③ 제1항 및 제2항에 따른 시공능력 평가신청 절차, 평가방법 및 공시방법 등에 필요한 사항은 행정안전부령으로 정한다.

19   답 ③

정답해설

③ 소방공사감리업이란 소방시설공사에 관한 발주자의 권한을 대행하여 소방시설공사가 설계도서와 관계 법령에 따라 적법하게 시공되는지를 확인하고, 품질·시공 관리에 대한 기술지도를 하는 (이하 "감리"라 한다) 영업을 말한다.

정의(「소방시설공사업법」제2조)

① 이 법에서 사용하는 용어의 뜻은 다음과 같다.
1. "소방시설업"이란 다음 각 목의 영업을 말한다.
가. 소방시설설계업 : 소방시설공사에 기본이 되는 공사계획, 설계도면, 설계 설명서, 기술계산서 및 이와 관련된 서류(이하 "설계도서"라 한다)를 작성(이하 "설계"라 한다)하는 영업
나. 소방시설공사업 : 설계도서에 따라 소방시설을 신설, 증설, 개설, 이전 및 정비(이하 "시공"이라 한다)하는 영업
다. 소방공사감리업 : 소방시설공사에 관한 발주자의 권한을 대행하여 소방시설공사가 설계도서와 관계 법령에 따라 적법하게 시공되는지를 확인하고, 품질·시공 관리에 대한 기술지도를 하는(이하 "감리"라 한다) 영업
라. 방염처리업 : 「화재예방, 소방시설 설치·유지 및 안전관리에 관한 법률」제12조 제1항에 따른 방염대상물품에 대하여 방염처리(이하 "방염"이라 한다)하는 영업
2. "소방시설업자"란 소방시설업을 경영하기 위하여 제4조에 따라 소방시설업을 등록한 자를 말한다.
3. "감리원"이란 소방공사감리업자에 소속된 소방기술자로서 해당 소방시설공사를 감리하는 사람을 말한다.
4. "소방기술자"란 제28조에 따라 소방기술 경력 등을 인정받은 사람과 다음 각 목의 어느 하나에 해당하는 사람으로서 소방시설업과 「화재예방, 소방시설 설치·유지 및 안전관리에 관한 법률」에 따른 소방시설관리업의 기술인력으로 등록된 사람을 말한다.
가. 「화재예방, 소방시설 설치·유지 및 안전관리에 관한 법률」에 따른 소방시설관리사
나. 국가기술자격 법령에 따른 소방기술사, 소방설비기사, 소방설비산업기사, 위험물기능장, 위험물산업기사, 위험물기능사
5. "발주자"란 소방시설의 설계, 시공, 감리 및 방염(이하 "소방시설공사등"이라 한다)을 소방시설업자에게 도급하는 자를 말한다. 다만, 수급인으로서 도급받은 공사를 하도급하는 자는 제외한다.

---

20   답 ②

정답해설

② 비상소화장치의 설치·유지·관리는 소방본부장 또는 소방서장이 아니라 시·도지사가 한다.

소방용수시설의 설치 및 관리 등(「소방기본법」제10조)

① 시·도지사는 소방활동에 필요한 소화전(消火栓)·급수탑(給水塔)·저수조(貯水槽)(이하 "소방용수시설"이라 한다)를 설치하고 유지·관리하여야 한다. 다만, 「수도법」제45조에 따라 소화전을 설치하는 일반수도사업자는 관할 소방서장과 사전협의를 거친 후 소화전을 설치하여야 하며, 설치 사실을 관할 소방서장에게 통지하고, 그 소화전을 유지·관리하여야 한다.
② 시·도지사는 제21조 제1항에 따른 소방자동차의 진입이 곤란한 지역 등 화재발생 시에 초기 대응이 필요한 지역으로서 대통령령으로 정하는 지역에 소방호스 또는 호스 릴 등을 소방용수시설에 연결하여 화재를 진압하는 시설이나 장치(이하 "비상소화장치"라 한다)를 설치하고 유지·관리할 수 있다.
③ 제1항에 따른 소방용수시설과 제2항에 따른 비상소화장치의 설치기준은 행정안전부령으로 정한다.

정답 체크

01	02	03	04	05	06	07	08	09	10
④	③	①	②	④	④	④	③	③	④
11	12	13	14	15	16	17	18	19	20
①	②	①	①	④	③	①	③	③	②

01

답 ④

정답해설

④ 작동기능점검과 종합정밀점검을 실시한 경우 작동기능점검결과 및 종합정밀점검결과 기록보관 기간은 2년, 소방본부장과 소방서장에게 소방시설등 자체점검결과 보고서 제출기간은 7일 이내이다.

> **점검결과보고서의 제출(「화재예방, 소방시설 설치·유지 및 안전관리에 관한 법률 시행규칙」 제19조)**
> ① 법 제20조 제2항 전단에 따른 소방안전관리대상물의 관계인 및 「공공기관의 소방안전관리에 관한 규정」 제5조에 따라 소방안전관리자를 선임해야 하는 공공기관의 장은 별표 1에 따른 작동기능점검 또는 종합정밀점검을 실시한 경우 법 제25조 제2항에 따라 7일 이내에 별지 제21호 서식의 소방시설등 자체점검 실시결과 보고서를 소방본부장 또는 소방서장에게 제출해야 한다. 이 경우 소방청장이 지정하는 전산망을 통하여 그 점검결과보고서를 제출할 수 있다.
> ③ 법 제20조 제2항 전단에 따른 소방안전관리대상물의 관계인 및 「공공기관의 소방안전관리에 관한 규정」 제5조에 따라 소방안전관리자를 선임해야 하는 공공기관의 기관장은 법 제25조 제3항에 따라 별표 1에 따른 작동기능점검 또는 종합정밀점검을 실시한 경우 그 점검결과를 2년간 자체 보관해야 한다.

02

답 ③

정답해설

③ 기본계획은 대통령령으로 정하는 바에 따라 소방청장이 관계 중앙행정기관의 장과 협의하여 수립한다.

> **화재안전정책기본계획 등의 수립·시행(「화재예방, 소방시설 설치·유지 및 안전관리에 관한 법률」 제2조의3)**
> ① 국가는 화재안전 기반 확충을 위하여 화재안전정책에 관한 기본계획(이하 "기본계획"이라 한다)을 5년마다 수립·시행하여야 한다.
> ② 기본계획은 대통령령으로 정하는 바에 따라 소방청장이 관계 중앙행정기관의 장과 협의하여 수립힌다.
> ③ 기본계획에는 다음 각 호의 사항이 포함되어야 한다.
>   1. 화재안전정책의 기본목표 및 추진방향
>   2. 화재안전을 위한 법령·제도의 마련 등 기반 조성에 관한 사항
>   3. 화재예방을 위한 대국민 홍보·교육에 관한 사항
>   4. 화재안전 관련 기술의 개발·보급에 관한 사항
>   5. 화재안전분야 전문인력의 육성·지원 및 관리에 관한 사항
>   6. 화재안전분야 국제경쟁력 향상에 관한 사항
>   7. 그 밖에 대통령령으로 정하는 화재안전 개선에 필요한 사항
> ④ 소방청장은 기본계획을 시행하기 위하여 매년 시행계획을 수립·시행하여야 한다.
> ⑤ 소방청장은 제1항 및 제4항에 따라 수립된 기본계획 및 시행계획을 관계 중앙행정기관의 장, 특별시장·광역시장·특별자치시장·도지사·특별자치도지사(이하 이 조에서 "시·도지사"라 한다)에게 통보한다.
> ⑥ 제5항에 따라 기본계획과 시행계획을 통보받은 관계 중앙행정기관의 장 또는 시·도지사는 소관 사무의 특성을 반영한 세부 시행계획을 수립하여 시행하여야 하고, 시행결과를 소방청장에게 통보하여야 한다.
> ⑦ 소방청장은 기본계획 및 시행계획을 수립하기 위하여 필요한 경우에는 관계 중앙행정기관의 장 또는 시·도지사에게 관련 자료의 제출을 요청할 수 있다. 이 경우 자료제출을 요청받은 관계 중앙행정기관의 장 또는 시·도지사는 특별한 사유가 없으면 이에 따라야 한다.
> ⑧ 기본계획, 시행계획 및 세부시행계획 등의 수립·시행에 관하여 필요한 사항은 대통령령으로 정한다.

03 탭 ①

정답해설

① 업무시설 및 교육연구시설 자체는 원칙적으로 현장확인 완공검사의 대상이 아니다.

완공검사를 위한 현장확인 대상 특정소방대상물의 범위(「소방시설공사업법 시행령」 제5조)

법 제14조 제1항 단서에서 "대통령령으로 정하는 특정소방대상물"이란 특정소방대상물 중 다음 각 호의 대상물을 말한다.

1. 문화 및 집회시설, 종교시설, 판매시설, 노유자(老幼者)시설, 수련시설, 운동시설, 숙박시설, 창고시설, 지하상가 및 「다중이용업소의 안전관리에 관한 특별법」에 따른 다중이용업소
2. 다음 각 목의 어느 하나에 해당하는 설비가 설치되는 특정소방대상물
   가. 스프링클러설비등
   나. 물분무등소화설비(호스릴 방식의 소화설비는 제외한다)
3. 연면적 1만제곱미터 이상이거나 11층 이상인 특정소방대상물(아파트는 제외한다)
4. 가연성가스를 제조·저장 또는 취급하는 시설 중 지상에 노출된 가연성가스탱크의 저장용량 합계가 1천톤 이상인 시설

---

04 탭 ②

정답해설

② 옥내탱크저장소, 간이탱크저장소, 판매취급소는 정기점검대상이 아니다.

정기점검의 대상인 제조소등(「위험물안전관리법 시행령」 제16조)

1. 관계인이 예방규정을 정하여야 하는 제조소등
   1) 지정수량의 10배 이상의 위험물을 취급하는 제조소
   2) 지정수량의 100배 이상의 위험물을 저장하는 옥외저장소
   3) 지정수량의 150배 이상의 위험물을 저장하는 옥내저장소
   4) 지정수량의 200배 이상의 위험물을 저장하는 옥외탱크저장소
   5) 암반탱크저장소
   6) 이송취급소
   7) 지정수량의 10배 이상의 위험물을 취급하는 일반취급소
2. 지하탱크저장소
3. 이동탱크저장소
4. 위험물을 취급하는 탱크로서 지하에 매설된 탱크가 있는 제조소·주유취급소 또는 일반취급소

---

05 탭 ④

정답해설

④ 손실보상의 기준, 보상금액, 지급절차 및 방법, 손실보상심의위원회의 구성 및 운영, 그 밖에 필요한 사항은 대통령령으로 정한다.

손실보상(「소방기본법」 제49조의2)

① 소방청장 또는 시·도지사는 다음 각 호의 어느 하나에 해당하는 자에게 제3항의 손실보상심의위원회의 심사·의결에 따라 정당한 보상을 하여야 한다.

1. 제16조의3 제1항에 따른 조치로 인하여 손실을 입은 자
2. 제24조 제1항 전단에 따른 소방활동 종사로 인하여 사망하거나 부상을 입은 자
3. 제25조 제2항 또는 제3항에 따른 처분으로 인하여 손실을 입은 자. 다만, 같은 조 제3항에 해당하는 경우로서 법령을 위반하여 소방자동차의 통행과 소방활동에 방해가 된 경우는 제외한다.
4. 제27조 제1항 또는 제2항에 따른 조치로 인하여 손실을 입은 자
5. 그 밖에 소방기관 또는 소방대의 적법한 소방업무 또는 소방활동으로 인하여 손실을 입은 자

② 제1항에 따라 손실보상을 청구할 수 있는 권리는 손실이 있음을 안 날부터 3년, 손실이 발생한 날부터 5년간 행사하지 아니하면 시효의 완성으로 소멸한다.

③ 제1항에 따른 손실보상청구 사건을 심사·의결하기 위하여 손실보상심의위원회를 둔다.

④ 제1항에 따른 손실보상의 기준, 보상금액, 지급절차 및 방법, 제3항에 따른 손실보상심의위원회의 구성 및 운영, 그 밖에 필요한 사항은 대통령령으로 정한다.

---

06 탭 ④

정답해설

④ 소방시설공사업자의 시공능력 평가액은 실적평가액, 자본금평가액, 기술력평가액, 경력평가액, 신인도평가액을 고려해서 산정한다.

공능력 평가의 방법(「소방시설공사업법 시행규칙」 [별표 4])

소방시설공사업자의 시공능력 평가는 다음 계산식으로 산정하되, 10만 원 미만의 숫자는 버린다. 이 경우 산정기준일은 평가를 하는 해의 전년도 말일로 한다.

시공능력평가액 = 실적평가액 + 자본금평가액 + 기술력평가액 + 경력평가액 ± 신인도평가액

07
답 ④

정답해설

④ 소방공사감리업은 소방시설공사에 관한 발주자의 권한을 대행하여 소방시설공사가 설계도서와 관계 법령에 따라 적법하게 시공되는지를 확인하고, 품질·시공 관리에 대한 기술지도를 하는(이하 "감리"라 한다) 영업을 말한다.

> **정의(「소방시설공사업법」제2조)**
> ① 이 법에서 사용하는 용어의 뜻은 다음과 같다.
> 1. "소방시설업"이란 다음 각 목의 영업을 말한다.
>   가. 소방시설설계업 : 소방시설공사에 기본이 되는 공사계획, 설계도면, 설계 설명서, 기술계산서 및 이와 관련된 서류(이하 "설계도서"라 한다)를 작성(이하 "설계"라 한다)하는 영업
>   나. 소방시설공사업 : 설계도서에 따라 소방시설을 신설, 증설, 개설, 이전 및 정비(이하 "시공"이라 한다)하는 영업
>   다. 소방공사감리업 : 소방시설공사에 관한 발주자의 권한을 대행하여 소방시설공사가 설계도서와 관계 법령에 따라 적법하게 시공되는지를 확인하고, 품질·시공 관리에 대한 기술지도를 하는(이하 "감리"라 한다) 영업
>   라. 방염처리업 : 「화재예방, 소방시설 설치·유지 및 안전관리에 관한 법률」제12조 제1항에 따른 방염대상물품에 대하여 방염처리(이하 "방염"이라 한다)하는 영업
> 2. "소방시설업자"란 소방시설업을 경영하기 위하여 제4조에 따라 소방시설업을 등록한 자를 말한다.
> 3. "감리원"이란 소방공사감리업자에 소속된 소방기술자로서 해당 소방시설공사를 감리하는 사람을 말한다.
> 4. "소방기술자"란 제28조에 따라 소방기술 경력 등을 인정받은 사람과 다음 각 목의 어느 하나에 해당하는 사람으로서 소방시설업과 「화재예방, 소방시설 설치·유지 및 안전관리에 관한 법률」에 따른 소방시설관리업의 기술인력으로 등록된 사람을 말한다.
>   가. 「화재예방, 소방시설 설치·유지 및 안전관리에 관한 법률」에 따른 소방시설관리사
>   나. 국가기술자격 법령에 따른 소방기술사, 소방설비기사, 소방설비산업기사, 위험물기능장, 위험물산업기사, 위험물기능사
> 5. "발주자"란 소방시설의 설계, 시공, 감리 및 방염(이하 "소방시설공사등"이라 한다)을 소방시설업자에게 도급하는 자를 말한다. 다만, 수급인으로서 도급받은 공사를 하도급하는 자는 제외한다.

08
답 ③

정답해설

③ ⓒ, ⓜ, ⓗ은 노유자시설에 설치하는 소방시설 중 변경된 강화된 대통령령 또는 화재안전기준을 적용하는 것에 해당하지 않는다.

> **강화된 소방시설기준의 적용대상(「소방시설법 시행령」제15조의6)**
> ⓐ 노유자시설에 설치하는 소방시설 : 간이스프링클러설비, 자동화재탐지설비, 단독경보형감지기
> ⓑ 의료시설에 설치하는 소방시설 : 스프링클러설비, 간이스프링클러설비, 자동화재탐지설비, 자동화재속보설비

09
답 ③

정답해설

③ 수납하는 제5류 위험물에 있어서는 "화기엄금" 및 "충격주의"에 해당된다.(「위험물안전관리법 시행규칙」별표 19)

> **위험물의 운반에 관한 기준(「위험물안전관리법 시행규칙」[별표 19])**
> 다. 수납하는 위험물에 따라 다음의 규정에 의한 주의사항
>   1) 제1류 위험물 중 알칼리금속의 과산화물 또는 이를 함유한 것에 있어서는 "화기·충격주의", "물기엄금" 및 "가연물접촉주의", 그 밖의 것에 있어서는 "화기·충격주의" 및 "가연물접촉주의"
>   2) 제2류 위험물 중 철분·금속분·마그네슘 또는 이들 중 어느 하나 이상을 함유한 것에 있어서는 "화기주의" 및 "물기엄금", 인화성고체에 있어서는 "화기엄금", 그 밖의 것에 있어서는 "화기주의"
>   3) 제3류 위험물 중 자연발화성물질에 있어서는 "화기엄금" 및 "공기접촉엄금", 금수성물질에 있어서는 "물기엄금"
>   4) 제4류 위험물에 있어서는 "화기엄금"
>   5) 제5류 위험물에 있어서는 "화기엄금" 및 "충격주의"
>   6) 제6류 위험물에 있어서는 "가연물접촉주의"

10
답 ④

정답해설

④ 소방기술인력을 변경하였을 때는 관계인에게 지체 없이 그 사실을 알려야 하는 사항에 해당하지 않는다.

오답해설

①·②·③은 지체 없이 관계인에 그 사실을 알려야 하는 사항에 해당된다.

> **소방시설업의 운영(「소방시설공사업법」 제8조)**
> ③ 소방시설업자는 다음 각 호의 어느 하나에 해당하는 경우에는 소방시설공사등을 맡긴 특정소방대상물의 관계인에게 지체 없이 그 사실을 알려야 한다.
> 1. 제7조에 따라 소방시설업자의 지위를 승계한 경우
> 2. 제9조 제1항에 따라 소방시설업의 등록취소처분 또는 영업정지처분을 받은 경우
> 3. 휴업하거나 폐업한 경우

11
답 ①

정답해설

① 허가를 받지 아니하고 제조소등을 설치할 수 있는 경우에 해당되는 것은 농예용·축산용 또는 수산용으로 필요한 난방시설 또는 건조시설을 위한 지정수량 20배 이하의 저장소를 말한다.

> **위험물시설의 설치 및 변경 등(「위험물안전관리법」 제6조)**
> ① 제조소등을 설치하고자 하는 자는 대통령령이 정하는 바에 따라 그 설치장소를 관할하는 특별시장·광역시장·특별자치시장·도지사 또는 특별자치도지사(이하 "시·도지사"라 한다)의 허가를 받아야 한다. 제조소등의 위치·구조 또는 설비 가운데 행정안전부령이 정하는 사항을 변경하고자 하는 때에도 또한 같다.
> ② 제조소등의 위치·구조 또는 설비의 변경없이 당해 제조소등에서 저장하거나 취급하는 위험물의 품명·수량 또는 지정수량의 배수를 변경하고자 하는 자는 변경하고자 하는 날의 1일 전까지 행정안전부령이 정하는 바에 따라 시·도지사에게 신고하여야 한다.
> ③ 제1항 및 제2항의 규정에 불구하고 다음 각 호의 어느 하나에 해당하는 제조소등의 경우에는 허가를 받지 아니하고 당해 제조소등을 설치하거나 그 위치·구조 또는 설비를 변경할 수 있으며, 신고를 하지 아니하고 위험물의 품명·수량 또는 지정수량의 배수를 변경할 수 있다.
> 1. 주택의 난방시설(공동주택의 중앙난방시설을 제외한다)을 위한 저장소 또는 취급소
> 2. 농예용·축산용 또는 수산용으로 필요한 난방시설 또는 건조시설을 위한 지정수량 20배 이하의 저장소

12
답 ②

정답해설

② 국고보조금은 안전원의 운영 경비의 재원에 해당하지 않는다.

> **안전원의 운영 경비(「소방기본법」 제44조)**
> 안전원의 운영 및 사업에 소요되는 경비는 다음 각 호의 재원으로 충당한다.
> ㉠ 제41조 제1호 및 제4호의 업무 수행에 따른 수입금
> ㉡ 제42조에 따른 회원의 회비
> ㉢ 자산운영수익금
> ㉣ 그 밖의 부대수입

13
답 ①

정답해설

① 근린생활 중 학원은 방염물품을 설치해야 하는 특정소방대상물에 해당하지 않는다.

> **방염성능기준 이상의 실내장식물 등을 설치하여야 하는 특정소방대상물(「화재예방, 소방시설 설치·유지 및 안전관리에 관한 법률 시행령」 제19조)**
> 법 제12조 제1항에서 "대통령령으로 정하는 특정소방대상물"이란 다음 각 호의 어느 하나에 해당하는 것을 말한다.
> 1. 근린생활시설 중 조산원, 산후조리원, 의원, 체력단련장, 공연장 및 종교집회장
> 2. 건축물의 옥내에 있는 시설로서 다음 각 목의 시설
>   가. 문화 및 집회시설
>   나. 종교시설
>   다. 운동시설(수영장은 제외한다)
> 3. 의료시설
> 4. 교육연구시설 중 합숙소
> 5. 노유자시설
> 6. 숙박이 가능한 수련시설
> 7. 숙박시설
> 8. 방송통신시설 중 방송국 및 촬영소
> 9. 다중이용업소
> 10. 제1호부터 제9호까지의 시설에 해당하지 않는 것으로서 층수가 11층 이상인 것(아파트는 제외한다)

14 답 ①

정답해설

① 환기설비를 위한 급기구는 낮은 곳에 설치한다.

> **「위험물안전관리법 시행규칙」[별표 4] 제조소의 위치·구조 및 설비의 기준(제28조 관련)**
> 다. 환기설비는 다음의 기준에 의할 것
> 1) 환기는 자연배기방식으로 할 것
> 2) 급기구는 당해 급기구가 설치된 실의 바닥면적 150㎡마다 1개 이상으로 하되, 급기구의 크기는 800㎠ 이상으로 할 것
> 3) 급기구는 낮은 곳에 설치하고 가는 눈의 구리망 등으로 인화방지망을 설치할 것
> 4) 환기구는 지붕위 또는 지상 2m 이상의 높이에 회전식 고정벤티레이터 또는 루푸팬방식으로 설치할 것

15 답 ④

정답해설

④ 시·도지사는 화재경계지구의 지정 현황 등을 행정안전부령으로 정하는 화재경계지구 관리대장에 작성하고 관리하여야 한다.

> **「소방기본법 시행령」제4조(화재경계지구의 관리)**
> ① 삭제
> ② 소방본부장 또는 소방서장은 법 제13조 제3항에 따라 화재경계지구 안의 소방대상물의 위치·구조 및 설비 등에 대한 소방특별조사를 연 1회 이상 실시하여야 한다.
> ③ 소방본부장 또는 소방서장은 법 제13조 제5항에 따라 화재경계지구 안의 관계인에 대하여 소방상 필요한 훈련 및 교육을 연 1회 이상 실시할 수 있다.
> ④ 소방본부장 또는 소방서장은 제3항의 규정에 의한 소방상 필요한 훈련 및 교육을 실시하고자 하는 때에는 화재경계지구 안의 관계인에게 훈련 또는 교육 10일 전까지 그 사실을 통보하여야 한다.
> ⑤ 시·도지사는 법 제13조 제6항에 따라 다음 각 호의 사항을 행정안전부령으로 정하는 화재경계지구 관리대장에 작성하고 관리하여야 한다.
> 1. 화재경계지구의 지정 현황
> 2. 소방특별조사의 결과
> 3. 소방설비의 설치 명령 현황
> 4. 소방교육의 실시 현황
> 5. 소방훈련의 실시 현황
> 6. 그 밖에 화재예방 및 경계에 필요한 사항

16 답 ③

정답해설

③ 탱크전용실은 지하의 가장 가까운 벽·피트·가스관 등의 시설물 및 대지경계선으로부터 0.1m 이상 떨어진 곳에 설치하고, 지하저장탱크와 탱크전용실의 안쪽과의 사이는 0.1m 이상의 간격을 유지하도록 하며, 해당 탱크의 주위에 마른 모래 또는 습기 등에 의하여 응고되지 아니하는 입자지름 5mm 이하의 마른 자갈분을 채워야 한다(「위험물안전관리법 시행규칙」 별표 8).

> **「위험물안전관리법 시행규칙」[별표 8] 지하탱크저장소의 위치·구조 및 설비의 기준(제32조 관련)**
> Ⅰ. 지하탱크저장소의 기준(Ⅱ 및 Ⅲ에 정하는 것을 제외한다)
> 1. 위험물을 저장 또는 취급하는 지하탱크(이하 Ⅰ, 별표 13 Ⅲ 및 별표 18 Ⅲ에서 "지하저장탱크"라 한다)는 지면하에 설치된 탱크전용실에 설치하여야 한다. 다만, 제4류 위험물의 지하저장탱크가 다음 가목 내지 마목의 기준에 적합한 때에는 그러하지 아니하다.
> 　가. 당해 탱크를 지하철·지하가 또는 지하터널로부터 수평거리 10m 이내의 장소 또는 지하건축물내의 장소에 설치하지 아니할 것
> 　나. 당해 탱크를 그 수평투영의 세로 및 가로보다 각각 0.6m 이상 크고 두께가 0.3m 이상인 철근콘크리트조의 뚜껑으로 덮을 것
> 　다. 뚜껑에 걸리는 중량이 직접 당해 탱크에 걸리지 아니하는 구조일 것
> 　라. 당해 탱크를 견고한 기초 위에 고정할 것
> 　마. 당해 탱크를 지하의 가장 가까운 벽·피트(pit : 인공지하구조물)·가스관 등의 시설물 및 대지경계선으로부터 0.6m 이상 떨어진 곳에 매설할 것
> 2. 탱크전용실은 지하의 가장 가까운 벽·피트·가스관 등의 시설물 및 대지경계선으로부터 0.1m 이상 떨어진 곳에 설치하고, 지하저장탱크와 탱크전용실의 안쪽과의 사이는 0.1m 이상의 간격을 유지하도록 하며, 당해 탱크의 주위에 마른 모래 또는 습기 등에 의하여 응고되지 아니하는 입자지름 5mm 이하의 마른 자갈분을 채워야 한다.
> 3. 지하저장탱크의 윗부분은 지면으로부터 0.6m 이상 아래에 있어야 한다.
> 4. 지하저장탱크를 2 이상 인접해 설치하는 경우에는 그 상호간에 1m(당해 2 이상의 지하저장탱크의 용량의 합계가 지정수량의 100배 이하인 때에는 0.5m) 이상의 간격을 유지하여야 한다. 다만, 그 사이에 탱크전용실의 벽이나 두께 20cm 이상의 콘크리트 구조물이 있는 경우에는 그러하지 아니하다.

17   답 ①

정답해설

① 단전사고 시 비상전원 또는 조명의 공급은 생활안전활동에 해당
된다.

오답해설

②·③·④는 소방지원활동에 해당된다.

소방지원활동(「소방기본법」 제16조의2)

① 소방청장·소방본부장 또는 소방서장은 공공의 안녕질서 유지 또는
복리증진을 위하여 필요한 경우 소방활동 외에 다음 각 호의 활동(이하
"소방지원활동"이라 한다)을 하게 할 수 있다.

  1. 산불에 대한 예방·진압 등 지원활동

  2. 자연재해에 따른 급수·배수 및 제설 등 지원활동

  3. 집회·공연 등 각종 행사 시 사고에 대비한 근접대기 등 지원활동

  4. 화재, 재난·재해로 인한 피해복구 지원활동

  5. 그 밖에 행정안전부령으로 정하는 활동

    ㄱ. 군·경찰 등 유관기관에서 실시하는 훈련지원 활동

    ㄴ. 소방시설 오작동 신고에 따른 조치활동

    ㄷ. 방송제작 또는 촬영 관련 지원활동

생활안전활동(「소방기본법」 제16조의3)

  1. 붕괴, 낙하 등이 우려되는 고드름, 나무, 위험 구조물 등의 제거
활동

  2. 위해동물, 벌 등의 포획 및 퇴치 활동

  3. 끼임, 고립 등에 따른 위험제거 및 구출 활동

  4. 단전사고 시 비상전원 또는 조명의 공급

  5. 그 밖에 방치하면 급박해질 우려가 있는 위험을 예방하기 위한
활동

---

18   답 ③

정답해설

③ 소방청장은 소방시설공사업을 등록한 자의 시공능력 평가 및 공
시에 관한 업무를 소방시설업자협회에 위탁한다.

업무의 위탁(「소방시설공사업법 시행령」 제20조)

① 소방청장은 법 제33조 제2항에 따라 법 제29조에 따른 소방기술
자 실무교육에 관한 업무를 법 제29조 제3항에 따라 소방청장이 지
정하는 실무교육기관 또는 「소방기본법」 제40조에 따른 한국소방
안전원에 위탁한다.

② 소방청장은 법 제33조 제3항에 따라 법 제26조에 따른 시공능력
평가 및 공시에 관한 업무를 소방시설업자협회에 위탁한다.

③ 시·도지사는 법 제33조 제3항에 따라 다음 각 호의 업무를 소
방시설업자협회에 위탁한다.

  1. 법 제4조 제1항에 따른 소방시설업 등록신청의 접수 및 신청
내용의 확인

  2. 법 제6조에 따른 소방시설업 등록사항 변경신고의 접수 및 신
고내용의 확인

  2의2. 법 제6조의2에 따른 소방시설업 휴업·폐업 또는 재개업
신고의 접수 및 신고내용의 확인

  3. 법 제7조 제3항에 따른 소방시설업자의 지위승계 신고의 접
수 및 신고내용의 확인

④ 소방청장은 법 제33조 제4항에 따라 법 제28조에 따른 소방기술
과 관련된 자격·학력·경력의 인정 업무를 소방시설업자협회, 소
방기술과 관련된 법인 또는 단체에 위탁한다. 이 경우 소방청장은
수탁기관을 지정하여 관보에 고시하여야 한다.

---

19   답 ③

정답해설

③ 피난구조설비 중 피난유도선은 대통령령으로 정하는 소방용품에 해당하지 않는다.

> **소방용품(「화재예방, 소방시설 설치·유지 및 안전관리에 관한 법률 시행령」 별표 3)**
> 1. 소화설비를 구성하는 제품 또는 기기
>   가. 별표 1 제1호 가목의 소화기구(소화약제 외의 것을 이용한 간이소화용구는 제외한다)
>   나. 별표 1 제1호 나목의 자동소화장치
>   다. 소화설비를 구성하는 소화전, 관창(菅槍), 소방호스, 스프링클러헤드, 기동용 수압개폐장치, 유수제어밸브 및 가스관선택밸브
> 2. 경보설비를 구성하는 제품 또는 기기
>   가. 누전경보기 및 가스누설경보기
>   나. 경보설비를 구성하는 발신기, 수신기, 중계기, 감지기 및 음향장치(경종만 해당한다)
> 3. 피난구조설비를 구성하는 제품 또는 기기
>   가. 피난사다리, 구조대, 완강기(간이완강기 및 지지대를 포함한다)
>   나. 공기호흡기(충전기를 포함한다)
>   다. 피난구유도등, 통로유도등, 객석유도등 및 예비 전원이 내장된 비상조명등
> 4. 소화용으로 사용하는 제품 또는 기기
>   가. 소화약제(별표 1 제1호 나목 2)와 3)의 자동소화장치와 같은 호 마목 3)부터 8)까지의 소화설비용만 해당한다)
>   나. 방염제(방염액·방염도료 및 방염성물질을 말한다)
> 5. 그 밖에 행정안전부령으로 정하는 소방 관련 제품 또는 기기

20   답 ②

정답해설

② "관계지역"이란 소방대상물이 있는 장소 및 그 이웃 지역으로서 화재의 예방·경계·진압, 구조·구급 등의 활동에 필요한 지역을 말한다.

> **정의(「소방기본법」 제2조)**
> 1. "소방대상물"이란 건축물, 차량, 선박(「선박법」 제1조의2 제1항에 따른 선박으로서 항구에 매어둔 선박만 해당한다), 선박 건조 구조물, 산림, 그 밖의 인공 구조물 또는 물건을 말한다.
> 2. "관계지역"이란 소방대상물이 있는 장소 및 그 이웃 지역으로서 화재의 예방·경계·진압, 구조·구급 등의 활동에 필요한 지역을 말한다.
> 3. "관계인"이란 소방대상물의 소유자·관리자 또는 점유자를 말한다.
> 4. "소방본부장"이란 특별시·광역시·특별자치시·도 또는 특별자치도(이하 "시·도"라 한다)에서 화재의 예방·경계·진압·조사 및 구조·구급 등의 업무를 담당하는 부서의 장을 말한다.
> 5. "소방대"(消防隊)란 화재를 진압하고 화재, 재난·재해, 그 밖의 위급한 상황에서 구조·구급 활동 등을 하기 위하여 다음 각 목의 사람으로 구성된 조직체를 말한다.
>   가. 「소방공무원법」에 따른 소방공무원
>   나. 「의무소방대설치법」 제3조에 따라 임용된 의무소방원(義務消防員)
>   다. 「의용소방대 설치 및 운영에 관한 법률」에 따른 의용소방대원(義勇消防隊員)
> 6. "소방대장"(消防隊長)이란 소방본부장 또는 소방서장 등 화재, 재난·재해, 그 밖의 위급한 상황이 발생한 현장에서 소방대를 지휘하는 사람을 말한다.

01

답 ①

정답해설

① 30층 이상이거나 지상으로부터 높이가 120미터 이상인 아파트가 1급 소방안전관리대상물에 해당한다(「화재예방, 소방시설 설치·유지 및 안전관리에 관한 법률 시행령」 제22조 제1항 제2호).

> **소방안전관리자를 두어야 하는 특정소방대상물(「화재예방, 소방시설 설치·유지 및 안전관리에 관한 법률 시행령」 제22조)**
>   2. [별표 2]의 특정소방대상물 중 특급 소방안전관리대상물을 제외한 다음 각 목의 어느 하나에 해당하는 것으로서 동·식물원, 철강 등 불연성 물품을 저장·취급하는 창고, 위험물 저장 및 처리 시설 중 위험물 제조소 등, 지하구를 제외한 것 (이하 "1급 소방안전관리대상물"이라 한다)
>   가. 30층 이상(지하층은 제외한다)이거나 지상으로부터 높이가 120미터 이상인 아파트
>   나. 연면적 1만 5천 제곱미터 이상인 특정소방대상물(아파트는 제외한다)
>   다. 나목에 해당하지 아니하는 특정소방대상물로서 층수가 11층 이상인 특정소방대상물(아파트는 제외한다)
>   라. 가연성 가스를 1천 톤 이상 저장·취급하는 시설

02

답 ④

정답해설

④ "소방용품"이란 소방시설 등을 구성하거나 소방용으로 사용되는 제품 또는 기기로서 대통령령으로 정하는 것을 말한다(「화재예방, 소방시설 설치·유지 및 안전관리에 관한 법률」 제2조 제4호).

오답해설

①·②·③ 모두 대통령령으로 정한다(「화재예방, 소방시설 설치·유지 및 안전관리에 관한 법률」 제2조).

03

답 ④

정답해설

④ 발주자는 법 제22조의2 제2항에 따라 하수급인 또는 하도급계약 내용의 변경을 요구하려는 경우에는 법 제21조의3 제4항에 따라 하도급에 관한 사항을 통보받은 날 또는 그 사유가 있음을 안 날부터 30일 이내에 서면으로 하여야 한다(「소방시설공사업법 시행령」 제12조의2 제4항).

04

답 ④

정답해설

④ "관계지역"이란 소방대상물이 있는 장소 및 그 이웃 지역으로서 화재의 예방·경계·진압, 구조·구급 등의 활동에 필요한 지역을 말한다(「소방기본법」 제2조 제2호).

오답해설

① "소방대상물"이란 건축물, 차량, 선박(항구에 메어둔 것에 한함), 선박 건조 구조물, 산림, 그 밖의 인공 구조물 또는 물건을 말한다(「소방기본법」 제2조 제1호).
② "소방대장(消防隊長)"이란 소방본부장 또는 소방서장 등 화재, 재난·재해, 그 밖의 위급한 상황이 발생한 현장에서 소방대를 지휘하는 사람을 말한다(「소방기본법」 제2조 제6호).
③ "소방대(消防隊)"란 화재를 진압하고 화재, 재난·재해, 그 밖의 위급한 상황에서 구조·구급 활동 등을 하기 위하여 소방공무원, 의무소방원, 의용소방대원으로 구성된 조직체를 말한다(「소방기본법」 제2조 제5호).

05 답 ③

오답해설

①·②·④ 소방본부장 또는 소방서장은 제1항에 따른 물품 외에 다중이용업소·의료시설·노유자시설·숙박시설 또는 장례식장에서 사용하는 침구류·소파 및 의자에 대하여 방염처리가 필요하다고 인정되는 경우에는 방염처리된 제품을 사용하도록 권장할 수 있다(「화재예방, 소방시설 설치·유지 및 안전관리에 관한 법률 시행령」 제20조 제3항).

06 답 ②

오답해설

① 볏짚류 : 1,000kg

③ 면화류 : 200kg

④ 나무껍질 및 대팻밥 : 400kg

특수가연물(「소방기본법 시행령」 [별표 2])

품명		수량
면화류		200킬로그램 이상
나무껍질 및 대팻밥		400킬로그램 이상
넝마 및 종이부스러기		1,000킬로그램 이상
사류(絲類)		1,000킬로그램 이상
볏짚류		1,000킬로그램 이상
가연성 고체류		3,000킬로그램 이상
석탄·목탄류		10,000킬로그램 이상
가연성 액체류		2세제곱미터 이상
목재가공품 및 나무부스러기		10세제곱미터 이상
합성 수지류	발포시킨 것	20세제곱미터 이상
	그 밖의 것	3,000킬로그램 이상

07 답 ③

정답해설

③ 화재 예방과 안전관리의식 고취를 위한 대국민 홍보는 한국소방안전협회의 안전원의 업무이다(「소방기본법」 제41조 제3호).

소방시설업자협회의 업무(「소방시설공사업법」 제30조의3)
협회의 업무는 다음 각 호와 같다.
1. 소방시설업의 기술발전과 소방기술의 진흥을 위한 조사·연구·분석 및 평가
2. 소방산업의 발전 및 소방기술의 향상을 위한 지원
3. 소방시설업의 기술발전과 관련된 국제교류·활동 및 행사의 유치
4. 이 법에 따른 위탁 업무의 수행

08 답 ④

정답해설

④ 지위승계 시는 소방시설관리업의 등록증과 등록수첩을 반납하여야 할 경우에 해당하지 않는다.

소방시설관리업의 등록증·등록수첩의 재교부 및 반납(「화재예방, 소방시설 설치·유지 및 안전관리에 관한 법률 시행규칙」 제23조)
④ 소방시설관리업자는 다음 각 호의 1에 해당하는 때에는 지체 없이 시·도지사에게 그 소방시설관리업등록증 및 등록수첩을 반납하여야 한다.
1. 법 제34조의 규정에 의하여 등록이 취소된 때
2. 소방시설관리업을 휴·폐업한 때
3. 제1항의 규정에 의하여 재교부를 받은 때. 다만, 등록증 또는 등록수첩을 잃어버리고 재교부를 받은 경우에는 이를 다시 찾은 때에 한한다.

09 답 ①

정답해설

① 연 1회가 아니라 연 2회 피난안내 교육을 실시하는 방법이다.

피난유도 안내정보의 제공(「화재예방, 소방시설 설치·유지 및 안전관리에 관한 법률 시행규칙」 제14조의5)
① 법 제21조의2 제3항에 따른 피난유도 안내정보 제공은 다음 각 호의 어느 하나에 해당하는 방법으로 하여야 한다.
1. 연 2회 피난안내 교육을 실시하는 방법
2. 분기별 1회 이상 피난안내방송을 실시하는 방법
3. 피난안내도를 층마다 보기 쉬운 위치에 게시하는 방법
4. 엘리베이터, 출입구 등 시청이 용이한 지역에 피난안내영상을 제공하는 방법

10

정답해설

④ 30층 이상(지하층을 포함한다)이거나 지상으로부터 높이가 120 미터 이상인 특정소방대상물(아파트등은 제외한다)이 성능위주 설계를 해야 하는 특정소방대상물이다.

> 「화재예방, 소방시설 설치·유지 및 안전관리에 관한 법률 시행령」 제15조의3(성능위주설계를 해야 하는 특정소방대상물의 범위)
>
> 법 제9조의3 제1항에서 "대통령령으로 정하는 특정소방대상물"이란 다음 각 호의 어느 하나에 해당하는 특정소방대상물(신축하는 것만 해당한다)을 말한다.
>
> 1. 연면적 20만제곱미터 이상인 특정소방대상물. 다만, 별표 2 제 1호에 따른 공동주택 중 주택으로 쓰이는 층수가 5층 이상인 주택(이하 이 조에서 "아파트등"이라 한다)은 제외한다.
> 2. 다음 각 목의 특정소방대상물
>   가. 50층 이상(지하층은 제외한다)이거나 지상으로부터 높이 가 200미터 이상인 아파트등
>   나. 30층 이상(지하층을 포함한다)이거나 지상으로부터 높이 가 120미터 이상인 특정소방대상물(아파트등은 제외한다)
> 3. 연면적 3만제곱미터 이상인 특정소방대상물로서 다음 각 목 의 어느 하나에 해당하는 특정소방대상물
>   가. 별표 2 제6호 나목의 철도 및 도시철도 시설
>   나. 별표 2 제6호 다목의 공항시설
> 4. 하나의 건축물에 「영화 및 비디오물의 진흥에 관한 법률」 제2 조 제10호에 따른 영화상영관이 10개 이상인 특정소방대상물
> 5. 「초고층 및 지하연계 복합건축물 재난관리에 관한 특별법」 제2조 제2호에 따른 지하연계 복합건축물에 해당하는 특정소 방대상물

11

정답해설

④ 소방본부장 또는 소방서장은 소방안전관리자나 소방안전관리보 조자의 선임신고를 받은 경우에는 신고일부터 1개월 이내에 그 내용을 안전원장에게 통보하여야 한다.

> 「화재예방, 소방시설 설치·유지 및 안전관리에 관한 법률 시행규 칙」 제36조(소방안전관리자 및 소방안전관리보조자의 실무교육 등)
>
> ① 안전원장은 법 제41조 제1항에 따른 소방안전관리자 및 소방안 전관리보조자에 대한 실무교육의 교육대상, 교육일정 등 실무교육 에 필요한 계획을 수립하여 매년 소방청장의 승인을 얻어 교육실시 30일 전까지 교육대상자에게 통보하여야 한다.
>
> ② 소방안전관리자는 그 선임된 날부터 6개월 이내에 법 제41조 제1 항에 따른 실무교육을 받아야 하며, 그 후에는 2년마다(최초 실무교 육을 받은 날을 기준일로 하여 매 2년이 되는 해의 기준일과 같은 날 전까지를 말한다) 1회 이상 실무교육을 받아야 한다. 다만, 소방 안전관리 강습교육 또는 실무교육을 받은 후 1년 이내에 소방안전관 리자로 선임된 사람은 해당 강습교육 또는 실무교육을 받은 날에 실 무교육을 받은 것으로 본다.
>
> ③ 소방안전관리보조자는 그 선임된 날부터 6개월(영 제23조 제5 항 제4호에 따라 소방안전관리보조자로 지정된 사람의 경우 3개월 을 말한다) 이내에 법 제41조에 따른 실무교육을 받아야 하며, 그 후 에는 2년마다(최초 실무교육을 받은 날을 기준일로 하여 매 2년이 되는 해의 기준일과 같은 날 전까지를 말한다) 1회 이상 실무교육을 받아야 한다. 다만, 소방안전관리자 강습교육 또는 실무교육이나 소 방안전관리보조자 실무교육을 받은 후 1년 이내에 소방안전관리보 조자로 선임된 사람은 해당 강습교육 또는 실무교육을 받은 날에 실 무교육을 받은 것으로 본다.
>
> ④ 소방본부장 또는 소방서장은 제14조 및 제14조의2에 따라 소방 안전관리자나 소방안전관리보조자의 선임신고를 받은 경우에는 신 고일부터 1개월 이내에 별지 제42호 서식에 따라 그 내용을 안전원 장에게 통보하여야 한다.

12

정답해설

② 자동화재속보설비는 터널에 설치해야 하는 소방시설이 아니다 (「화재예방, 소방시설 설치·유지 및 안전관리에 관한 법률 시행 령」 [별표 5]).

터널에 따른 소방시설

터널	소화기구
터널 길이 500m 이상	비상경보설비, 비상조명등, 비상콘센트 설비, 무선통신보조설비
터널 길이 1,000m 이상	옥내소화전설비, 자동화재탐지설비, 연 결송수관설비
예상교통량, 경사도 등의 특성을 고려한 터널	제연설비, 물분무소화설비, 옥내소화전 설비

13

답 ④

정답해설

④ 소방시설, 소방관련 시설의 유지·관리는 해당되나 설치는 해당되지 않는다.

> **특정대상물의 소방안전관리(「화재예방, 소방시설 설치·유지 및 안전관리에 관한 법률」 제20조)**
> 특정소방대상물(소방안전관리대상물은 제외한다)의 관계인과 소방안전관리대상물의 소방안전관리자의 업무는 다음 각 호와 같다. 다만, 제1호·제2호 및 제4호의 업무는 소방안전관리대상물의 경우에만 해당한다.
> 1. 피난계획에 관한 사항과 대통령령으로 정하는 사항이 포함된 소방계획서의 작성 및 시행
> 2. 자위소방대(自衛消防隊) 및 초기대응체계의 구성·운영·교육
> 3. 피난시설, 방화구획 및 방화시설의 유지·관리
> 4. 소방훈련 및 교육
> 5. 소방시설이나 그 밖의 소방 관련 시설의 유지·관리
> 6. 화기(火氣) 취급의 감독
> 7. 그 밖에 소방안전관리에 필요한 업무

14

답 ③

정답해설

③ 출입구 문턱의 높이는 바닥면으로부터 0.1m 이상으로 하여야 한다.

> **판매취급소의 위치·구조 및 설비의 기준(「위험물안전관리법 시행규칙」 [별표 14])**
> 자. 위험물을 배합하는 실은 다음에 의할 것
> 1) 바닥면적은 6m² 이상 15m² 이하로 할 것
> 2) 내화구조 또는 불연재료로 된 벽으로 구획할 것
> 3) 바닥은 위험물이 침투하지 아니하는 구조로 하여 적당한 경사를 두고 집유설비를 할 것
> 4) 출입구에는 수시로 열 수 있는 자동폐쇄식의 갑종방화문을 설치할 것
> 5) 출입구 문턱의 높이는 바닥면으로부터 0.1m 이상으로 할 것
> 6) 내부에 체류한 가연성의 증기 또는 가연성의 미분을 지붕 위로 방출하는 설비를 할 것

15

답 ④

정답해설

④ 중급감리원, 초급감리원에는 보조감리원을 두지 않는다.

오답해설

①·②·③ 책임감리원이 행정안전부령으로 정하는 특급감리원 중 소방기술사, 행정안전부령으로 정하는 특급감리원 이상의 소방공사 감리원(기계분야 및 전기분야), 행정안전부령으로 정하는 고급감리원 이상의 소방공사 감리원(기계분야 및 전기분야)인 경우 행정안전부령으로 정하는 초급감리원 이상의 소방공사 감리원(기계분야 및 전기분야)을 보조감리원으로 둔다(「소방시설공사업법 시행령」 [별표 4]).

> **「소방시설공사업법 시행령」 [별표 4] 소방공사 감리원의 배치기준 및 배치기간(제11조 관련)**
> 1. 소방공사 감리원의 배치기준

감리원의 배치기준		소방시설공사 현장의 기준
책임감리원	보조감리원	
가. 행정안전부령으로 정하는 특급감리원 중 소방기술사	행정안전부령으로 정하는 초급감리원 이상의 소방공사 감리원(기계분야 및 전기분야)	1) 연면적 20만제곱미터 이상인 특정소방대상물의 공사 현장 2) 지하층을 포함한 층수가 40층 이상인 특정소방대상물의 공사 현장
나. 행정안전부령으로 정하는 특급감리원 이상의 소방공사 감리원(기계분야 및 전기분야)	행정안전부령으로 정하는 초급감리원 이상의 소방공사 감리원(기계분야 및 전기분야)	1) 연면적 3만제곱미터 이상 20만제곱미터 미만인 특정소방대상물(아파트는 제외한다)의 공사 현장 2) 지하층을 포함한 층수가 16층 이상 40층 미만인 특정소방대상물의 공사 현장
다. 행정안전부령으로 정하는 고급감리원 이상의 소방공사 감리원(기계분야 및 전기분야)	행정안전부령으로 정하는 초급감리원 이상의 소방공사 감리원(기계분야 및 전기분야)	1) 물분무등소화설비(호스릴 방식의 소화설비는 제외한다) 또는 제연설비가 설치되는 특정소방대상물의 공사 현장 2) 연면적 3만제곱미터 이상 20만제곱미터 미만인 아파트의 공사 현장
라. 행정안전부령으로 정하는 중급감리원 이상의 소방공사 감리원(기계분야 및 전기분야)		연면적 5천제곱미터 이상 3만제곱미터미만인 특정소방대상물의 공사 현장
마. 행정안전부령으로 정하는 초급감리원 이상의 소방공사 감리원(기계분야 및 전기분야)		1) 연면적 5천제곱미터 미만인 특정소방대상물의 공사 현장 2) 지하구의 공사 현장

16 답 ②

정답해설

② 버너의 불꽃을 제거한 때부터 불꽃을 올리지 아니하고 연소하는 상태가 그칠 때까지 시간은 30초 이내이어야 한다.

오답해설

① 버너의 불꽃을 제거한 때부터 불꽃을 올리며 연소하는 상태가 그칠 때까지 시간은 20초 이내이어야 한다.

③ 탄화(炭化)한 면적은 50m² 이내, 탄화한 길이는 20cm 이내이어야 한다.

④ 소방청장이 정하여 고시한 방법으로 발연량(發煙量)을 측정하는 경우 최대연기밀도는 400 이하이어야 한다.

> **방염대상물품 및 방염성능기준(「화재예방, 소방시설 설치·유지 및 안전관리에 관한 법률 시행령」 제20조)**
> ② 법 제12조 제3항에 따른 방염성능기준은 다음 각 호의 기준에 따르되, 제1항에 따른 방염대상물품의 종류에 따른 구체적인 방염성능기준은 다음 각 호의 기준의 범위에서 소방청장이 정하여 고시하는 바에 따른다.
>   1. 버너의 불꽃을 제거한 때부터 불꽃을 올리며 연소하는 상태가 그칠 때까지 시간은 20초 이내일 것
>   2. 버너의 불꽃을 제거한 때부터 불꽃을 올리지 아니하고 연소하는 상태가 그칠 때까지 시간은 30초 이내일 것
>   3. 탄화(炭化)한 면적은 50제곱센티미터 이내, 탄화한 길이는 20센티미터 이내일 것
>   4. 불꽃에 의하여 완전히 녹을 때까지 불꽃의 접촉 횟수는 3회 이상일 것
>   5. 소방청장이 정하여 고시한 방법으로 발연량(發煙量)을 측정하는 경우 최대연기밀도는 400 이하일 것

17 답 ②

오답해설

①·③·④ 이 법은 소방시설공사 및 소방기술의 관리에 필요한 사항을 규정함으로써 소방시설업을 건전하게 발전시키고 소방기술을 진흥시켜 화재로부터 공공의 안전을 확보하고 국민경제에 이바지함을 목적으로 한다(「소방시설공사업법」 제1조).

18 답 ④

정답해설

④ 소방시설에 하자가 있는지의 판단에 관한 사항은 지방소방기술심의위원회에서의 심의사항이다.

> **소방기술심의위원회(「화재예방, 소방시설 설치·유지 및 안전관리에 관한 법률」 제11조의2)**
> ① 다음 각 호의 사항을 심의하기 위하여 소방청에 중앙소방기술심의위원회(이하 "중앙위원회"라 한다)를 둔다.
>   1. 화재안전기준에 관한 사항
>   2. 소방시설의 구조 및 원리 등에서 공법이 특수한 설계 및 시공에 관한 사항
>   3. 소방시설의 설계 및 공사감리의 방법에 관한 사항
>   4. 소방시설공사의 하자를 판단하는 기준에 관한 사항
>   5. 그 밖에 소방기술 등에 관하여 대통령령으로 정하는 사항
>   → 화재예방, 소방시설 설치·유지 및 안전관리에 관한 법률 시행령 제18조의2(소방기술심의위원회의 심의사항) 제1항
>   1) 연면적 10만제곱미터 이상의 특정소방대상물에 설치된 소방시설의 설계·시공·감리의 하자 유무에 관한 사항
>   2) 새로운 소방시설과 소방용품 등의 도입 여부에 관한 사항
>   3) 그 밖에 소방기술과 관련하여 소방청장이 심의에 부치는 사항
> ② 다음 각 호의 사항을 심의하기 위하여 특별시·광역시·특별자치시·도 및 특별자치도에 지방소방기술심의위원회(이하 "지방위원회"라 한다)를 둔다.
>   1. 소방시설에 하자가 있는지의 판단에 관한 사항
>   2. 그 밖에 소방기술 등에 관하여 대통령령으로 정하는 사항
>   → 화재예방, 소방시설 설치·유지 및 안전관리에 관한 법률 시행령 제18조의2(소방기술심의위원회의 심의사항) 제2항
>   1) 연면적 10만제곱미터 미만의 특정소방대상물에 설치된 소방시설의 설계·시공·감리의 하자 유무에 관한 사항
>   2) 소방본부장 또는 소방서장이 화재안전기준 또는 위험물 제조소 등(「위험물안전관리법」 제2조 제1항 제6호에 따른 제조소 등을 말한다. 이하 같다)의 시설기준의 적용에 관하여 기술검토를 요청하는 사항
>   3) 그 밖에 소방기술과 관련하여 시·도지사가 심의에 부치는 사항
> ③ 제1항과 제2항에 따른 중앙위원회 및 지방위원회의 구성·운영에 필요한 사항은 대통령령으로 정한다.
> → 화재예방, 소방시설 설치·유지 및 안전관리에 관한 법률 시행령 제18조의3(소방기술심의위원회의 구성 등)
>   1. 법 제11조의2 제1항에 따른 중앙소방기술심의위원회(이하 "중앙위원회"라 한다)는 성별을 고려하여 위원장을 포함한 60명 이내의 위원으로 구성한다.
>   2. 법 제11조의2 제2항에 따른 지방소방기술심의위원회(이하 "지방위원회"라 한다)는 위원장을 포함하여 5명 이상 9명 이하의 위원으로 구성한다.
>   3. 중앙위원회의 회의는 위원장과 위원장이 회의마다 지정하는 6명 이상 12명 이하의 위원으로 구성하고, 중앙위원회는 분야별 소위원회를 구성·운영할 수 있다.

19 답 ②

정답해설

② 「화재예방, 소방시설 설치·유지 및 안전관리에 관한 법률」상 3급 소방안전관리사 시험 응시자격기준에는 자체소방대의 소방대원으로 1년 이상 근무한 경력이 있는 사람이 포함된다(「화재예방, 소방시설 설치·유지 및 안전관리에 관한 법률 시행령」 제23조 제4항).

소방안전관리자 및 소방안전관리보조자의 선임대상자(「화재예방, 소방시설 설치·유지 및 안전관리에 관한 법률 시행령」 제23조)

④ 3급 소방안전관리대상물의 관계인은 다음 각 호의 어느 하나에 해당하는 사람 중에서 소방안전관리자를 선임하여야 한다.

1. 소방공무원으로 1년 이상 근무한 경력이 있는 사람
2. 소방청장이 실시하는 3급 소방안전관리대상물의 소방안전관리에 관한 시험에 합격한 사람. 이 경우 해당 시험은 다음 각목의 어느 하나에 해당하는 사람만 응시할 수 있다.
   가. 의용소방대원으로 2년 이상 근무한 경력이 있는 사람
   나. 「위험물안전관리법」 제19조에 따른 자체소방대의 소방대원으로 1년 이상 근무한 경력이 있는 사람
   다. 「대통령 등의 경호에 관한 법률」에 따른 경호공무원 또는 별정직공무원으로 1년 이상 안전검측 업무에 종사한 경력이 있는 사람
   라. 경찰공무원으로 2년 이상 근무한 경력이 있는 사람
   마. 법 제41조 제1항 제3호 및 이 영 제38조에 따라 특급 소방안전관리대상물, 1급 소방안전관리대상물, 2급 소방안전관리대상물 또는 3급 소방안전관리대상물의 소방안전관리에 대한 강습교육을 수료한 사람
   바. 제2항 제7호 바목에 해당하는 사람(「공공기관의 소방안전관리에 관한 규정」 제5조 제1항 제2호 나목에 따른 강습교육을 수료한 사람)
   사. 소방안전관리보조자로 선임될 수 있는 자격이 있는 사람으로서 특급 소방안전관리대상물, 1급 소방안전관리대상물, 2급 소방안전관리대상물 또는 3급 소방안전관리대상물의 소방안전관리보조자로 2년 이상 근무한 실무경력이 있는 사람

---

20 답 ①

정답해설

① 소방대는 소방공무원, 의용소방대원, 의무소방원를 말한다(「소방기본법」 제2조).

01

답 ③

정답해설

③ 저장소 또는 제조소 등이 아닌 장소에서 지정수량 이상의 위험물을 저장 또는 취급한 자는 3년 이하의 징역 또는 3천만 원 이하의 벌금에 처한다(「위험물안전관리법」 제34조의3).

오답해설

① 업무상 과실로 제조소 등에서 위험물을 유출·방출 또는 확산시켜 사람의 생명·신체 또는 재산에 대하여 위험을 발생시킨 자는 7년 이하의 금고 또는 7천만 원 이하의 벌금에 처한다(「위험물안전관리법」 제34조 제1항).

② 제조소 등의 설치허가를 받지 아니하고 제조소 등을 설치한 자는 5년 이하의 징역 또는 1억 원 이하의 벌금에 처한다(「위험물안전관리법」 제34조의2).

④ 정기검사를 받지 아니한 관계인으로서 허가를 받은 자는 1년 이하의 징역 또는 1천만 원 이하의 벌금에 처한다(「위험물안전관리법」 제35조).

02

답 ④

정답해설

④ 위험물의 취급에 관한 안전관리와 감독을 하지 아니한 자는 1천만 원 이하의 벌금에 처한다(「위험물안전관리법」 제37조 제1호).

오답해설

① 「위험물안전관리법」 제36조 제1호

② 「위험물안전관리법」 제36조 제6호

③ 「위험물안전관리법」 제36조 제10호

03

답 ①

정답해설

① 90일 이내의 위험물 임시저장 승인을 받지 아니한 자는 200만 원 이하의 과태료에 처한다(「위험물안전관리법」 제39조 제1항 제1호).

오답해설

② 「위험물안전관리법」 제37조 제2호

③ 「위험물안전관리법」 제37조 제4호

④ 「위험물안전관리법」 제37조 제6호

04

답 ①

정답해설

① 소방시설·소방용수시설·소방출동로가 없는 지역, 산업단지는 화재로 오인할만한 불을 피우거나 연막 소독을 실시할 때 신고해야 할 지역에 해당되지 않는다.

> **화재 등의 통지(「소방기본법」 제19조)**
> ① 화재 현장 또는 구조·구급이 필요한 사고 현장을 발견한 사람은 그 현장의 상황을 소방본부, 소방서 또는 관계 행정기관에 지체 없이 알려야 한다.
> ② 다음 각 호의 어느 하나에 해당하는 지역 또는 장소에서 화재로 오인할 만한 우려가 있는 불을 피우거나 연막(煙幕) 소독을 하려는 자는 시·도의 조례로 정하는 바에 따라 관할소방본부장 또는 소방서장에게 신고하여야 한다.
>   1. 시장 지역
>   2. 공장·창고가 밀집한 지역
>   3. 목조건물이 밀집한 지역
>   4. 위험물의 저장 및 처리시설이 밀집한 지역
>   5. 석유화학제품을 생산하는 공장이 있는 지역
>   6. 그 밖에 시·도의 조례로 정하는 지역 또는 장소

05
답 ④

정답해설

④ 소방본부장이나 소방서장은 「기상법」 제13조 제1항에 따른 이상기상(異常氣象)의 예보 또는 특보가 있을 때에는 화재에 관한 경보를 발령하고 그에 따른 조치를 할 수 있다(「소방기본법」 제14조).

06
답 ②

정답해설

② 소방활동에 필요한 소화전·급수탑·저수조 설치·유지·관리는 시·도지사의 권한이다(「소방기본법」 제10조 제1항).

오답해설

① 「소방기본법」 제12조 제1항
② 「소방기본법」 제11조 제1항
④ 「소방기본법」 제24조 제1항

07
답 ②

정답해설

② 열을 발생하는 조리기구는 반자 또는 선반으로부터 0.6미터 이상 떨어지게 하여야 한다.

> **보일러 등의 위치·구조 및 관리와 화재예방을 위하여 불의 사용에 있어서 지켜야 하는 사항(「소방기본법 시행령」 [별표 1])**
> 일반음식점에서 조리를 위하여 불을 사용하는 설비를 설치하는 경우에는 다음 각 목의 사항을 지켜야 한다.
> 　가. 주방설비에 부속된 배기덕트는 0.5밀리미터 이상의 아연도금강판 또는 이와 동등 이상의 내식성 불연재료로 설치할 것
> 　나. 주방시설에는 동물 또는 식물의 기름을 제거할 수 있는 필터 등을 설치할 것
> 　다. 열을 발생하는 조리기구는 반자 또는 선반으로부터 0.6미터 이상 떨어지게 할 것
> 　라. 열을 발생하는 조리기구로부터 0.15미터 이내의 거리에 있는 가연성 주요구조부는 석면판 또는 단열성이 있는 불연재료로 덮어씌울 것

08
답 ①

정답해설

① 소방용수시설은 국고보조대상에 해당되지 않는다.

> **국고보조 대상사업의 범위와 기준보조율(「소방기본법 시행령」 제2조)**
> ① 법 제9조 제2항에 따른 국고보조 대상사업의 범위는 다음 각 호와 같다.
> 　1. 다음 각 목의 소방활동장비와 설비의 구입 및 설치
> 　　가. 소방자동차
> 　　나. 소방헬리콥터 및 소방정
> 　　다. 소방전용통신설비 및 전산설비
> 　　라. 그 밖에 방화복 등 소방활동에 필요한 소방장비
> 　2. 소방관서용 청사의 건축(「건축법」 제2조 제1항 제8호에 따른 건축을 말한다)
> ② 제1항 제1호에 따른 소방활동장비 및 설비의 종류와 규격은 행정안전부령으로 정한다.

09
답 ④

정답해설

④ 의용소방대원으로 임명된 후 5년 이상 의용소방대 활동을 한 경력이 있는 사람이어야 한다(「소방기본법 시행령」 [별표 2의2]).

10
답 ①

정답해설

① 국가와 지방자치단체가 화재안전정책을 수립·시행할 때에는 과학적 합리성, 일관성, 사전 예방의 원칙이 유지되도록 하되, 국민의 생명·신체 및 재산보호를 최우선적으로 고려하여야 한다(「화재예방, 소방시설 설치·유지 및 안전관리에 관한 법률」 제2조의2 제3항).

11 답 ①

정답해설

① 임시소방시설 중 비상경보장치를 설치한 것으로 보는 소방시설은 비상방송설비 또는 자동화재탐지설비이다(「화재예방, 소방시설 설치·유지 및 안전관리에 관한 법률 시행령」[별표 5의2]).

> **임시소방시설의 종류와 설치기준 등(「화재예방, 소방시설 설치·유지 및 안전관리에 관한 법률 시행령」[별표 5의2])**
> 3. 임시소방시설과 기능 및 성능이 유사한 소방시설로서 임시소방시설을 설치한 것으로 보는 소방시설
>   가. 간이소화장치를 설치한 것으로 보는 소방시설 : 옥내소화전 및 소방청장이 정하여 고시하는 기준에 맞는 소화기
>   나. 비상경보장치를 설치한 것으로 보는 소방시설 : 비상방송설비 또는 자동화재탐지설비
>   다. 간이피난유도선을 설치한 것으로 보는 소방시설 : 피난유도선, 피난구유도등, 통로유도등 또는 비상조명등

12 답 ②

오답해설

①·③·④ 간이소화장치를 설치하는 공사의 작업현장 범위는 연면적 3천m² 이상, 해당 층의 바닥면적이 각각 600m² 이상인 지하층, 무창층, 4층 이상의 층이다(「화재예방, 소방시설 설치·유지 및 안전관리에 관한 법률 시행령」[별표 5의2]).

> **임시소방시설의 종류와 설치기준 등(「화재예방, 소방시설 설치·유지 및 안전관리에 관한 법률 시행령」[별표 5의2])**
>   가. 소화기 : 제12조 제1항에 따라 건축허가 등을 할 때 소방본부장 또는 소방서장의 동의를 받아야 하는 특정소방대상물의 건축·대수선·용도변경 또는 설치 등을 위한 공사 중 제15조의3 제1항 각 호에 따른 작업을 하는 현장(이하 "작업현장"이라 한다)에 설치한다.
>   나. 간이소화장치 : 다음의 어느 하나에 해당하는 공사의 작업현장에 설치한다.
>   1) 연면적 3천m² 이상
>   2) 지하층, 무창층 또는 4층 이상의 층. 이 경우 해당 층의 바닥면적이 600m² 이상인 경우만 해당한다.
>   다. 비상경보장치 : 다음의 어느 하나에 해당하는 공사의 작업현장에 설치한다.
>   1) 연면적 400m² 이상
>   2) 지하층 또는 무창층. 이 경우 해당 층의 바닥면적이 150m² 이상인 경우만 해당한다.
>   라. 간이피난유도선 : 바닥면적이 150m² 이상인 지하층 또는 무창층의 작업현장에 설치한다.

13 답 ①

정답해설

① 「소방기본법」에서 정하는 소방활동구역에 출입할 수 있는 사람으로서 기계 등의 업무에 종사하는 자는 해당되지 않는다.

> **소방활동구역의 출입자(「소방기본법 시행령」제8조)**
> 법 제23조 제항에서 "대통령령으로 정하는 사람"이란 다음 각 호의 사람을 말한다.
> 1. 소방활동구역 안에 있는 소방대상물의 소유자·관리자 또는 점유자
> 2. 전기·가스·수도·통신·교통의 업무에 종사하는 사람으로서 원활한 소방활동을 위하여 필요한 사람
> 3. 의사·간호사 그 밖의 구조·구급업무에 종사하는 사람
> 4. 취재인력 등 보도업무에 종사하는 사람
> 5. 수사업무에 종사하는 사람
> 6. 그 밖에 소방대장이 소방활동을 위하여 출입을 허가한 사람

14 답 ④

정답해설

④ 용도의 변경처분은 소방특별조사 결과에 따른 조치명령에 해당되지 않는다.

> **소방특별조사 결과에 따른 조치명령(「화재예방, 소방시설 설치·유지 및 안전관리에 관한 법률」제5조)**
> ① 소방청장, 소방본부장 또는 소방서장은 소방특별조사 결과 소방대상물의 위치·구조·설비 또는 관리의 상황이 화재나 재난·재해 예방을 위하여 보완될 필요가 있거나 화재가 발생하면 인명 또는 재산의 피해가 클 것으로 예상되는 때에는 행정안전부령으로 정하는 바에 따라 관계인에게 그 소방대상물의 개수(改修)·이전·제거, 사용의 금지 또는 제한, 사용폐쇄, 공사의 정지 또는 중지, 그 밖의 필요한 조치를 명할 수 있다.

15 답 ③

정답해설

③ 소방용수시설 설치의 기준은 행정안전부령으로 정한다(「소방기본법」제10조 제3항).

오답해설

① 「소방기본법」제10조 제1항
② 「소방기본법 시행규칙」[별표 3]
④ 「소방기본법 시행규칙」제7조 제1항 제2호

16 답 ①

정답해설

① 소방기술인정 자격정지처분은 「소방시설공사업법」에서 정한청문 대상이 아니다.

오답해설

②·③·④ 「소방시설공사업법」에서의 청문 대상에는 소방시설업(설계업, 공사업, 감리업)의 등록취소처분, 영업정지처분과 소방기술인정 자격취소처분이 해당된다(「소방시설공사업법」 제32조).

17 답 ④

정답해설

④ 소방시설 오작동 신고의 조치활동은 소방지원활동에 해당된다(「소방기본법 시행규칙」 제8조의3 제2호).

> **생활안전활동(「소방기본법」 제16조의3)**
> ① 소방청장·소방본부장 또는 소방서장은 신고가 접수된 생활안전 및 위험제거 활동(화재, 재난·재해, 그 밖의 위급한 상황에 해당하는 것은 제외한다)에 대응하기 위하여 소방대를 출동시켜 다음 각 호의 활동(이하 "생활안전활동"이라 한다)을 하게 하여야 한다.
> 1. 붕괴, 낙하 등이 우려되는 고드름, 나무, 위험 구조물 등의 제거활동
> 2. 위해동물, 벌 등의 포획 및 퇴치 활동
> 3. 끼임, 고립 등에 따른 위험제거 및 구출 활동
> 4. 단전사고 시 비상전원 또는 조명의 공급
> 5. 그 밖에 방치하면 급박해질 우려가 있는 위험을 예방하기 위한 활동

18 답 ①

오답해설

②·③·④ 감리업자는 공사감리결과를 마친 때에는 7일 이내에 관계인, 도급인, 건축사에게 서면으로 알려야 한다(「소방시설공사업법 시행규칙」 제19조).

> **공사감리 결과의 통보 등(「소방시설공사업법」 제20조)**
> 감리업자는 소방공사의 감리를 마쳤을 때에는 행정안전부령으로 정하는 바에 따라 그 감리 결과를 그 특정소방대상물의 관계인, 소방시설공사의 도급인, 그 특정소방대상물의 공사를 감리한 건축사에게 서면으로 알리고, 소방본부장이나 소방서장에게 공사감리 결과보고서를 제출하여야 한다.

19 답 ①

정답해설

① 공기호흡기는 국고보조 대상 사업범위가 아니다.

> **국고보조 대상 사업의 범위와 기준보조율(「소방기본법 시행령」 제2조)**
> ① 법 제9조 제2항에 따른 국고보조 대상사업의 범위는 다음 각 호와 같다.
> 1. 다음 각 목의 소방활동장비와 설비의 구입 및 설치
>   가. 소방자동차
>   나. 소방헬리콥터 및 소방정
>   다. 소방전용통신설비 및 전산설비
>   라. 그 밖에 방화복 등 소방활동에 필요한 소방장비
> 2. 소방관서용 청사의 건축(「건축법」 제2조 제1항 제8호에 따른 건축을 말한다)
> ② 제1항 제1호에 따른 소방활동장비 및 설비의 종류와 규격은 행정안전부령으로 정한다.
> ③ 제1항에 따른 국고보조 대상 사업의 기준보조율은 「보조금 관리에 관한 법률 시행령」에서 정하는 바에 따른다.

20 답 ③

정답해설

③ 주택의 소유자는 소방시설 중 소화기 및 단독경보형 감지기를 설치하여야 한다(「화재예방, 소방시설 설치·유지 및 안전관리에 관한 법률 시행령」 제8조 제13조).

> **주택에 설치하는 소방시설(「화재예방, 소방시설 설치·유지 및 안전관리에 관한 법률」 제8조)**
> ① 다음 각 호의 주택의 소유자는 대통령령으로 정하는 소방시설을 설치하여야 한다.
> 1. 「건축법」 제2조 제2항 제1호의 단독주택
> 2. 「건축법」 제2조 제2항 제2호의 공동주택(아파트 및 기숙사는 제외한다)
>
> **주택용 소방시설(「화재예방, 소방시설 설치·유지 및 안전관리에 관한 법률 시행령」 제13조)**
> 법 제8조 제1항 각 호 외의 부분에서 "대통령령으로 정하는 소방시설"이란 소화기 및 단독경보형 감지기를 말한다.

정답 체크

01	02	03	04	05	06	07	08	09	10
①	③	③	③	②	①	①	②	③	①
11	12	13	14	15	16	17	18	19	20
③	④	②	①	②	②	④	④	①	③

01

답 ①

정답해설

① 위험물 저장 및 처리시설이 밀집한 지역이다(「소방기본법」 제13조).

> **화재경계지구의 지정 등(「소방기본법」 제13조)**
> ① 시·도지사는 다음 각 호의 어느 하나에 해당하는 지역 중 화재
> 가 발생할 우려가 높거나 화재가 발생하는 경우 그로 인하여 피해가
> 클 것으로 예상되는 지역을 화재경계지구(火災警戒地區)로 지정할
> 수 있다.
> 1. 시장지역
> 2. 공장·창고가 밀집한 지역
> 3. 목조건물이 밀집한 지역
> 4. 위험물의 저장 및 처리 시설이 밀집한 지역
> 5. 석유화학제품을 생산하는 공장이 있는 지역
> 6. 「산업입지 및 개발에 관한 법률」 제2조 제8호에 따른 산업
>   단지
> 7. 소방시설·소방용수시설 또는 소방출동로가 없는 지역
> 8. 그 밖에 제1호부터 제7호까지에 준하는 지역으로서 소방청장
>   ·소방본부장 또는 소방서장이 화재경계지구로 지정할 필요
>   가 있다고 인정하는 지역

02

답 ③

정답해설

③ 암반탱크 내로 유입되는 지하수의 양은 암반 내의 지하수 충전량
보다 적어야 한다.

> **암반탱크저장소의 위치·구조 및 설비의 기준(「위험물안전관리법
> 시행규칙」 [별표 12])**
> 1. 암반탱크저장소의 암반탱크는 다음 각 목의 기준에 의하여 설치
>   하여야 한다.
>   가. 암반탱크는 암반투수계수가 1초당 10만분의 1m 이하인 천연
>   암반 내에 설치할 것
>   나. 암반탱크는 저장할 위험물의 증기압을 억제할 수 있는 지하
>   수면 하에 설치할 것
>   다. 암반탱크의 내벽은 암반균열에 의한 낙반을 방지할 수 있도
>   록 볼트·콘크리트 등으로 보강할 것
> 2. 암반탱크는 다음 각 목의 기준에 적합한 수리조건을 갖추어야
>   한다.
>   가. 암반탱크 내로 유입되는 지하수의 양은 암반 내의 지하수 충
>   전량보다 적을 것
>   나. 암반탱크의 상부로 물을 주입하여 수압을 유지할 필요가 있
>   는 경우에는 수벽공을 설치할 것
>   다. 암반탱크에 가해지는 지하수압은 저장소의 최대 운영압보다
>   항상 크게 유지할 것

03

답 ③

정답해설

③ 소방특별조사위원회의 위원장은 소방본부장이 된다(「화재예방,
소방시설 설치·유지 및 안전관리에 관한 법률 시행령」 제7조의2
제1항).

04 답 ③

정답해설

③ 지하구란 전력·통신용의 전선이나 가스·냉난방용의 배관 또는 이와 비슷한 것을 집합수용하기 위하여 설치한 지하 인공구조물로서 사람이 점검 또는 보수를 하기 위하여 출입이 가능한 것 중 폭 (㉠ 1.8m) 이상이고 높이가 (㉡ 2m) 이상이며 길이가 (㉢ 50m) 이상(전력 또는 통신사업용인 것은 500m 이상)인 것을 말한다 (「화재예방, 소방시설 설치·유지 및 안전관리에 관한 법률 시행령」[별표 2]).

05 답 ②

정답해설

② 황화린은 제2류 위험물에 해당된다(「위험물안전관리법 시행규칙」 [별표 1]).

06 답 ①

정답해설

① 합판·목재를 설치현장에서 방염처리한 경우의 방염성능검사는 시·도지사가 행한다.

> **방염성능의 검사(「화재예방, 소방시설 설치·유지 및 안전관리에 관한 법률」제13조)**
> ① 제12조 제1항에 따른 특정소방대상물에서 사용하는 방염대상물품은 소방청장(대통령령으로 정하는 방염대상물품의 경우에는 시·도지사를 말한다)이 실시하는 방염성능검사를 받은 것이어야 한다.

07 답 ①

정답해설

① 연면적이 20만㎡ 이상인 특정소방대상물, 높이가 100m 이상인 특정소방대상물, 지하층을 포함한 층수가 30층 이상인 특정소방대상물, 연면적 3만㎡ 이상인 철도 및 도시철도 시설·공항시설, 하나의 건축물에 영화상영관이 10개 이상인 특정소방대상물은 성능위주설계를 해야 한다(「화재예방, 소방시설 설치·유지 및 안전관리에 관한 법률 시행령」제15조의3).

08 답 ②

정답해설

② 소방안전관리대상물의 소방안전관리자는 연 1회 이상 자위소방대(초기대응체계를 포함한다)를 소집하여 그 편성 상태를 점검하고, 소방교육을 실시하여야 한다(「화재예방, 소방시설 설치·유지 및 안전관리에 관한 법률 시행규칙」제14조의3 제4항).

오답해설

① 소방안전관리대상물의 소방안전관리자는 해당 특정소방대상물이 이용되고 있는 동안 제2항에 따른 초기대응체계를 상시적으로 운영하여야 한다(「화재예방, 소방시설 설치·유지 및 안전관리에 관한 법률 시행규칙」제14조의3 제3항).

③ 초기대응체계에 편성된 근무자 등에 대하여는 화재 발생 초기대응에 필요한 기본 요령을 숙지할 수 있도록 소방교육을 실시하여야 한다(「화재예방, 소방시설 설치·유지 및 안전관리에 관한 법률 시행규칙」제14조의3 제4항).

④ 소방안전관리대상물의 소방안전관리자는 제4항에 따른 소방교육을 제15조 제1항에 따른 소방훈련과 병행하여 실시할 수 있다(「화재예방, 소방시설 설치·유지 및 안전관리에 관한 법률 시행규칙」제14조의3 제5항).

09 답 ③

정답해설

③ 소방본부장 또는 소방서장은 소방상 필요한 훈련 및 교육을 실시하고자 하는 때에는 화재경계지구 안의 관계인에게 훈련 또는 교육 10일 전까지 그 사실을 통보하여야 한다(「소방기본법 시행령」 제4조 제4항).

오답해설

① 「소방기본법 시행령」 제4조 제2항
② 「소방기본법 시행령」 제4조 제3항
④ 「소방기본법」 제13조 제6항

10 답 ①

정답해설

① 협회는 정관을 변경하려면 소방청장의 인가를 받아야 한다(「소방기본법」제43조).

11 답 ③

오답해설

①·②·④ 소방시설업에는 소방시설설계업, 소방시설공사업, 소방공사감리업, 방염처리업이 있다(「소방시설공사업법」 제2조 제1항 제1호).

12 답 ④

정답해설

④ 지하가 중 지하상가인 경우에 공기호흡기를 설치하여야 한다(「화재예방, 소방시설 설치·유지 및 안전관리에 관한 법률 시행령」 [별표 5]).

> **공기호흡기를 설치하여야 하는 특정소방대상물(「화재예방, 소방시설 설치·유지 및 안전관리에 관한 법률 시행령」 [별표 5])**
> 1. 수용인원 100명 이상인 문화 및 집회시설 중 영화상영관
> 2. 판매시설 중 대규모점포
> 3. 운수시설 중 지하역사
> 4. 지하가 중 지하상가
> 5. 제1호 바목 및 화재안전기준에 따라 이산화탄소소화설비를 설치하여야 하는 특정소방대상물

13 답 ②

정답해설

② 배관의 외면과 지표면과의 거리는 산이나 들에 있어서는 0.9m 이상, 그 밖의 지역에 있어서는 1.2m 이상으로 하여야 한다(「위험물안전관리법 시행규칙」 [별표 15]).

14 답 ①

정답해설

① 위험물 임시저장은 시·도 조례가 정하는 바에 따라 관할소방서장의 승인을 받아 지정수량 이상의 위험물을 90일 이내의 기간 동안 임시로 저장·취급할 수 있다(「위험물안전관리법」 제5조 제2항 제1호).

15 답 ②

오답해설

①·③·④ 화재현황, 화재발생 및 화재안전정책의 여건 변화에 관한 사항에 해당한다(「화재예방, 소방시설 설치·유지 및 안전관리에 관한 법률」 제2조의3).

> **화재안전정책기본계획 등의 수립·시행(「화재예방, 소방시설 설치·유지 및 안전관리에 관한 법률」 제2조의3)**
> ① 국가는 화재안전 기반 확충을 위하여 화재안전정책에 관한 기본계획(이하 "기본계획"이라 한다)을 5년마다 수립·시행하여야 한다.
> ② 기본계획은 대통령령으로 정하는 바에 따라 소방청장이 관계 중앙행정기관의 장과 협의하여 수립한다.
> ③ 기본계획에는 다음 각 호의 사항이 포함되어야 한다.
>   1. 화재안전정책의 기본목표 및 추진방향
>   2. 화재안전을 위한 법령·제도의 마련 등 기반 조성에 관한 사항
>   3. 화재예방을 위한 대국민 홍보·교육에 관한 사항
>   4. 화재안전 관련 기술의 개발·보급에 관한 사항
>   5. 화재안전분야 전문인력의 육성·지원 및 관리에 관한 사항
>   6. 화재안전분야 국제경쟁력 향상에 관한 사항
>   7. 그 밖에 대통령령으로 정하는 화재안전 개선에 필요한 사항
>
> **기본계획의 내용(「화재예방, 소방시설 설치·유지 및 안전관리에 관한 법률 시행령」 제6조의3)**
> 법 제2조의3 제3항 제7호에서 "대통령령으로 정하는 화재안전 개선에 필요한 사항"이란 다음 각 호의 사항을 말한다.
>   1. 화재현황, 화재발생 및 화재안전정책의 여건 변화에 관한 사항
>   2. 소방시설의 설치·유지 및 화재안전기준의 개선에 관한 사항

16

답 ②

정답해설

② 위락시설은 소방안전관리보조자를 선임해야 할 대상에 속하지 않는다.

> **소방안전관리보조자를 두어야 하는 특정소방대상물(「화재예방, 소방시설 설치·유지 및 안전관리에 관한 법률 시행령」 제22조의2)**
> ① 법 제20조 제2항에 따라 소방안전관리보조자를 선임하여야 하는 특정소방대상물은 제22조에 따라 소방안전관리자를 두어야 하는 특정소방대상물 중 다음 각 호의 어느 하나에 해당하는 특정소방대상물(이하 "보조자선임대상 특정소방대상물"이라 한다)로 한다. 다만, 제3호에 해당하는 특정소방대상물로서 해당 특정소방대상물이 소재하는 지역을 관할하는 소방서장이 야간이나 휴일에 해당 특정소방대상물이 이용되지 아니한다는 것을 확인한 경우에는 소방안전관리보조자를 선임하지 아니할 수 있다.
> 1. 「건축법 시행령」 [별표 1] 제2호 가목에 따른 아파트(300세대 이상인 아파트만 해당한다)
> 2. 제1호에 따른 아파트를 제외한 연면적이 1만 5천제곱미터 이상인 특정소방대상물
> 3. 제1호 및 제2호에 따른 특정소방대상물을 제외한 특정소방대상물 중 다음 각 목의 어느 하나에 해당하는 특정소방대상물
>   가. 공동주택 중 기숙사
>   나. 의료시설
>   다. 노유자시설
>   라. 수련시설
>   마. 숙박시설(숙박시설로 사용되는 바닥면적의 합계가 1천 500제곱미터 미만이고 관계인이 24시간 상시 근무하고 있는 숙박시설은 제외한다)

17

답 ④

정답해설

④ 상수도소화용수설비는 소화용수설비에 해당된다(「화재예방, 소방시설 설치·유지 및 안전관리에 관한 법률 시행령」 [별표 1]).

> **소방시설(「화재예방, 소방시설 설치·유지 및 안전관리에 관한 법률 시행령」 [별표 1])**
> 5. 소화활동설비 : 화재를 진압하거나 인명구조활동을 위하여 사용하는 설비로서 다음 각 목의 것
>   가. 제연설비
>   나. 연결송수관설비
>   다. 연결살수설비
>   라. 비상콘센트설비
>   마. 무선통신보조설비
>   바. 연소방지설비

18

답 ④

정답해설

④ 테러진압훈련은 소방훈련의 종류에 해당되지 않는다.

출제자의 Point!

소방대원에게 실시할 교육·훈련의 종류 등(「소방기본법 시행규칙」 [별표 3의2])

종류	교육·훈련을 받아야 할 대상자
화재진압 훈련	• 화재진압업무를 담당하는 소방공무원 • 「의무소방대설치법 시행령」 제20조 제1항 제1호에 따른 임무를 수행하는 의무소방원 • 「의용소방대 설치 및 운영에 관한 법률」 제3조에 따라 임명된 의용소방대원
인명구조 훈련	• 구조업무를 담당하는 소방공무원 • 「의무소방대설치법 시행령」 제20조 제1항 제1호에 따른 임무를 수행하는 의무소방원 • 「의용소방대 설치 및 운영에 관한 법률」 제3조에 따라 임명된 의용소방대원
응급처치 훈련	• 구급업무를 담당하는 소방공무원 • 「의무소방대설치법」 제3조에 따라 임용된 의무소방원 • 「의용소방대 설치 및 운영에 관한 법률」 제3조에 따라 임명된 의용소방대원
인명대피 훈련	• 소방공무원 • 「의무소방대설치법」 제3조에 따라 임용된 의무소방원 • 「의용소방대 설치 및 운영에 관한 법률」 제3조에 따라 임명된 의용소방대원
현장지휘 훈련	소방공무원 중 다음의 계급에 있는 사람 • 지방소방정 • 지방소방령 • 지방소방경 • 지방소방위

19 답 ①

정답해설

① 비상콘센트설비의 전용회로 수리는 소방시설 공사 착공신고대상 중 소방시설 등을 구성하는 것의 전부 또는 일부를 개설·이전·정비하는 공사에 해당되지 않는다(「소방시설공사업법 시행령」 제4조 제3호).

20 답 ③

정답해설

③ 하수급의 소방기술자격증 사본 1부가 아니라 하수급인의 소방시설업 등록증 사본 1부이다.

하도급의 통지(「소방시설공사업법 시행규칙」 제20조)

① 소방시설업자는 소방시설의 설계, 시공, 감리 및 방염(이하 "소방시설공사 등"이라 한다)을 하도급하려고 하거나 하수급인을 변경하는 경우에는 법 제21조의3 제4항에 따라 별지 제31호 서식의 소방시설공사 등의 하도급통지서(전자문서로 된 소방시설공사 등의 하도급통지서를 포함한다)에 다음 각 호의 서류(전자문서를 포함한다)를 첨부하여 미리 관계인 및 발주자에게 알려야 한다.

1. 하도급계약서 1부
2. 예정공정표 1부
3. 하도급내역서 1부
4. 하수급인의 소방시설업 등록증 사본 1부

좋은 책을 만드는 길
독자님과 함께하겠습니다.

도서나 동영상에 궁금한 점, 아쉬운 점, 만족스러운 점이
있으시다면 어떤 의견이라도 말씀해 주세요.
시대고시기획은 독자님의 의견을 모아 더 좋은 책으로 보답하겠습니다.

www.sidaegosi.com

2022 알파(α) 소방공무원 소방학개론 · 소방관계법규
모의고사 20회

초 판 발 행	2022년 01월 05일 (인쇄 2021년 12월 03일)
발 행 인	박영일
책 임 편 집	이해욱
저 자	SD 소방공무원시험연구소
편 집 진 행	정은진
표지디자인	박종우
편집디자인	차성미 · 박서희
발 행 처	(주)시대고시기획
출 판 등 록	제 10-1521호
주 소	서울시 마포구 큰우물로 75 [도화동 538 성지 B/D] 9F
전 화	1600-3600
팩 스	02-701-8823
홈 페 이 지	www.sidaegosi.com
I S B N	979-11-383-1157-1 (13350)
정 가	18,000원

시대북 통합서비스 앱 안내

🔆 시대에듀

연간 1,500여종의 실용서와 수험서를 출간하는 시대고시기획, 시대교육, 시대인에서
출간도서 구매 고객에 대하여 도서와 관련한 "실시간 푸시 알림" 앱 서비스를 개시합니다.

이제 수험정보와 함께 도서와 관련한 다양한 서비스를
찾아다닐 필요 없이 스마트 폰에서 실시간으로 받을 수 있습니다.

사용방법 안내 🔍

1. 메인 및 설정화면

- 로그인/로그아웃
- 푸시 알림 신청내역을 확인하거나 취소할 수 있습니다.
- 시험 일정 시행 공고 및 컨텐츠 정보를 알려드립니다.
- 1:1 질문과 답변(답변 시 푸시 알림)

2. 도서별 세부 서비스 신청화면

메인화면의 [콘텐츠 정보] [정오표/도서 학습자료 찾기]
[상품 및 이벤트] 각종 서비스를 이용하여 다양한 서비스를 제공 받을수 있습니다.

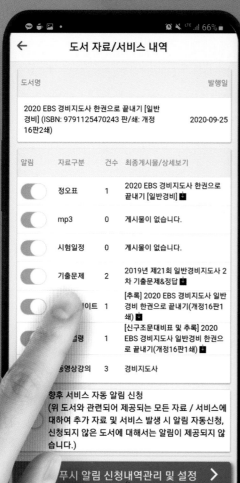

[제공 서비스]

- **최신 이슈&상식** : 최신 이슈와 상식 제공(주 1회)
- **뉴스로 배우는 필수 한자성어** : 시사 뉴스로 배우기 쉬운 한자성어(주 1회)
- **정오표** : 수험서 관련 정오자료 업로드 시
- **MP3 파일** : 어학 및 MP3파일 업로드 시
- **시험일정** : 수험서 관련 시험 일정이 공고되고 게시될 때
- **기출문제** : 수험서 관련 기출문제가 게시될 때
- **도서업데이트** : 도서 부가자료가 파일로 제공되어 게시될 때
- **개정법령** : 수험서 관련 법령개정이 개정되어 게시될 때
- **동영상강의** : 도서와 관련한 동영상강의가 제공, 변경 정보가 발생한 경우
- ***향후 서비스 자동 알림 신청** : 이 외의 추가서비스가 개발될 경우 추가된 서비스에 대한 알림을 자동으로 발송해 드립니다.
- ***질문과 답변 서비스** : 도서와 동영상 강의 등에 대한 1:1 고객상담

⑦ 앱 설치방법   ▶ Google Play   🍎 App Store

← 시대에듀로 검색 🎤

※ 본 앱 및 제공 서비스는 사전 예고 없이 수정, 변경되거나 제외될 수 있고, 푸시 알림 발송의 경우 기기변경이나 앱 권한 설정, 네트워크 및 서비스 상황에 따라 지연, 누락될 수 있으므로 참고하여 주시기 바랍니다.
※ 안드로이드와 IOS기기는 일부 메뉴가 상이할 수 있습니다.

공무원 시험의 시작이자 끝,

알파(α) 모의고사로
합격하자!

α

알파(α)

2022
최/신/판

모의고사

소방공무원 전문과목 20회

정답 및 해설

소방학개론 · 소방관계법규

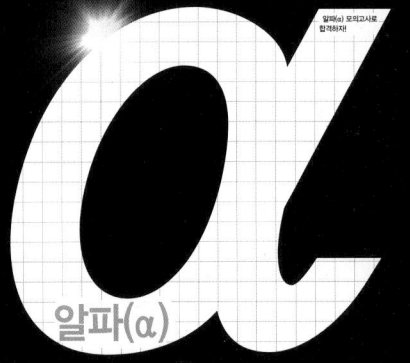

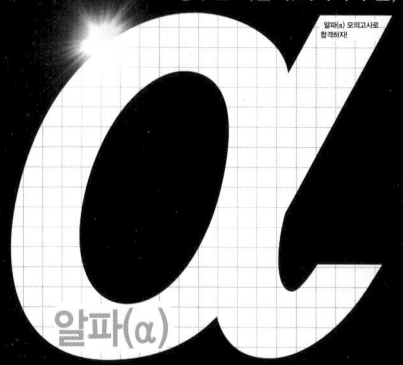

공무원 시험의 시작이자 끝,

α

알파(α)

모의고사

소방공무원 20회
전문과목 소방학개론 · 소방관계법규